Dr. Philippe MIRAS

# L'HYPNOSE
## AU BOUT DES DOIGTS

*Le Swan et autres histoires*

Editions du Rouet

# DÉDICACES

À Uatu, le Gardien, où qu'il se cache en moi…
À Astrid, Pablo et Lucas.
À Bob, levier d'aiguillage au bord de mes rails…
À Gulliver, sans équivalent pour la liberté offerte.
À Romain Pellegrinelli qui sait donner sans compter…
Et Barry Thain, bien sûr, pour le Café, Oxford et HYPNOSE.

# PRÉFACE

Quand j'ai rencontré Philippe il y a dix ans, je ne pensais pas que j'écrirais un livre sur le Swan, et encore moins que je serais conduit à écrire une préface sur le sien… Quelques mois plus tôt, l'oiseau était rentré par la fenêtre, sans prévenir et s'était posé sur mon épaule.

Certains pensent que c'est un protocole mais je ne l'ai pas construit : il n'a jamais été étudié, réfléchi ou planifié… Dès qu'on s'en éloigne d'une plume, il cesse de l'être et devient ce que vous en faîtes : ses bases ne sont qu'un tremplin.

C'est pour cela que le livre de Philippe et le mien, sont à la fois si différents et si complémentaires ; et je me demande bien ce qu'il a pu devenir dans les 85 pays où l'oiseau s'est posé. Je pourrais juste remercier et féliciter mon bon ami Philippe Miras d'avoir enfin réuni toute la matière de son travail avec Le Cygne pour en faire un livre ; ceux qui le connaissent reconnaîtront sa patte au coin de beaucoup de pages.

D'un autre côté, vous Français avez déjà les French Fries, le French Kiss, le French Flair… Pas étonnant qu'il vous faille aussi un French Swan, et qu'il vole d'une façon qui n'appartienne qu'à vous…

Il y a beaucoup de travail dans ce livre (et quelques blagues que Philippe a dû m'expliquer), je suis sûr qu'il y en a assez pour qu'à la fin de sa lecture, vous aussi vous preniez votre envol et que vous ne voliez comme personne d'autre ne le fait, comme personne ne le fera jamais, mais toujours avec élégance. Je suis tout aussi sûr que vous allez adorer ce livre, écrit dans le style d'un homme qui est né pour travailler avec les gens.

Profitez de la magie de son cygne, et peut-être qu'un jour, si vous passez par Montrose et l'Écosse, vous me montrerez la magie de ce que vous en avez fait.

Beaucoup d'amour, mes amis.

Bob Burns.

# REMERCIEMENTS

À tous les Dragons, les Pressings 5 à Sec, les cafés très serrés avec deux sucres ; aux films de Hawks, des Marx, au 87$^{ème}$ de Salvatore Lombino. Et au Café de la Muse à Notre-Dame du Mont, bien sûr... ;)

À Jean Dupré, Laurent Bertin, Antoine Garnier, Anthony Jacquin, James Tripp, Irving Kirsch et Steven Jay Lynn, Sleepy, Olivier Perrot, Charles Schultz, à Miss Conan & All That Jazz !

Et surtout, surtout un immense Merci à Isabelle Andrivet, mon éditrice. Sans son enthousiasme contagieux et sa patience constante, l'écriture de ce livre n'aurait été que l'expérience de dizaines d'heures de travail.

Parfois d'un simple clin d'œil écrit juste pour eux, d'autres qui m'ont formé, inspiré, aidé, se retrouveront dans les recoins de pages plus ou moins éclairées... Vous étiez là en cours d'écriture, vous êtes encore là quand elle est terminée.

# 1

## BANDE-ANNONCE

J'écris cette "Bande-annonce" alors que j'ai déjà probablement rédigé la moitié du livre que vous avez entre les mains…

Après une première correction qui dépasse largement plus de la centaine de pages, ce sont d'autres questions qui se posent. Principalement des pourquoi. Pourquoi l'écrire sous cette forme et choisir cette construction particulière, ou plus simplement, pourquoi l'écrire tout court… ? En fait, le "Pourquoi écrire un livre sur l'hypnose" (un de plus) n'était pas la réponse la plus compliquée à fournir… J'ai écrit beaucoup, longtemps et j'avais envie de réécrire… Il y a certainement des raisons bien plus complexes, mais je n'en vois pas de meilleures.

Pourquoi sur l'hypnose ? Parce que depuis douze ou treize ans, elle est chaque jour présente dans ma vie. Bien sûr, il est possible d'écrire pour Dieu sait combien des raisons ; pour l'argent, pour la reconnaissance, pour transmettre, pour hurler, briser sa solitude ou communiquer sa joie, laisser une trace derrière soi et le plus souvent pour un peu tout cela… À la fin de votre lecture, vous serez libre de décider de ce dont il s'agit pour moi. ;)

Quand j'ai commencé à parler d'écrire ce livre avec mon ami Laurent, il s'est un peu fichu de moi, avant de m'expliquer ce qu'il serait raisonnable et plus malin de faire ; mais tout en sachant qu'il avait raison, je n'en avais aucune envie. D'ailleurs, un peu avant que je ne le désespère vraiment, une de ses dernières questions sur le Swan est venue : « Pourquoi ça te plait autant ? » Et le premier truc qui me soit passé par la tête, donc probablement le plus sincère, était « Parce que c'est trop stylé ! ». Je ne suis pas sûr d'avoir osé le lui dire. Après j'avais rationalisé. Ça doit être à peu près là qu'il s'est mis à me parler d'autre chose.

Dans les pourquoi, il y a aussi eu une question de timing : je trainais l'idée depuis un moment, tandis que Bob Burns, venait de publier deux livres mais en anglais et je ne m'imaginais pas publier sur le Swan avant lui… La voie était ouverte.

Parmi les autres raisons de passer à l'acte, il y a que je ne me retrouve pas dans la plupart des ouvrages que je lis : j'ai l'impression qu'ils ne sont jamais assez complets ou assez détaillés, ou qu'ils ne correspondent pas soit à ma façon de voir, soit à ma façon de pratiquer. Non pas que j'aie réinventé l'hypnose : qui, hormis peut-être Erickson, aurait l'audace, ne serait-ce que de murmurer qu'il l'a fait… Nous – tous les autres – sommes des joueurs de puzzle myopes et plus ou moins doués. En revanche, écrire le livre que j'aurais absolument voulu avoir à mon entrée dans ce territoire, ça, je le pouvais.

Vous présenter mon puzzle personnel assemblé, puis le démonter devant vous, pièce par pièce, en fournir l'auteur, vous en donner l'origine, vous expliquer la raison d'être de chacune d'entre elles de leur conception à ses variations, vous dire les raisons de mon choix, vous en faire apparaitre les faces cachées, vous indiquer à quel moment il est le plus judicieux de la placer… Ça aussi, je le pouvais.

Mes boites de puzzle favorites sont au nombre de quatre. Cela ne signifie pas que ce sont les seules, ni même que ce sont forcément celles que j'utilise le plus. Juste mes favorites.

Des quatre, une s'en détache et de loin. Le Swan.

Alors c'est vrai que c'est simple, rapide, élégant. Si vous avez assez d'imagination pour présenter le problème comme un changement de comportement, cela peut s'appliquer à tout ou presque.

Tout d'abord, le Swan contourne une partie des résistances : combien d'inductions pouvez-vous présenter comme « Vous verrez tout, vous entendrez tout, vous vous rappellerez de tout » ? Dans combien de cas est-ce que l'induction facilite l'installation simultanée d'autant d'éléments utilisables en thérapie, que ce soit le signaling, l'émergence d'une "persona" dissociée ou montée émotionnelle

Le Swan fonctionne également comme un charme sur les enfants ; il permet le travail sur la douleur, et même d'implanter des anesthésies hypnotiques. Il peut constituer une très bonne base d'autohypnose. Il se conjugue à merveille avec d'autres techniques au sein d'une même séance : une fois le Swan installé, basculer vers des états de transe beaucoup plus profonds est très facile.

Cela fait beaucoup de raisons, toutes technico-pratiques : le Swan est un véritable couteau suisse ; je ne connais aucune autre entrée en hypnose aussi versatile.

Mais l'autre élément réellement décisif dans mon cas aura été le plaisir ;)

C'est une procédure très agréable pour l'opérateur : une partie du temps (pas à chaque fois, je l'avoue), c'est comme regarder des gosses ouvrir leurs cadeaux devant l'arbre de Noël.

On suit tout sur leur visage : l'étonnement d'abord, puis l'émotion, souvent la joie. Et c'est très doux, très joli. Partagé. Parfois, même l'opérateur arrive à croire que c'est de la magie ;) Cela n'arrive pas avec l'Elman, cela n'arrivera jamais avec des scripts ; pas en hypnose classique, ni en empilant des métaphores ou des histoires encastrées ; pas avec l'EMDR ni aucune technique de stimulations bilatérales ; pas en Esdaile non plus, ou n'importe quel état stuporeux.

Le Swan favorise l'Alliance.

Au-delà de l'alliance thérapeutique, le lien opérateur-sujet reste des plus particuliers dans ce cadre, même et y compris quand on fait basculer l'état d'une transe partielle et des mouvements des idéomoteurs vers une transe complète et bien plus profonde. Le rapport qui s'est installé perdure et n'a plus rien à voir avec la bienveillance, mais touche à l'intimité.

Au bout du compte, je crois que c'est vraiment cela qui me plait, que je ne retrouve nulle part ailleurs, ni en Street hypnose, où la complicité et le jeu dominent tout (ou du moins le devraient), ni en hypnose conversationnelle où la stratégie et l'enjeu sont très présents dès le premier regard, avant même le premier mot prononcé.

Intellectuellement, cette partie de Go entre sérénité et conduite sur glace est parfois d'une incroyable richesse, mais surtout la nature de l'attention, la nécessité d'avoir chaque fois que possible un coup d'avance ou de trouver un nouvel angle, conduisent à une posture et une compréhension différentes. Ou à une communion plus tardive…

Voilà pourquoi ce livre se tisse autour du Swan.

Ou plutôt autour de l'hypnose, au travers de ce prisme qu'est le Swan, de tout ce que cela demande et qu'on peut découvrir en étudiant ce drôle d'oiseau. Il contient même une partie de ce qui peut être fait quand il atteint les limites de son vol voire au-delà en fonction d'un cas donné.

Quant à pourquoi il est écrit comme cela, c'est encore une autre histoire. Peu à peu je me suis rendu compte que si je voulais vraiment fournir toutes les informations sur la façon dont je vois les choses, cela rendrait le livre absolument imbuvable… Lourd. Technique. Aride et pointilleux. Un manuel d'utilisation ennuyeux, dont la seule concession à ce qu'il soit accessible, serait qu'il soit traduit du coréen.

La plupart des chapitres vont donc s'ouvrir par un lien internet vers une playlist privée où se trouvent une série de plusieurs vidéos, dans l'ordre où elles seront analysées. Les points mis en valeur par chacune de ces séances filmées sont étudiés dans un chapitre dédié, de façon à ce qu'il y ait une progression régulière et une possible alternance entre visionnage et commentaires.

Vous pourrez les voir et revoir autant que vous le voudrez, et revenir au livre pour y piocher matière à compréhension. Ainsi, chaque chapitre permettra de trouver le suivant plus facile d'accès même si ce sont de nouveaux éléments qui sont abordés.

Je tenais à présenter le Swan au travers de trois opérateurs différents, trois caractères, trois façons de faire. Je trouvais surtout opportun, que celui-là même qui conduit la séance puisse vous dispenser son analyse et ses commentaires.

Trois styles, trois approches valant mieux qu'une, cela évitera de ne modéliser qu'un formateur unique comme c'est hélas, souvent le cas. (Au bout du compte, ils seront bien plus à exposer leur façon de faire dans ce livre.)

Il y aura ensuite d'autres chapitres plus "classiques", allant des "Ego States" au sens le plus large du terme, (parce qu'ils sont l'extension thérapeutique la plus évidente du cadre offert par le Swan, son plus proche cousin,) au Clean Language, avant de se conclure par la description de différentes utilisations plus "transversales" de ce bien élégant animal.

Prenez votre temps, finissez complètement un chapitre avant d'en attaquer un autre, interrogez-vous sur le pourquoi du titre (ce ne sont pour la plupart que des private jokes, mais certaines références sont facilement accessibles) et dès que possible pratiquez !

Quand vous le ferez, adaptez cette pratique à qui vous êtes, mais n'oubliez rien de ce que vous aurez appris. Un jour cela pourrait bien devoir vous servir.

Philippe Miras.

# 2

## IL ÉTAIT UNE FOIS

La rentrée de septembre s'étirait doucement. Pas grand monde dans les couloirs de la fac dentaire pour cette dernière année. Je n'avais pas encore vingt-trois ans, je venais de finir une psychanalyse et l'idée qu'il allait falloir trouver un sujet de thèse m'avait rattrapé. Histoire de fuir les profs, les fauteuils, la clinique et les patients, mes pieds, comme souvent plus intelligents et aventureux que moi, m'avaient conduit à la bibliothèque…

À cette époque, le bruxisme (le fait de serrer ou de grincer des dents de jour comme de nuit, au point d'en user ses dents, parfois de les fracturer ou de les déchausser) était supposé relever d'un problème d'occlusion : des dents trop longues, ou trop courtes, ou mal placées auraient fait que les gens grincent pour les user et les adapter. Les "équilibrer" disait-on… Ce qui entraînait des traitements dentaires complexes, longs et coûteux et suivant des théories variables ou même antagonistes qui toutes pourtant annonçaient être le seul vrai morceau de la Croix…

Et soudain un simple article changeait tout : différents placebos, certains simples, d'autres très sophistiqués, conduisaient tous implacablement à une même conclusion : le Bruxisme est essentiellement un trouble comportemental. Seulement voilà :

Comment traiter ce que quelqu'un peut bien faire quand il dort ?

Normalement, une thèse de second cycle comme la mienne ne devrait être qu'une somme, un recueil d'informations : on cherche, on trouve, on trie, on compile… Avec un peu d'efforts et de chance, au mieux on en tire quelques conclusions qui sont autant de portes déjà ouvertes. Mais là, il n'y avait tout simplement rien sur ce sujet… Rien d'autre en anglais ou alors simplement relié d'extrêmement loin. Pas l'ombre de la moindre publication en français.

Une fois mon sujet de thèse accepté, il m'a donc fallu évaluer ce qu'on pouvait faire des résultats de Laskin et Greene et du peu qu'ils proposaient. Et pour la première fois j'ai pu mesurer l'étendue du pouvoir d'un placebo (et de la suggestion par la même occasion). Suivant ce que les deux chercheurs américains utilisaient et la conviction qu'ils y mettaient, les résultats pouvaient aller jusqu'à 42% à 18 mois. Plus intéressant encore, des pilules de sucre ou des dispositifs factices devenaient des nocebos : dans 7 à 11% des cas des migraines et parfois même des vomissements survenaient pour s'interrompre dès l'arrêt de ces faux traitements…

Mais si c'est dans la tête et que ça se passe en dormant ? Ou même dans la journée mais sous le radar, sans que le patient en ait conscience ou à peine… On traite cela comment ? Et quid de l'opérateur ? Parce que ça aussi, ça m'a surpris quand j'ai commencé à interviewer certains de mes futurs confrères.

Les premières réponses que j'ai reçues, montraient quand même que s'ils ne voulaient absolument pas y faire face, ils n'y étaient pas aussi totalement étrangers qu'on aurait pu le croire : « Je ne peux quand même pas leur conseiller d'aller voir un psychiatre ! »

Une des réponses suivantes était tout aussi parlante, mais permettait aussi de mesurer toute la distance qu'une bonne part de la profession est prête à installer pour ne pas avoir à s'en occuper : quand je demandais à cette jeune consœur ce qui l'avait poussée à choisir la dentisterie, la réponse vint, flottante comme dans un rêve : « Mon père était prothésiste, et il avait l'air si tranquille avec ses modèles de plâtre… »

Pour étonnant que ce soit plus de quarante ans après, il semble bien que les chirurgiens-dentistes aient tendance, encore maintenant, à traiter des cas plus que des patients. Dans un premier temps j'ai donc cherché ailleurs, mais sans grand succès, du côté de l'acupuncture et de l'ostéopathie. Puis j'ai cherché un artifice qui pourrait s'adapter à la structure qu'est un cabinet dentaire et comme c'était l'émergence du Biofeedback, je me suis laissé tenter. J'ai réussi à en emprunter brièvement un, mais avec le peu de temps dont je disposais, si j'ai pu trouver intéressant de l'avoir au fauteuil pour orienter l'attention des patients et les amener à un certain apaisement, peut-être par distraction, peut-être par une forme d'autorégulation, j'ai eu aussi un peu de mal à penser que cela pouvait être durable jusqu'au bout de la nuit et des phases de bruxisme. Restaient l'hypnose et la relaxation.

En 1980, le Dr. Jean Godin n'avait pas encore "importé" l'hypnose ericksonienne en France. Et toutes mes connaissances se limitaient à un article du Reader's Digest qui m'avait passionné quelques années plus tôt dans la salle d'attente de mon médecin de famille : un skieur avait survécu lors d'une avalanche, en pratiquant une forme d'autohypnose pour modifier sa température corporelle et résister au froid.

Cette forme d'hypnose (le "Training autogène"[1] de Schultz ) pourrait être décrite comme une sorte de déprogrammation musculaire visant une intense relaxation de

---

[1]  Training autogène : forme d'autohypnose créée par le Dr. Johannes Schultz, principalement obtenue par une déprogrammation musculaire, accompagnée de suggestions. On retrouve son influence en sophrologie.

tout le corps (« je suis calme, de plus en plus calme », « je suis lourd, de plus en plus lourd ») accompagnée pendant la suite de différentes suggestions sur la température corporelle  (« mon corps est chaud »), le rythme cardiaque (« mon cœur bat calme et fort »), la respiration (« ma respiration est calme et s'apaise ») puis de quelques autres éléments complémentaires perçus au niveau du front (fraîcheur) et du plexus solaire.

Le Training autogène est vraiment un apprentissage. Parfois long. D'ailleurs, cela a été mon cas, mais "Practice makes you perfect" n'est-ce pas ?

Ceci fait, au bout de quelques semaines d'un entraînement quotidien d'une quinzaine de minutes, j'ai pu vérifier que les résultats pouvaient être là pour autant que le patient fasse preuve de compliance. Avec le temps j'ai même pu accéder, certes presque par hasard et exceptionnellement, à des transes hypnotiques particulièrement profondes.

Seulement voilà…

Les patients dans l'ensemble ne sont pas compliants… Peut-être est-ce pour cela d'ailleurs, que des années plus tard, je me suis autant intéressé aux travaux de Rollnick et Miller en matière d'Entretien Motivationnel.

Nos patients ne se livrent pas forcément très facilement à quinze minutes d'exercices quotidiens, pas plus qu'ils n'arrêtent spontanément de fumer, se mettent à manger cinq fruits et légumes par jour ou prennent les escaliers plutôt que l'ascenseur. Alors pour certains le succès est là et on les félicite. Pour d'autres, c'est loin d'être le cas et donc on les encourage. Mais pas toujours de la meilleure façon : on rappelle les gains à en attendre, et plus encore, les conséquences à craindre. Souvent on les infantilise un peu, surtout ceux pour qui, s'ils semblent bien comprendre le problème, n'en continuent pas moins de trainer les pieds. Donc on insiste encore.

Nous voilà donc à essayer d'être les sauveurs de nos patients qui eux, du coup, se sentent plutôt persécutés. Et toute action entrainant une réaction, à force d'insistance ils s'opposent de plus belle à nos efforts et font de nous des victimes pataugeant dans l'échec de notre mission, pour avoir persécuté ceux-là mêmes que nous voulions sauver. Les troubles chroniques sont les plus beaux berceaux du triangle de Karpman chez les professionnels de santé…

Au bout de quelques années, vous ne le faites que plus rarement et sur ceux qui vous paraissent à priori les plus motivés ou motivables pour découvrir que même ainsi, ce n'est marqué sur le front de personne et n'exclut pas l'échec…

Cela devient donc une activité marginale – non exempte de quelques bonnes surprises – et quelque chose auquel avoir recours à titre personnel en fonction des périodes, des moments, parfois simplement de l'occasion ou de circonstances particulières. Juste assez pour que cette pratique si ponctuelle ne soit pas complètement oubliée.

Jusqu'à il y a une quinzaine d'années…

Un de mes amis était ostéopathe et venait de recevoir un bruxiste : Marco me demande donc comment je prends en charge ce genre de patients. Je lui parle alors de relaxation, d'autohypnose, de placebos, de gouttières, de l'ajout de certains éléments de TCC que je fais depuis quelque temps (et que je continue à faire, un peu comme des prescriptions de tâches). Cela lui fait plus penser à de la sophrologie qu'à de l'hypnose sur ce qu'il voit en émerger, bien qu'assez discrètement, autour de lui.

La conversation s'arrêtera là, puisque c'était à la mi-temps d'un match de l'O.M. et qu'il nous fallait revenir aux choses véritablement importantes. Mais ce soir-là, après le match et le départ de mes amis, ce fut la première fois où je tapais « Hypnose » dans la barre de recherche Google.

Au vu des nécessités d'un cabinet dentaire, je me retrouvais rapidement à explorer le monde de l'hypnose rapide sur Utube, et en quête de forums sur ce même thème. Pas grand-chose en français… Me voilà donc à acheter des vidéos de Jeffrey Stephens ou Sean Michael Andrews, à m'inscrire sur Hypnothoughts (le plus gros Forum d'hypnose au monde à ce moment-là) ou à suivre des formations en ligne…

À l'époque, tout cela est uniquement lié au cadre de mon exercice, même si ma curiosité ne fait que croître autour de trois grands objectifs :
Vitesse / Bruxisme / Douleur

Les premières piles de bouquins se forment, facilement reconnaissables à leur titre ou leur quatrième de couverture, où l'on retrouve de manière systématique les mêmes mots : Pain/Hypnosis/Dentistery… Sauf celui de Kay Thomson – mais elle était dentiste – la première personne qui me fit penser que la pratique d'Erickson ne se limitait pas à ce que l'on présente généralement de lui en France…

Mais les tentatives initiales que je fais dans mon entourage ne sont pas si concluantes, ou en tous cas pas aussi prédictibles que je l'espérais : me voilà donc parti pour un premier cycle de formations entre Nice, Bristol et Londres. Suivi cette fois par les premiers essais sur des patients.

Résultat : là encore des réussites très marquantes comme des plantages presque aussi marqués… On dit que de la frustration nait l'action : vont suivre quatre ou cinq années supplémentaires de formations à Londres avec John Butler et Sharon Waxkirsch ou Stephen Brooks ; à Bristol avec John Chase ; à Paris, Lyon et Marseille avec Antoine Garnier, Kevin Finel, Laurent Bertin, Bruno Gomez, Fréderic Vincent ; à Cannes avec Raymi Phenix ; Nice avec Jean Dupré ; Las Vegas avec Anthony Jacquin et bien sûr à Londres avec Bob Burns qui me fait découvrir le Swan. Je n'ai depuis jamais cessé de me former, plus attentif aux formateurs et aux thèmes qu'à l'école :

*Il était une fois*

je remercie donc ici ceux qui m'ont éclairé sur cette voie, de Franck Mahia à Dominique Megglé, en passant par Olivier Perrot, Nicolas Dristch, Denys Coester, Evelyne Josse, ou Barry Thain. Que ceux que j'ai pu oublier ou que je n'ai suivi qu'en ligne – et il y en aura sûrement, veuillent bien m'en excuser…

Parmi tous ces noms, deux ont tenu un rôle particulier : Barry Thain et Bob Burns. Deux figures de l'hypnose ; aussi différents que peuvent l'être un fleurettiste élégant à l'ironie toute british et un sabreur jovial et éméché, ou dit autrement un couple si étonnamment dépareillé que jamais un dentiste français n'aurait dû le croiser.

Mais revenons donc plutôt quelques années en arrière, sur un groupe Facebook excessivement britannique.

# 3

## ONCE UPON A TIME…

2008, ou 2009… ? Facebook est devenu un médium populaire. Ce n'est déjà plus un équivalent de selfie "tapuscripté", où l'on poste à 3h du matin : « J'ai faim. Je vais m'ouvrir une boite de thon. »

Sur le net, les premiers groupes émergent et viennent faire de l'ombre aux Forums. Leurs utilisateurs y gagnent en instantanéité ce qu'ils y perdent en mémoire car si les fichiers des groupes ne valent pas les historiques des Forums, tout s'y fait bien plus vite : la dopamine des "like", l'entremêlement des conversations, les pages personnelles si facilement accessibles où tant de visages se réduisent à des profils soigneusement maquillés, participant à créer de véritables réseaux où tout est plus personnifié et font fleurir les egos comme des orteils sur une photo de plage.

Pour ce qui est du monde de l'hypnose, le tout premier gros groupe est anglais : c'est celui de John Chase, un ancien hypnotiseur de spectacle, que la maladie et une chaise roulante ont peu à peu poussé hors de scène vers la formation.

Je ne sais plus très bien si j'étais déjà allé à Bristol suivre une formation sur l'hypnose rapide avec Chase, dont j'étais sorti brièvement enchanté puis hors cadre de formation un peu déçu… Les miracles ne font pas partie du quotidien et la posture un peu trop spectacle pour moi à l'époque, plus l'annonce – accompagnée de tests - que 20% des gens (et donc 20% de mes patients) n'étaient pas hypnotisables, correspondaient probablement à l'espoir un peu trop grand que l'on m'avait vendu.

À côté de cela, l'Ego et les points de vue en forme de Tables de la Loi de John Chase sur son groupe en limitaient beaucoup la liberté d'expression. En dehors de l'hypnose directe et d'un somnambulisme imposé dans une position archi-dominante de l'opérateur point de salut : "Hypnosis is not an eyelid state !"

L'hypnose n'est pas un état de paupières… Ce qui est probablement vrai, mais avec le recul, je ne donne pas ou plus le même sens que Chase à cette phrase. Pour lui, cela signifiait que l'hypnose ericksonienne n'est pas véritablement de l'hypnose : des paupières fermées ne sont pas suffisantes pour la caractériser et partant de là de longues histoires, parsemées de métaphores, le sont encore moins, quand il suffit d'un claquement de doigts pour assener au sac de sable ou à la marionnette qu'est devenu le sujet : « *Et maintenant vous êtes non-fumeur ! Vous détestez la cigarette, vous en détestez le goût comme vous en détestez l'odeur !* » Ne restait qu'à clôturer la séance de quelques nouveaux claquements de doigts, comme autant de liens attachés à ces dernières suggestions.

Surtout, Chase n'était guère plus tendre avec qui que ce soit qui ne partageait pas son avis. Ça m'a beaucoup appris sur ce qu'était un groupe et sur la façon de le gérer si l'on voulait qu'il dure. D'ailleurs les conséquences n'ont pas tardé. Et c'est là que Barry Thain entre en scène.

Barry était l'un des membres les plus respectés et intéressants du groupe, aussi quand il créa « MindSci », un transfert massif se fit en peu de temps, laissant fleurir beaucoup plus de liberté et d'avis, même divergents. La possibilité de s'exprimer à l'encontre des opinions du maître des lieux rendait l'endroit et vivant et agréable, mais surtout riche de cas, de liens, des simples trucs aux vidéos, et le petit Français était plus que ravi d'aller à la pêche aux infos ;)

Ravi et surpris. Surpris, le dit Français l'a surtout été quelques mois plus tard. Bien sûr je participais, souvent avec des points de vue un peu différents de la moyenne, du fait que j'avais doucement entamé une (des ?) formation(s) plus ericksonienne(s), que ma bibliothèque hypnotique commençait à atteindre une taille tout à fait respectable et plus encore, parce que je posais beaucoup de questions, le plus souvent assez spécifiques. Pour autant, je n'ai jamais bien compris pourquoi un jour Barry m'a intégré dans une toute petite équipe, qui au fil des mois deviendra presque une famille : le MindSci Café.

C'était un groupe secret. Nous étions peut-être une douzaine ou en tout cas pas beaucoup plus… Et c'était très international : une Allemande, une Suédoise, une jeune mannequin coréenne, une Anglaise – non-hypno et proche de Boris Johnson – mais aussi deux Américains, un Lituanien, un Australien, un Ecossais – Bob Burns – Barry, un autre Anglais et votre serviteur, le Français de service. Il me semble bien qu'il y avait un ou deux autres participants mais qui intervenaient très peu. Le plus étonnant était bien que, finalement, nous ne parlions pas tant que ça d'hypnose. C'était juste drôle, léger et amusant quasiment tout le temps ;) Au point que, quand j'ai eu l'occasion d'en créer un équivalent avec une cinquantaine de mes confrères dentistes je ne m'en suis pas privé, et j'ai béni Barry, car le même résultat est arrivé : beaucoup d'entraide parsemée de beaucoup de rires…

Le MindSci Café a bien duré un peu plus de deux ans je crois ; alors que son équivalent dentaire en a plus de dix et dure encore… Si pour les membres du MindSci Café, les liens se sont dans l'ensemble très largement étirés, encore que j'aie toujours des contacts ponctuels avec Barry, plus rares avec Saul mais réguliers avec Bob ; pour ce qui est de mes confrères, cela semble parti pour durer…

Peut-être parce que ce qui s'est passé à Vegas reste à Vegas ; allez savoir…

Mais revenons-en au Café : un jour Bob s'est mis à parler de façon assez vague de « some new stuff » qui était peut-être de l'hypnose ou pas, mais qu'il pratiquait dans son cabinet avec beaucoup de succès et beaucoup de plaisir. Sauf que vu le nombre de fois où il n'y avait rien de sérieux dans ce que racontait Bob – et encore plus quand il annonçait être très sérieux – on ne peut pas vraiment dire que cela ait soulevé un enthousiasme ou une curiosité délirante…

Généralement MindSci avait une tendance certaine à ressembler à une version très britannique de la partie de cartes de Pagnol, où Bob dans le rôle de César et Barry dans celui de Maistre Panisse s'empressaient d'arrêter pour la moindre boule de billard, le Tramway de toute conversation sur l'hypnose… ou de quelque sujet sérieux que ce soit en fait. Du coup, il se produisait d'assez étonnantes, mais pourtant assez régulières, résurgences de conversations autour des légumes, de chèvres, de l'homme en noir, de Larry E., de la légèreté des Français en matière de sexe, de la fraicheur et la liberté qu'autorise le kilt et du mystère qui relie les chauves à leur dernier peigne… Go figure…

Bob Burns donc…

Certaines personnes sont « Bigger Than Life ». C'est le cas, ou en tout cas cela l'a été ces dix dernières années, de Robert « Bob » Burns. Je parlais de Pagnol tout à l'heure, mais Bob bien qu'Ecossais, semble souvent s'être échappé d'un film de John Ford : un de ces ruffians aux larges épaules et au grand cœur, au gosier en pente également et dont la voix grave et rauque à la fois, porte largement au-delà des frontières d'un Pub… Aussi quand finalement il annonce qu'il va animer un atelier sur sa création, ce n'est pas tant pour « The Swan » que je vais à Londres, mais pour Bob, son créateur. Certes, je connais le bonhomme assez bien, mais uniquement par le net. Et il m'intéresse diablement : drôle, très drôle, et débordant de vie, irrévérencieux, excessif, le premier à se moquer de lui-même… Un véritable personnage Picaresque qui serait né dans les Highlands et qui a touché à la vente, à la musique (avec une voix très Joe Cocker), au mentalisme, mais surtout qui continue dans son cabinet de Montrose à offrir une journée pro bono[2] sur la douleur une fois par mois.

Pas très étonnant donc si autant de choses s'imbriquent sans y paraître dans la construction du Swan pour en faire plus que la somme de ses parties : c'est une variante de "Waking hypnosis" (hypnose éveillée) bien plus intéressante et versatile que le

---

[2]  Pour le bien public : Bénévolement. J'ai tenu à conserver l'expression que Bob utilise.

Valencia Model, sans non plus demander de s'adjoindre une bicyclette pour l'induction comme certaines formes d'Alert Hypnosis par exemple, et non empruntée sans jamais le nommer au behaviorisme comme le "Hypnosis without Trance"[3] de James Tripp.

Nous voilà donc à Londres. L'atelier se donne au cabinet d'un autre membre du MindSci Café : Felix Ekonomakis, dont Bob est resté très proche tout au long de ces années. C'est un cabinet de groupe, donc il y a bien 5 ou 6 pièces et un salon. Celle où nous sommes n'est pas très grande, mais nous devons à peine être une douzaine. Je m'attendais à voir un autre membre de MindSci, un Lituanien de la quarantaine avec qui j'avais sympathisé lors d'une formation de Stephen Brooks à Londres également, quelques années plus tôt. Maris Zalitis était agréablement un peu perché – il l'est probablement toujours – et très porté sur la méditation, notamment quand il la pratiquait dans un caisson d'isolation sensorielle. Mais pas de Maris. Je me retrouve donc entouré d'Anglo-Saxons, venus un peu de tout le pays et dont certains semblent se connaître.

Felix règle tranquillement ce ballet en l'approvisionnant en thé, café, biscuits, papiers, stylos, feutre pour le paperboard etc. Mais comme dans toute règle il y a une exception : un Grec d'une trentaine d'années, à l'anglais incertain et dont on a du mal à comprendre comment il a bien pu entendre parler de ce workshop, pourquoi il s'y est inscrit et par quel cheminement brumeux, il peut bien s'être retrouvé là…

Car en dehors du fait que Yiannis Andritsopoulos vive à Athènes et que ce soit un charmant garçon, très poli et un cil réservé ; il a une particularité assez unique ce jour-là, et qui n'est pas uniquement celle d'avoir un faux air de Raj, un des personnages de « The Big Bang Theory » : Yiannis n'a jamais pratiqué l'hypnose et même jamais été hypnotisé. Un parfait débutant, entouré de gens dont c'est le métier et le plus souvent depuis longtemps. Parfait pour une promenade dans l'univers de Bob. Mais comme l'univers est curieux, les choses auraient sûrement pris bien plus de temps s'il n'avait pas été là…

La matinée avance à son train, les premières démos soulèvent l'intérêt de tout le monde. Bob très à l'aise, se révèle un accompagnant bien plus permissif que je ne m'y attendais. À la fois très présent et très calme… Avec également un joli "flow", sans marquer d'attentes, mais sans marquer de doute : indifférent au résultat dans ses propos mais assuré dans sa posture.

---

[3]    James Tripp travaille dans un état qu'il qualifie de "hors transe" mais n'est selon moi qu'une forme extérieurement différente. Il est une de mes grandes influences.

*Once upon a time*

Il s'adresse aussi au "subconscient", là où les francophones s'adresseront plutôt à "l'inconscient". Et stratégiquement Burns a probablement raison : quelque chose destiné à émerger se doit de se tenir près de la surface, que ce soit dans la façon de l'évoquer, comme dans celle de le faire imaginer.

Moins de distance, moins d'efforts.

Vient le moment où après deux démonstrations, dont une réellement bluffante, pointe celui des exercices. Les Anglo-Saxons se regroupent entre eux naturellement, tout ce petit monde se disperse dans les différentes salles du centre où exerce Felix, et je me retrouve donc avec Yiannis… qui n'a jamais hypnotisé qui que ce soit…

Dont je ne sais pas non plus où s'arrête sa maîtrise de l'anglais, surtout quand il est teinté comme le mien d'un très séduisant accent français certes, mais qui vraisemblablement ne le rend pas plus compréhensible pour autant… Mais là, ce n'est pas le script d'Elman[4] que je vais devoir débiter ; ni les routines d'Anthony Jacquin pour l'hypnose de rue, qui ne sont que des batteries d'instructions facilement mémorisées et que j'ai vues cent fois en vidéo…

Nous voilà donc là, debout. Face à face, dans ce petit salon vide où nous sommes allés chercher un peu de tranquillité, hésitants quant à savoir qui va prendre la main, et je sens bien que cela va devoir être moi…

Parfois l'univers est gentil (ou taquin ?). Au moment où j'allais demander à Yiannis de s'installer confortablement pour entamer mon tout premier Swan, Bob entre dans la pièce, avec comme toujours cet immense sourire qui lui fend le visage. Peut-être par une brillante inspiration, peut-être pour botter en touche, je lui explique que Yiannis n'ayant jamais fait d'hypnose et moi étant désireux de vivre l'expérience, il serait sûrement intéressant pour lui mais aussi pour tout le groupe, que ce soit moi qui m'installe dans le canapé, que Bob s'assoie dans le fauteuil qui lui fait face, et que l'Héllène du jour – le plus inexpérimenté de nous trois – filme la scène.

Le temps que Bob acquiesce de façon superlative en roulant les «r» (« Lovely ! Grrreat idea, Philip ! ») que je sorte mon appareil photo, que je le mette dans les mains de Yiannis à qui il ne restait plus qu'à appuyer sur un bouton, le catalyseur qui fit du Swan un rapide succès était prêt à être lancé. Quelques jours plus tard je postais la vidéo sur Utube.

Assez rapidement, presque par surprise, elle se retrouvait sur différents groupes Facebook anglo-saxons, et Bob, assailli de questions.

---

[4] Dave Elman : Avec Milton Erickson, l'hypnotiseur le plus connu du XXème siècle. Son induction (très scriptée) est peut-être la plus utilisée au monde.

[5] Anthony Jacquin : Le premier à populariser l'hypnose de rue et mille fois copié. Théoricien de l'Automatic Imagination Model. Un de mes formateurs favoris.

Dans le petit monde de l'hypnose, la vidéo a connu un joli succès et (tant mieux pour lui) Bob avec : deux DVD, deux livres, des formations aux USA, au Canada, à Paris, en Hollande, en Suède, en Australie etc. Ce qu'il faisait avec le Swan a, au fil du temps, logiquement évolué. Comme pour lui, comme pour moi, d'autres façons d'utiliser ce cadre ont émergé, certaines assez fidèles à l'original, d'autres moins...

Voire beaucoup moins. Interprété par d'autres, il m'est parfois arrivé de ne plus voir dans certaines démonstrations sur Internet que l'arête du poisson... Une mécanique sèche, sans chair, ni goût ni saveur. Mais aussi parfois d'être ravi de l'originalité et de la fraîcheur de ces dérivés. Il est probable qu'on ne puisse pas avoir les unes sans les autres quand l'entonnoir Utube est passé par là.

En 2020, avec le confinement, j'ai commencé à me dire que je devrais publier un livre sur ce sujet – il y avait déjà eu un article dans la revue Transes, un an auparavant, car la richesse de tout ce que l'on peut faire de ce cadre, mais aussi la foule d'instruments qu'il est bon d'y insérer, font de son apprentissage un véritable cours d'hypnose, notamment sur des éléments parfois discrets ou d'autres insuffisamment mis en valeur. Que ce soit l'apport des neurosciences, la scénarisation de l'induction par les bandes annonces, l'importance des suggestions non-verbales en fonction des neurones miroirs, savoir créer très vite et sous une forme apparemment naïve une grande qualité de lien avec les patients, la confusion que justement cette scénarisation permet, la gestion comme l'implémentation sous une forme un peu indirecte de certaines émotions afin de favoriser la transe... Comment résumer tout cela à des doigts qui bougent sans amputer le Swan d'une grande partie de ce qui en fait l'intérêt...

Je l'ai déjà dit mais ne le répéterais jamais assez : qui n'a jamais rêvé d'une induction rapide, élégante, mise en place pour contourner les résistances, qui entraîne par définition une dissociation assez forte et, par sa nature même, fasse que s'installe un signaling ?

Que dire alors, si de plus elle permettait presque naturellement, sous la conduite du patient, de faire émerger une transe profonde ? Si elle était taillée pour traiter n'importe quel problème pour autant que l'opérateur puisse l'exposer comme : « Si j'ai bien compris une partie de vous veut ceci, et une autre l'en empêche ? » et ainsi ouvre la voie aux Parts Therapy et aux Ego States.[6]

Quelques mois plus tôt, j'avais diné avec Bob, sa femme et Laurence Messier, l'organisatrice de la formation qu'il donnait à Paris. Au milieu de notre conversation

---

[6] "Les États du Moi" : définis par Federn puis Watkins, le principe se retrouve en analyse transactionnelle. En hypnose, on peut y relier "l'enfant intérieur" et les Parts Therapy de Charles Tibbets. Nous y reviendrons dans un autre chapitre.

*Once upon a time*

qui ressemblait parfois aux retrouvailles d'anciens copains de fac, nous avions évoqué l'idée d'écrire sur le Swan. Bob avait bien ri quand je lui avais dit que j'attendais qu'il publie le sien pour commencer à écrire de mon côté, et sans que je puisse savoir s'il était sérieux (c'est parfois difficile avec lui), avait tonné que je pouvais commencer à regrouper des notes…

Puis sans transition, on s'était remis à discuter de Maris Zalitis, lituanien de son état, qui était resté assez longtemps chez Bob à Montrose pour y avoir son rond de serviette. Après la parution du sien, je lui ai redemandé son aval, et une fois son accord confirmé et accompagné de tous ses encouragements, je me suis mis à écrire.

J'enseigne le Swan depuis 2012. Je l'enseigne différemment maintenant, comme je le pratique différemment. Je suis surtout régulièrement surpris de comment, ou pour quoi, d'autres hypnothérapeutes – que j'ai formés ou pas, qu'ils soient passés chez Bob ou non, ou qu'ils aient créé leur cadre à partir des vidéos que j'ai postées sur le net – l'utilisent…

Au fil du temps, ma pratique est devenue plus singulière, elle porte ma signature, elle est la traduction de qui je suis, de ce qui m'amuse, de ce qui est facile pour moi comme de ma culture en matière d'hypnose très ericksonienne au fond, même si la forme peut en faire douter.

Du coup, je vais m'attarder sur différents éléments qui peuvent avoir trait à ce qu'est l'hypnose pour moi, ses points d'appui et ses bras de leviers, ses ressorts comme ses roueries, mais je vais aussi montrer le Swan tel que d'autres le pratiquent pour que ceux qui auront lu ce livre ne soient pas trop tentés d'aveuglement me modéliser.

Il y aura Bob Burns évidemment sous la forme classique surtout et en partie sur ce qu'il fait maintenant. Il y aura Romain Pellegrinelli aussi.

Romain avait vu mes vidéos et les avait adaptées à sa façon. Et ça fonctionnait très bien. Je l'ai découvert quand il a commencé à publier des transcriptions de séances qui allaient parfois au-delà de ce que moi je faisais. Comme c'est un garçon intelligent autant qu'adorable, nous avons très vite sympathisé. Tout le monde ne m'aurait pas autorisé comme lui à donner les transcriptions de ses séances à mes stagiaires. Quelque temps plus tard, il est venu assister à l'une de mes formations. Et quelque temps encore après, il a assisté à la formation de Bob quand il est passé à Paris.

Afin que vous ne soyez pas tenu de modéliser une seule personne, vous aurez donc des liens vers une playlist contenant différentes vidéos de Bob, de Romain et certaines des miennes ; assorties de leur transcription et soit des commentaires de l'opérateur, soit du sujet, et parfois des deux. En profitant de chacune de ces vidéos, je viendrai traiter de différentes choses parce qu'elles seront plus faciles à mettre en évidence par ce moyen, pour qu'elles soient vues et entendues, mais aussi pour éviter de gros placards qui pourraient sembler et trop longs et trop théoriques si l'on ne leur donnait pas de vie et qu'on n'en faisait pas la démonstration en image. Que ce soit les signaux idéomoteurs, la bienveillance inconditionnelle ou la notion de transe partielle…

Mais avant de passer à la suite, qu'est-ce que le Swan ?

C'est une induction en transe partielle (une partie "dort", l'autre pas) mais un peu particulière. C'est plutôt une main qui vit, animée par le "subconscient" tandis que le reste du corps et donc la tête assiste à tout cela.

La communication avec le patient survient à l'aide de réponses idéomotrices (une idée qui se traduit par un mouvement) le plus souvent d'un doigt comme en morse, mais ce peut être la tête ou un balancement de tout le corps. Dans le cas du Swan cela sera les doigts ;) L'opérateur pourra questionner le Subconscient pour obtenir des informations ou permettre à des "Parties" de la personne (la partie qui a peur, la partie qui a faim, celle qui veut continuer à fumer etc. par opposition aux parties qui veulent arrêter de fumer, de boire ou de trop manger etc… etc.) de converser pour réaliser une « négociation » dont l'opérateur ne sera que le médiateur.

Les mots-clefs dans le cadre du Swan tel qu'il a été mis en place au départ par Bob Burns et qu'un peu improprement, on peut considérer comme une forme de protocole sont :

INDUCTION RAPIDE
TRANSE PARTIELLE
RÉPONSES IDÉOMOTRICES
NÉGOCIATION ENTRE PARTIES

Nous verrons qu'évidemment dans la pratique, les protocoles ne sont pas faits pour être respectés, pas plus que les transes ne sont partielles, ni qu'il existe au sens physiologique du terme, de parties.

Bienvenue dans le monde de l'hypnose ;)

# 4

## LE SWAN SELON BOB

Nous revoilà à Londres, dans ce petit salon. Bob Burns vient de s'asseoir en face de moi. Debout à ma droite, Yiannis Andritsopoulos tient ma caméra. Bob s'apprête à parler, Yiannis à lancer l'enregistrement. La première vidéo de la playlist lui revient de droit et s'intitule : « Le Swan selon Bob »

Au sujet de ces vidéos : je vous assure : voyez les dans l'ordre. Regardez-les quand elles apparaissent dans le livre , vous me remercierez plus tard : certaines choses seront évidentes quand vous aurez lu les 2/3 du bouquin, alors que vous ne les relèveriez même pas quand vous le commencerez.

Pour arriver sur la page qui les contient vous aurez besoin de ce lien :

https://hypnose.pm/auboutdesdoigts/

ou de ce QRcode et de ce mot de passe :
Ilsuffiraduncygne

Et donc, je vous conseille de regarder cette vidéo une première fois. L'anglais de Bob avec son accent écossais extrêmement marqué (et un son un peu faible) est assez difficile à comprendre, d'où la transcription traduite en français à laquelle sont joints les commentaires de Bob.
Deux points qu'il faut mettre en lumière avant que vous ne la regardiez :

*L'Hypnose au bout des doigts*

- C'est la première fois de ma vie que je travaille avec Bob ; j'ai juste assisté à ses deux démos le matin et mangé avec lui la veille... Autant dire rien !
- Je suis exactement ce qu'on qualifie de sujet difficile. D'ailleurs, vivre une simple lévitation de bras m'a pris des années.

Avant même ce premier visionnage, je vous encourage à lire les propres commentaires de Bob (personne n'est mieux placé que lui pour cela) et sa description de ce qu'il pense et pratique en cours de séance, pour que votre vision soit imprégnée de son approche.

En tant que sujet, les miens viendront en dernier.

« C'est une idée intéressante de commenter aujourd'hui une séance que j'ai faite avec Philippe Miras, il y a déjà plusieurs années. Un "hypnopote" à ce moment-là, et maintenant un très bon ami. Évidemment, après tout ce temps, je n'ai pas une mémoire très précise de ce que j'ai pu ressentir, ou même me dire pendant la séance, mais je peux clairement voir et entendre où je voulais en venir.

Par exemple, je lui dis de ne pas se tracasser parce que je n'ai aucune attente sur ce qui pourrait bien se passer... Je lui dis également, et très clairement, que ce n'est pas de l'hypnose. Que tout ce qui m'intéresse, tout ce que je désire voir, c'est si son subconscient veut bien se manifester. Tout cela, évidemment, n'est que ce que l'on pourrait appeler "the take away sell" (un argumentaire de vente à emporter) pour détendre le sujet.

Puis, nous passons à autre chose, par une transition douce, en m'excusant auprès de Philippe pour mes mauvaises manières parce que je vais bientôt l'ignorer Lui, et me mettre à parler directement à son subconscient. Je vais ensuite être clair sur le fait que je ne veux de son aide en aucune façon, et cela pour m'assurer que Philippe ne répond pas à mes suggestions consciemment ni pour me faire plaisir. Si vous êtes familier avec la notion de "pace and lead"[7], à partir de ce moment-là, je prête surtout garde à accompagner mon sujet, et à le faire chaleureusement, juste en ratifiant les choses (« voilà », parfait », « très bien ») tout en faisant attention à conduire le moins possible. Je ne veux surtout pas me servir de la possibilité d'effectuer des suggestions.

---

[7] Pace and lead : Accompagner et conduire. La base de la suggestion ericksonienne. Je préfère stratégiquement parler de "Rejoindre - Accompagner - Conduire" qui va au-delà de la simple suggestion, mais s'inscrit dans le tempo de toute la séance.

Je procède d'ailleurs essentiellement comme si je parlais à un ami. Je vais jusqu'à dire qu'il n'y a pas de quoi en faire tout un cirque. Notez aussi qu'il y a des "S'il te plaît" et des "Merci" qui ne font pas partie du vocabulaire de l'hypnose classique, et tout cela sans mentionner les éléments / points de passage qu'on peut espérer avoir lors d'une première séance de Swan, et qui sont au nombre de 4 :

**1. The Twitch / 2. The Turn / 3. The Wave / 4. The Return**

Ces 4 cases ayant été cochées, c'est la fin de cette séance de découverte que je conclus en plaisantant avec Philippe mais non sans le féliciter pour ses multiples capacités. C'était une séance de découverte, et cela ne demandait qu'à être réalisé comme un bon artisan. Pas plus, mais pas moins, avec un opérateur qui doit s'effacer devant son effet. »

## LES COMMENTAIRES DE BOB BURNS

Maintenant, allez-y, passez à la vidéo : vous savez ce qui va se produire, vous avez les sous-titres, la transcription est là dessous. N'hésitez pas à arrêter et reprendre et soyez attentifs à tout son Non verbal. Malgré la différence de langue, malgré le débit serré, on perçoit facilement quand il allège le propos, quand il l'appuie, quand il s'en amuse, et quand aussi ses mains indiquent ce que son sujet doit faire.

## TRANSCRIPT DE LA VIDEO :

- Si ça marche, c'est génial, si ça ne marche pas, je m'en fiche, parce que ça marchera de toute façon tout à l'heure.

- Donc, tout ce que je demande, c'est d'être assis là et de te détendre…

- Es-tu droitier ou gaucher ? Ça n'a aucune importance…

- Prends ton avant-bras et place-le comme ça, ne le bouge plus…

- Voilà, et laisse-le dans cette position vraiment détendue. Maintenant, détends-le vraiment…

- Si quelque chose se passe, très bien. Si rien ne se passe, ne t'inquiète pas. Je ne m'attends pas à ce qu'il se passe quoi que ce soit.

- Voyons ce qui se passe ! Tu n'es pas sous hypnose, il n'y a donc aucune raison pour que quelque chose ne se passe. Je veux juste voir s'il y a une chance, si, en dehors de l'hypnose, ton subconscient est assez fort pour qu'il veuille faire quelque chose…

- À présent, je ne vais plus m'adresser à toi, Philippe, excuse mes mauvaises manières, je vais parler à ton subconscient. Regarde, c'est aussi simple que de toucher l'extérieur de ton genou gauche.

- Je ne te parle plus, Philippe ; je parle à ton subconscient… Cette partie de toi qui…

- On ne peut pas faire de miracles, enfin moi je sais que tu le peux.

- Mais là, je veux savoir si tu le peux et surtout si tu veux bien essayer de le faire pour moi. Ce serait génial si tu pouvais…

- Philippe n'est pas en hypnose. Je ne vais pas faire appel à des suggestions. Je lui ai dit de ne surtout pas m'aider de quelque manière que ce soit, ni non plus de me lutter, juste pour voir ce qui se passe…

- Plus tard, même si rien ne se passe, je poserai une question simple à Philippe. Si rien ne s'est passé, et je m'y attends d'ailleurs, a-t-il senti quelque chose essayer de se produire ? A-t-il eu a minima conscience de quelque chose? Et c'est tout.

- Mais en ce moment, j'aimerais que tu prennes le contrôle du bras gauche de Philippe, de son poignet, de sa main, jusqu'au sommet de ses doigts. Et si c'est possible, j'aimerais que tu essayes de bouger un de ses doigts [...] et de voir ce qui se passe. C'est aussi simple que cela. C'est parfois juste une question de temps et vois si tu ressens quelque chose, et si quelque chose se passe, très bien. Sinon, tu pourras me le dire plus tard. [...] Pour moi, ce qui compte, c'est de garder l'esprit ouvert et disponible, parce qu'en ce moment, on pourrait être dans la situation où il essaie, et il ne peut pas. Il se pourrait aussi qu'il ne soit pas en train d'essayer. Il n'essaie d'ailleurs pas du tout…

- Mais si c'est le cas, s'il essaie, il faut un certain temps pour s'habituer à la façon dont ça se passe. Pour certaines personnes, ça se produit immédiatement, pour d'autres, cela prend un certain temps, et parfois même, un temps certain.

- C'est donc intéressant… parce que là, il y a mouvement ailleurs dans la main, juste là, c'est vraiment intéressant. C'est important que tu le remarques…

- Ce que je veux que tu fasses maintenant, je veux qu'en bon subconscient, tu prennes le contrôle de toute la main maintenant, et ce que je veux que tu fasses avec toute la main, ce n'est plus de bouger un doigt du tout à présent, mais de garder l'avant-bras bien rigide jusqu'à l'amorce d'un mouvement du poignet, par à-coups, oui, voilà, juste comme ça.

- Excellent… [...] Donc, je vois que tu travailles, c'est génial. Donc, je sais que tu veux travailler avec moi.

- La question est de savoir comment tu vas y arriver ? Ainsi, on peut même aller un peu plus loin et faire se tourner la main comme ça. Génial. Comme ça… c'est fantastique.

- Tu arrives à le faire un peu plus ? La tourner complètement vers la droite en fait ? [...] C'est la chose la plus étrange, n'est-ce pas ? En fait, tu peux la faire pivoter jusqu'au bout, juste comme ça…

*Le swan selon Bob*

- C'est un sentiment étrange, n'est-ce pas ? C'est comme si cette merveilleuse partie de toi, ton subconscient était en train de dire « bonjour ». Plus tard dans la séance, je dirai souvent « parle-moi », « par la bouche », mais là… voyons juste ce qui se passe…

- Maintenant que cela se passe là-bas, [...] et cela va continuer jusqu'à ce que la main soit face à ton visage, aille jusqu'à le regarder ; ton subconscient peut regarder au travers des doigts… C'est comme te regarder de l'extérieur vers l'intérieur. Parfois, plus tard, les gens disent en fait que c'était très fun, ce qui était très étrange.

- Et ce que je veux maintenant du subconscient de Philippe, à qui je parle toujours, si c'est possible, c'est de faire comme un mouvement de salut ou de vague , si tu peux réellement bouger sa main de haut en bas comme ça, comme si tu faisais signe à Philippe lui-même ; essaie de le faire et voyons ce qui se passe.

- Oui, voilà. Peux-tu commencer peut-être à plier un doigt ? Le laisser monter, aller de plus en plus haut comme ça, ce qui est vraiment intéressant.

- Alors maintenant, tu peux réellement prendre cette main, la laisser descendre, comme ça. Voilà, ça descend… Si l'on regarde par-delà la main, on voit bien qu'elle se déplace en fait vers le haut et vers le bas.

- Alors essayons à nouveau, voyons si tu peux la faire se déplacer de nouveau vers le haut…

- Subconscient, voyons si tu peux à nouveau faire se lever la main. Puisque maintenant, tu as une idée de la façon de t'y prendre. Maintenant, pour moi, peux-tu essayer de le faire et voir ce qui se passe. Que se passe-t-il si j'essaie de te faire bouger de haut en bas, comme s'il s'agissait d'un salut ou d'une vague, peux-tu essayer de le faire et voir ce qui se passe ? Comme contracter différentes extrémités nerveuses. Lentement...

- Eh bien, OK. C'est bien. Une vague hésitante, ça me va… Et Philippe, tu es à l'aise, ce n'est pas toi qui fais ça ? C'est vraiment intéressant, n'est-ce pas ? Tu vois, on a un charmant mouvement lent. Charmant.

- Ce que nous pourrions faire maintenant, juste pour nous assurer qu'aucun d'entre nous n'est en train de perdre la tête, subconscient, j'aimerais que tu prennes le contrôle de cette même partie.

- Alors nous avons commencé par la position du Swan, puis nous avons fait The Turn, et enfin nous avons fait The Wave[8].

---

[8]  Le mot « wave » en anglais peut s'entendre sous les deux acceptions : Le mouvement de la main interprété comme un salut forme bien une onde, une vague, que ce soit du haut vers le bas ou de droite à gauche.

Maintenant, nous allons essayer de faire The Return, donc c'est bien dans cet ordre, position du cygne, mouvement aller de la main, le salut/vague, et maintenant, nous allons essayer de faire le mouvement retour ; parce que l'idée était que s'il a pu bouger dans cette direction à cause du poids naturel du bras, il ne devrait pas pouvoir revenir en arrière.

- Je veux donc demander au subconscient s'il peut faire ce retour de la main à sa position initiale. Peux-tu essayer de le faire et voir ce qui se passe ?

- Je veux que tu essaies de le faire en mobilisant d'autres micro-muscles, d'autres articulations, les autres doigts, et de tourner la main juste comme ça. Voilà, exactement. Je peux le voir, là, il y a mouvement. Très bien.

- Au fur et à mesure que ce mouvement s'amplifie, j'en profite pour dire que toute l'idée était que, quand je l'ai fait sur moi pour la première fois, et que ma main s'est tournée, j'ai trouvé cela très bien, mais peut-être que c'était juste moi, peut-être que ma position avait entraîné le mouvement, le poids de mon avant-bras, alors je me suis dit, si c'est bien mon subconscient qui le fait et non moi qui aide le mouvement, il va être impossible de voir la main revenir en arrière et retourner à sa position initiale.

- Et quand j'ai vu la chose se produire, alors j'ai su que la réponse était due à quelque chose d'autre que ma propre volonté, à cette connexion avec le subconscient.

- Exactement comme cela se passe pour toi Philippe, là, maintenant.

- Voilà, nous avons un merveilleux subconscient, pas d'hypnose sous quelque forme que ce soit, pas d'induction, et pas une de ces suggestions "bricolées" statuant que « nous allons essayer… mais tu peux le faire… », mais une véritable suggestion absolument honnête qui dit que nous ne pensons pas que cela arrivera, mais si tu essaies, ce serait une bonne chose.

- Et soudain, nous l'obtenons. Nous avons ce Swan qui se met en place, nous avons ce virage, ce mouvement aller (The Turn), puis le salut/vague (The Wave) et enfin le mouvement retour (The Return). Et, comme je l'ai dit, nous n'en faisons vraiment pas tout un cirque et c'est tout, merci beaucoup.

[...] Ce fut un honneur… au plaisir de se retrouver un jour… détends-toi, et c'est tout. C'était excellent, Monsieur Miras, tu as ça dans le sang… je vais t'offrir un de ces trucs qu'on fait tourner avec les tétons ;) »

 Bob Burns

*Le swan selon Bob*

# FIN DE LA TRANSCRIPTION

Vous avez maintenant vu une première fois la vidéo, puis lu la transcription et les commentaires de Bob Burns, ce qui vous permet d'avoir déjà une certaine compréhension de ce qui se passe au cours du Swan et de comment l'on peut y accéder.

## LES POINTS À RETENIR :

- Bob ne décrit pas le Swan comme de l'hypnose, juste comme une communication possible avec le subconscient.
- Pour passer d'une conversation avec le conscient à une conversation avec l'inconscient, il se sert d'un contact sur le genou comme d'un interrupteur. Ce qui favorise la dissociation.
- Dans sa bande-annonce, il annonce que cela se fera ou pas et que ça n'a pas d'importance. Avec la non-annonce que cela puisse être de l'hypnose, c'est un second élément de contournement des peurs et des résistances : pas de pression du résultat sur le sujet.
- Quand il parle au subconscient, il est exclusivement tourné vers la main ; ce qui, là encore, participe de la dissociation, mais crée du réel.

Ceci bien noté, retournez voir une seconde fois la vidéo, mais cette fois, tout en suivant le texte, portez votre attention sur d'autres choses :

**Sa posture :** tranquille, en apparence peu exigeant sur le résultat au moins au début, « Let's try something… If nothing happens, fine, I don't expect anything.[9] »

Ainsi, il enlève toute pression. D'ailleurs pour Bob, (et il a très longtemps présenté le Swan comme « This is not hypnosis ») le Swan était l'émergence du subconscient qui se rendait ainsi manifeste.

**Son flow :** régulier, familier, soutenu mais sans pression, à la limite de la saturation et d'où émane la tranquillité de l'opérateur – son assertivité aussi mais une fois les premiers mouvements de la main apparus – et son fonctionnement à la fois léger et chaleureux qui non seulement écarte du sujet une obligation de résultat ; mais également participe de la qualité de la relation et du coup, il favorise la suggestibilité

---

[9]  Essayons quelque chose… Si rien ne se passe, c'est OK, je ne m'attends à rien de particulier.

par appréciation, un des six principes de base de l'influence mis en évidence par la psychologie sociale[10].

**Les contacts au genou :** juste suffisants pour être notés. Dans des zones où ils ne peuvent pas être mal interprétés. Avec ce « switch », il favorise la dissociation, mettant le sujet en position de spectateur de lui-même. Une dissociation que Bob accentue en ne regardant la plupart du temps uniquement que la main sauf parfois, comme pour prendre le sujet à témoin de ce qui pourtant lui arrive.

**Sa persévérance :** tranquille et amusée. Imperceptible certes, mais non feinte également. Je ne suis pas un très bon sujet… Mes réponses ont été lentes, tardives et discrètes. Chez la plupart des gens, elles sont bien plus rapides et animées qu'elles ne l'ont été pour moi. Peut-être le fait d'être anglo-saxon… Je crois bien n'avoir vu un tel mélange de patience, de calme et d'assurance sur le résultat comme sur les capacités du sujet que chez Sharon Waxkirsch…

## QUELQUES AUTRES ELEMENTS :

En dehors d'annoncer que cela n'est pas de l'hypnose (je reviendrai sur ce point), notez que certaines choses dans la procédure tiennent encore beaucoup de l'hypnose classique où l'on cherche une forme de progression dans les phénomènes : mouvement du doigt puis rotation de la main, puis « the wave » (la vague : la main monte et descend un peu comme pour faire bonjour) avant de passer à la suite.

Les claquements de doigts, sont eux plus là pour marquer un moment ou accélérer un peu les mouvements. Nous sommes là dans une forme d'accompagnement assez légère et plutôt chaleureuse, pas dans la domination : le sujet étant "présent", les claquements, pas si marqués que ça, restent cohérents avec le reste de la posture de l'opérateur et semblent presque s'adresser à une mécanique étrangère au sujet, ce qui là encore participe à la dissociation. Comme quoi le non verbal trouve sa place y compris dans une forme très classique, dans un cadre qui en est loin.

Le non verbal justement. Et sous forme de suggestion : le bras, la main et les doigts "miment" ce que l'opérateur attend du sujet. Cela sera là qu'interviennent les neurones miroirs.

---

[10]    Cf. l'ouvrage à ce sujet de Robert Cialdini : « Influence et Manipulation ».

## LES NEURONES MIROIRS :

L'identification de neurones miroirs au cours des années 1990 est due à l'équipe de Giacomo Rizzolatti sur des singes. Chez l'humain, il existe depuis avril 2010, une preuve directe de l'existence de neurones miroirs.

La particularité de ces neurones tient au fait qu'ils déchargent des potentiels d'action pendant que l'individu exécute un mouvement, mais aussi lorsqu'il est immobile et voit, ou même entend, une action similaire effectuée par un autre individu, voire seulement quand il pense qu'il va effectuer cette action. Les neurones miroirs sont donc définis par deux propriétés :

Leur caractère "miroir" : le fait qu'ils réagissent aux actions d'autrui.

Leur sélectivité : chaque neurone ne répond qu'à un seul type d'action, mais ne répond que peu ou pas quand il s'agit d'un autre geste. En outre, il existe une autre classe de neurones miroirs qui sont peu sensibles au geste en particulier, mais à la finalité de l'action.

Dès la naissance, les neurones miroirs reflètent l'activité que nous observons et ont deux types de fonction :

- Observation et exécution/reproduction d'une action.
- Compréhension et reconnaissance de l'intention derrière ladite action.

Ces neurones réagissent extrêmement vite lors de la perception, ce qui nous permet de comprendre mais aussi d'anticiper. Les neurones miroirs nous apprennent donc à la fois à imiter le geste perçu et ressentir ce qu'il ressent. Ils ont donc une action à au moins trois niveaux :

**L'empathie :** le système miroir des émotions permettrait de simuler l'état émotionnel d'autrui dans notre cerveau, et par conséquent de mieux identifier les émotions éprouvées par les individus de notre entourage. Il s'active d'ailleurs plus particulièrement quand on est en symbiose avec quelqu'un. Dès lors, il importe que l'opérateur utilise précisément comme volontairement son expression en non verbal, que ce soit par sa gestuelle, son ton de voix, ou même sa position dans l'espace.

Son objectif sera de créer les conditions d'un rapport auquel le sujet viendra se synchroniser par "contagion", pour autant que l'émotion exprimée le séduise, ou lui soit préférable à celle qu'il vit intérieurement. C'est une action à l'inverse du "mirroring"[11] où c'est l'opérateur qui, en reproduisant des éléments de la posture du sujet, cherche à se synchroniser.

---

[11]  Mirroring : "se comporter en miroir". Technique de PNL visant la création d'un lien rapide. Les résultats d'après les labos semblent difficilement prévisibles, voire négatifs.

**La contagion émotionnelle :** les meilleurs exemples que l'on puisse donner sont les fous rires qui s'emparent de tout un groupe, ou le bâillement qui semble parfois viral. C'est peut-être une des explications aux séquences en dominos que l'on voit sur scène en hypnose de spectacle, où passés les premiers sujets les plus suggestibles, les autres suivent d'autant plus facilement. Mais celui qui nous intéresse le plus dans le cadre du Swan est le 3ème.

**L'apprentissage :** les neurones miroirs assureraient une forme de répétition en interne d'une gestuelle ou d'une activité quelconque. Comme par exemple, un doigt qui se lève, ou une main qui se tourne. À l'opérateur de l'utiliser. Il semblera simplement expliquer ce qui devrait se produire ultérieurement, alors qu'il est déjà en train de suggérer non seulement verbalement, mais physiquement. Si en interne le sujet décide d'effectuer une réponse idéomotrice ou un signe quelconque qui sera alors désigné comme tel, ce mimétisme déjà enregistré va considérablement être facilité. Par décision inconsciente, ou par contagion comme un fou rire ou un bâillement.

Donc pour résumer dans le cadre de l'hypnose : les neurones miroirs ont un rôle à jouer dans la création de phénomènes ou de réponses idéomotrices par l'intermédiaire des suggestions non verbales. De la même façon, ils ont un rôle à jouer dans l'empathie dont l'opérateur fera preuve, mais également dans la qualité du lien entre lui et son sujet ; donc dans sa suggestibilité, comme dans sa compliance. Par écho (une autre dénomination des neurones miroirs) on peut s'appuyer sur eux pour guider l'humeur du sujet (détendu, confiant, joueur ou concentré) et sa façon d'interpréter émotionnellement certaines suggestions.

À noter que plus récemment, on a eu de moins en moins tendance à compartimenter par réseaux spécifiques, mais plutôt à rapporter tout cela dans des ensembles de fonctions ou capacités cognitives.

# 5

# ÉCHEC AU ROI

*Quel est l'état d'esprit de la ville ?*

Nous venons d'aborder "The Swan" par son créateur, sous sa forme originale, dans sa partie induction, sans aller au-delà. On peut tout à fait considérer le Swan comme une induction rapide : pretalk court, chargé de suggestions verbales comme non-verbales, bien qu'il semble n'être qu'une présentation. L'induction elle-même au sens strict du mot, c'est-à-dire le temps que la première réponse idéomotrice apparaisse, est souvent l'affaire de quelques secondes.

Ceci dit, cela avait été bien moins évident avec moi comme sujet.

Les différents mouvements qui suivent cette première réponse idéomotrice pourraient être décrits comme un approfondissement[12] par un empilage de microphénomènes, mais avec l'avantage de créer et une confusion puis l'éclosion d'une émotion, et un lien fort avec l'opérateur qui dispose déjà de réponses "Oui/Non", qu'en général on n'installe qu'après. Notez bien que tout cela peut se faire avec beaucoup de douceur ou même de complicité, plutôt qu'avec une forme de rupture ou de choc comme cela est parfois le cas avec certaines inductions rapides.

Comme je le disais dans le précédent chapitre, je suis très loin d'être un bon sujet et je l'étais encore bien moins il y a à peu près dix ans. Au moins cela m'avait-il permis de bien évaluer la performance (au sens anglo-saxon du terme) de Bob avec quelqu'un dans mon genre : son calme, son assertivité, sa légèreté et sa constance malgré la discrétion et la lenteur assez marquées de mes réponses.

Pouvoir regarder à loisir ses premières vidéos et les décrypter le plus soigneusement possible m'a beaucoup appris, et pas uniquement sur la procédure, mais bien sûr la façon de la conduire. Cela m'a valu plus que quelques doutes aussi… Est-ce que moi, je serai capable d'un tel flot ininterrompu de paroles ou presque ? De conserver cette

---

[12] David B. Cheek : Gynécologue et obstétricien.

jovialité, cette légèreté quand cela n'avance que si peu ? Faire preuve d'une telle assertivité qui viendrait s'opposer au fait de dire qu'il est possible que rien ne se passe, alors même que le suggérer à quelqu'un de parfaitement conscient peut être une suggestion qui s'oppose à la réalisation de ce que j'entreprends ? De plus, la part de la formation consacrée par Bob sur le Swan lui-même a été brève, avec beaucoup d'autres choses dont du mentalisme, ou comment gérer le premier rendez-vous...

Un avion le dimanche soir (j'ai encore en mémoire la dame de la douane à Gatwick qui jette un œil sur mes papiers, puis sur moi, en répétant dans un sourire "Lovely, Lovely"). Le lendemain, c'est la reprise dans un cabinet surchargé. À cette époque, je reliais encore très étroitement l'hypnose et la dentisterie où, pour sympathique qu'il soit, je ne voyais pas vraiment quoi faire de cet oiseau bizarre. Ce « Cygne » m'offrait plus de questions que de réponses : fallait-il le garder pour des sujets super suggestibles ? En faire une espèce de cadeau de fin de séance pour m'habituer à sa pratique ? Pourquoi Bob dit-il que ce n'est pas de l'hypnose ? Est-ce une forme de marketing ? Est-ce un choix dans sa présentation au patient de ce que ce n'est pas pour contourner d'éventuelles résistances... ? C'est visiblement intéressant mais comment l'utiliser au cabinet ? Peu ou prou les mêmes interrogations que soulevait "l'hypnose sans transe" de James Tripp... Au bout du compte, plus de questions que de réponses.

D'ailleurs, entre questionnement et manque de temps, le bel oiseau s'est lassé de tourner autour de ma tête jusqu'à s'en éloigner et se laisser oublier sous tous les prétextes les plus discutables et douteux que puisse imaginer un procrastinateur en manque de confiance. Heureusement, la bestiole devait être plus décidée que moi, ce qui me donne parfois l'impression que j'ai, avec le Swan, été l'heureux gagnant d'un concours de circonstances...

Après Londres, Nice.

Toutes les études ne sont pas exactement d'accord sur les chiffres, mais l'on s'accorde en général à dire que 20% de la population est facilement hypnotisable. Que 3% sont ce qu'on appelle des "somnambulistes" naturels et 1% des "virtuoses" de l'hypnose.

Mais quid des un pour mille ? Des un pour dix mille ? Que se passe-t-il pour vous, quand vous pouvez être littéralement submergé par l'hypnose ? Quand le simple fait de vous en parler en vous fixant du regard, peut vous faire vous effondrer sur le carrelage ? Plus de son, plus d'image.

Nice... La salle était blanche, grande et près du Port. Daniel Goldschmidt y donnait ce week-end là une formation sur l'hypnose profonde. C'était encore une époque où je poursuivais le fantasme de l'induction magique, du zéro échec et du somnambulisme. Peut-être – probablement - qu'une petite partie de moi continuera éternellement d'ailleurs, même si à l'autre bout du spectre, j'ai suivi une formation en conversationnel avec Jean Dupré et Laurent Bertin (une des meilleures idées de ma vie). Un paradoxe de plus, comme d'arriver un peu en retard à une formation qui, pour une fois, n'est qu'à deux heures de chez moi.

Nous devions être une trentaine ou un peu moins. Hormis Daniel, je ne connaissais personne. Je me suis installé au fond, tranquillement, seul à une table. Il n'y avait que des professionnels de santé, l'enseignement étant donné dans le cadre d'un institut Milton Erickson. C'en était presque surprenant, tant il y a un peu plus de dix ans à part pour Dominique Megglé, dans ce milieu, parler d'hypnose profonde était presque un juron.

Une bonne partie de mon parcours s'étant fait avec des anglo-saxons ou des non professionnels de santé, c'était plutôt la fin de la seconde journée qui m'intéressait, quand on aborderait l'état d'Esdaile[13]. Cela avance donc un peu lentement à mon gré mais il faut bien présenter le sujet…

En milieu de matinée Daniel propose un premier exercice. Comme toutes les tables sont occupées par des paires de stagiaires, il est probable que je vais devoir me contenter de jeter un coup d'œil curieux sur ce que font les autres, mais à ce stade, ça ne me dérange guère.

L'habituel mouvement brownien des stagiaires s'entame, accompagné d'un brouhaha confus, où le crissement des chaises qu'on déplace se mêle aux voix un peu trop enjouées de quand on se présente à de parfaits inconnus dont on espère qu'au moins ils nous entendent.

Cela fait peut-être tout juste une minute que cela a commencé quand au milieu de la salle, je note qu'une des stagiaires (visiblement l'opératrice) s'est levée, l'air légèrement perdue, et regarde un peu nerveusement autour d'elle, comme si elle cherchait de l'aide. Visiblement, la cause est assise face à elle, effondrée sur sa chaise, presque à en tomber, stuporeuse[14] et tonus musculaire à zéro, alors que toutes les autres paires en sont à peine à se présenter. J'ai juste le temps de me demander comment elle s'y est prise, avant de réaliser qu'elle ne le sait pas non plus. Pendant que je m'approche, son binôme qui se tient comme une poupée de chiffon dont on aurait coupé les fils, semble lentement revenir à lui en l'absence de suggestion.

---

[13]   James Esdaile était un chirurgien qui pratiquait sous hypnose profonde aux Indes au XIXème siècle. Il a laissé son nom à un état particulier aussi désigné comme "coma hypnotique".

[14]   État stuporeux : Ce qui ressemble le plus à un sommeil profond, comme un coma où le sujet est coupé du monde.

L'opératrice, debout, les yeux ronds, peu expérimentée, s'exprime nerveusement, comme si elle était prise en faute.

Ce n'est qu'après, quand elle commence à expliquer ce qui s'est passé que cela devient intéressant : « *Je n'ai rien fait ! Je n'ai rien eu le temps de faire : il est parti d'un coup quand je lui ai dit de laisser ses yeux se fermer !* » Un somnambuliste ! Je me rappelle m'être dit que s'il y avait une démo sur l'état d'Esdaile, Bruno (c'est son nom) serait à la fois le pire et le meilleur sujet pour ça. Le meilleur parce qu'avec lui, on était sûr d'y arriver. Le pire parce que dans ce cas, évidemment, personne n'apprendrait rien… Daniel est là lui aussi maintenant. Bruno qui commence à émerger a un petit geste de la main, presque comme une excuse, comme quoi tout est OK. Daniel apaise l'opératrice en conservant un œil sur son sujet, puis s'assure avec lui que tout va bien. Quelques questions plus tard, nous comprenons que Bruno s'était inscrit pensant suivre une formation de base et découvrir l'hypnose, ce qui me fait instantanément penser à Yiannis. Comme quoi, quand l'univers décide d'être taquin, il l'est parfois obstinément… Pour Bruno, cela a aussi le mérite d'expliquer son désarroi face à ce qui lui est arrivé, mais pose la question de comment gérer ça pendant deux jours rythmés par des inductions répétées… Après quelques conseils de prudence et avec beaucoup de calme Daniel, qui a toujours près d'une trentaine de stagiaires à encadrer, prévient qu'il briefera les prochains opérateurs et repart arpenter la salle pour surveiller les autres groupes…

« *Donnez un marteau à quelqu'un et il verra des clous partout* ». J'entends cette phrase raisonner dans ma tête, en regardant Bruno, un peu désemparé à ne pas trop savoir comment pourrait se passer la suite. La pause est arrivée assez vite. Je me suis approché, j'ai souri, je me suis présenté, et j'ai posé une question. Presque une stratégie du parfait pick-up artist[15] selon Jacquin… Il faut bien avouer que je trouve le paradoxe amusant : me retrouver à une formation sur l'hypnose profonde pour tester son exacte antithèse, c'est assez ironique !

Un sourire donc, un léger contact sur l'avant-bras pour attirer l'attention, une très brève présentation et une seule question. Mais enjouée : « *Est-ce que ça vous dirait de tester une autre forme d'hypnose, différente, où vous ne dormez pas, où vous voyez tout, où vous entendez tout, vous rappelez de tout… ?* »

Qui pourrait refuser ça ? Quelques secondes de flottement, ou peut-être d'incrédulité et un bon vrai "Oui"…

---

[15] Pick up artist : As de la drague telle que codifiée dans « The Game » de Neil Strauss et dont Jacquin a repris le principe pour aborder les gens en Street hypnose.

*- « Mettez votre coude sur la table, votre main comme ça ! Ce qu'on va faire ça s'appelle le Swan. Ça veut dire Cygne en anglais, parce que votre bras et votre main, placés comme ça, ça ressemble à un Cygne. Et c'est ce qu'on va faire, des signes. »*

Il y a quelque chose de très naïf, de très enfantin qui passe sur le visage de Bruno, entre attente, envie et curiosité, comme quand on annonce à un petit garçon qu'il va avoir une surprise. Je sais que cela fixe mon rôle aussi.

*- « On va tout d'abord demander à votre "inconscient" de se manifester en prenant l'usage de votre main. Et quand ce sera fait, il nous le fera savoir en bougeant un doigt, n'importe lequel.*

(À peine ai-je bougé un doigt pour montrer ce que j'attends, que la réponse est là…)

*- « Parfait, voilà ! »*

Il y eut tout aussi vite un autre doigt, une main qui fait une vague, qui se tourne vers le visage, puis qui revient vers moi… La suite est du même ordre : un doigt qui répond "Oui", un doigt qui répond "Non" et un Bruno à la fois ébloui et estomaqué, mais en même temps ravi. Tout cela en tout juste deux minutes…

Les autres doigts s'étaient mis à bouger eux aussi, avec la même facilité, et toutes les réponses étaient immédiates, tous les mouvements rapides, à peine marqués de ces saccades si spécifiques aux réponses idéomotrices qu'elles en sont signées.

Quelques personnes autour de nous s'étaient rapprochées pour voir ce qui était en train de se passer sans très bien le comprendre. De mon côté je fais tout mon possible pour découvrir ce que je pourrais bien dire dans la minute d'après, avec un léger sourire aux lèvres pour donner l'impression que j'ai fait ça toute ma vie ;). Je décide de le lui présenter comme une forme possible d'auto hypnose, et évidemment les réponses restent immédiates et d'une fluidité parfaite.

Comme Bruno a des longues mains, aux doigts effilés, le moindre mouvement est extrêmement élégant et évoque absolument l'autonomie de ses réactions, ce qui est très troublant, pour lui comme pour moi. Cette part de Bruno que l'on a évoquée semble vraiment prendre plaisir à cette liberté toute neuve, pour éclore comme une fleur et profiter de la lumière…

Sinon, c'était assez bizarre – et amusant - comme situation d'apprendre à quelqu'un à ne pas trop rentrer en hypnose, alors que j'étais venu pour exactement le contraire… Bruno lui, semblait tout à la fois ému, enchanté, curieux et impatient d'essayer de nouveau…

Le week-end est vite passé, je lui ai laissé quelques consignes assez strictes pour la suite, au moins pour commencer : ne le faire que deux à trois fois par jour ; jamais quand il serait seul à la maison, avec pour objectif de découvrir la transe et l'hypnose de façon graduelle en prenant le temps dont il avait besoin pour savoir la contrôler…

*L'Hypnose au bout des doigts*

Il faut croire qu'à mon âge, j'ai encore beaucoup d'illusions sur le genre humain : de fait, ça ne s'est pas passé du tout comme cela, d'après ce que j'ai su quelques jours plus tard : Bruno utilisait le Swan tout au long de la journée et chacun des dix doigts avait assigné une réponse. Il était ravi : plus les jours passaient et plus il en apprenait sur l'hypnose et ce que cela permet, surtout à un virtuose de sa trempe ; un virtuose comme peut-être je n'en recroiserai jamais.

Dix ans plus tard, pour ce que j'en sais, il a gagné en indépendance, en autonomie, refondé une famille, déménagé professionnellement. Bien sûr, tout cela ne se limite pas au Swan, ni même à son extraordinaire talent pour l'hypnose. C'est (aussi) dix ans de travail sur soi.

Le train pour Marseille a besoin d'un peu plus de deux heures avant que je ne rentre chez moi. J'ai gribouillé plein de choses pendant le trajet :

Que ce serait-il passé s'il s'était senti possédé ou s'il était tout simplement mort de peur au moment où sa main s'est tournée vers lui ? Que faire dans ces cas-là?

Revoir et détailler les vidéos de Bob, il se sert beaucoup de suggestions non verbales.

Relire le livre de Roy Hunter sur les Parts Therapy.

Lire tout ce que je peux trouver sur l'idéomoteur et le signaling.

Appeler Carola[16] pour lui demander un transcript que je puisse étudier à loisir.

Rassembler de la documentation sur le recadrage en six points et les négociations entre parties.

La vérité, c'est que même en expérimentant pour la première fois le Swan, j'avais pris un plaisir énorme. J'avais l'impression – même si je faisais certaines choses différemment de Bob, ce qui n'est d'ailleurs allé qu'en s'accentuant – que ce truc avait été inventé pour Moi ;). Et je percevais déjà tout un ensemble de choses sur lesquelles je pourrais jouer pour me l'approprier encore plus.

Du coup, j'ai effectivement lu tout ce qu'il était possible de trouver sur l'idéomoteur et l'idéo-dynamisme en général, ainsi que "Finger signaling". Ça ne m'a pas été très difficile ; j'avais l'impression de me trouver à la croisée d'une course au trésor et d'un roman policier : qui le premier a trouvé quoi ? À quelle date ? En cherchant quoi ?

Et puis on tombait sur des noms comme Ampère ou Faraday. (Le Faraday ???) Pas si surprenant que le magnétisme les intéresse, mais qu'est-ce que Braid vient faire là ?

Alors histoire qu'on ne s'ennuie pas trop, je vais vous en raconter une.

---

[16] Carola Evans Miras.

## RÉPONSE IDÉOMOTRICE ET SIGNALING :

Avec l'émergence du spiritisme à partir de 1830, la popularité des "Mediums" s'était mise à croître. Des appareillages variables comme le pendule, les tables tournantes ou les Oui-Ja, leur permettaient de communiquer avec les "Esprits". Face à cette multiplication des "Savoirs de l'ombre", ce sont autant les phénomènes émergents que les dispositifs qui les mettaient en œuvre qui ont attiré l'attention de certains scientifiques.

Michel Eugène Chevreul, un chimiste français adresse en 1833 une lettre à Ampère sur ses enquêtes conduites depuis 1812 sur le phénomène du pendule "occulte", l'explication qu'il en a retirée et lui donnent un aspect plausible. Il a découvert au cours de son enquête sur les supposés aspects spirituels des phénomènes physiques, que lorsque la ficelle d'un petit pendule était tenue par les doigts d'une personne, le pendule se déplacerait sans contrôle conscient apparent, dans la direction que l'individu attendait. Ses expériences l'ont conduit à découvrir que lorsqu'il tenait le pendule et qu'un accoudoir était déplacé, progressivement, de près de son épaule vers près de sa main, peu à peu, le balancement du pendule diminuait. Chevreul en déduisit que c'était ses propres muscles et pas une force spirituelle extérieure qui induisait le balancement. Il s'est également bandé les yeux et son assistant a rapporté que le pendule, dans ce cas, restait immobile. Chevreul déduisit de cette deuxième observation qu'il provoquait le balancement. Le fait de regarder le pendule permettait qu'une pensée ou une intention soit, d'une manière ou d'une autre convertie à son insu par ses muscles en mouvements perceptibles au travers du pendule.

Une idée transformée en mouvement…

Ce n'est que plus tard, en 1852, par l'intermédiaire de William Benjamin Carpenter, que le terme "Idéomoteur" sera publié dans un article scientifique. Là, il s'agit déjà d'un document sur la suggestion où il explique que des mouvements musculaires peuvent être indépendants des désirs conscients et des émotions. On parle dès lors d'Effet Carpenter : une idée, une action.

Il se trouve que Benjamin Carpenter est un ami du Chirurgien James Braid, le fondateur de l'hypnose moderne. Ce même Braid qui en vient à adopter cette terminologie idéomotrice pour appuyer la théorie de son professeur, le philosophe Thomas Brown, selon laquelle l'efficacité de la suggestion hypnotique dépendait de la concentration du sujet sur une "idée dominante". En 1855, James Braid changera de terminologie pour être plus centré sur le phénomène hypnotique et parle désormais de Monoïdéisme.

Le plus intéressant reste à venir : des tests scientifiques menés par le scientifique anglais Michael Faraday, corroborent les idées du chimiste français Michel Eugène Chevreul et expériences à l'appui confirment que de nombreux phénomènes attribués à des forces spirituelles ou paranormales, ou à de mystérieuses "énergies ", sont en fait dues à l'action idéomotrice. C'est d'ailleurs un peu incroyable ou juste ironique, que cela soit venu de celui qui a découvert le champ magnétique ou isolé le benzène.

Faraday s'est également élevé contre le "magnétisme animal" et toutes les formes de séances spirites. Il déclare d'ailleurs : *"Des personnes très honnêtes et intelligentes, peuvent tout à fait inconsciemment s'engager dans une activité musculaire discrète, qui correspond à leurs attentes"*.

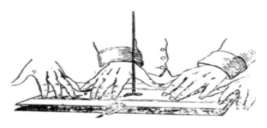

L'expérience de Faraday sur les tables tournantes.

Alors évidemment la question qui suit, pour ce qui nous concerne, est simple. Les réponses par signaling sont assurément sincères, mais sont-elles justes ?

Elles peuvent être indépendantes des désirs conscients, mais peuvent-elles l'être des désirs inconscients ?

Tablette Oui-Ja.

À contrario, si les tablettes de Oui-Ja permettent une forme d'écriture automatique, peut-on valider ce qu'écrit "l'inconscient", simplement parce qu'on change de support ? S'il est vrai que désormais ce ne sont plus les morts ou les esprits qui s'expriment, mais le sujet et bientôt le patient ; est-ce le dernier pont que l'hypnose, après Mesmer et Esdaile, coupe avec les défunts ou l'exorcisme ? Et hormis cela, quel lien peut-il bien y avoir entre le Oui-Ja et l'hypnose ?

*Echec au roi*

À vrai dire, il n'est pas très direct, malgré Faraday. Il nous faut maintenant quitter le milieu du XIXème siècle pour atteindre le début du suivant et rejoindre un Prince de sang mêlé : Milton Erickson[17].

Nous sommes désormais en 1923.

« Au printemps 1923, à l'université du Wisconsin, Clark L. Hull, professeur agrégé de psychologie, s'intéressa à mon travail expérimental sur l'hypnose et avait suggéré que je le poursuive tout l'été, avant de le rendre pour un séminaire postuniversitaire sur l'hypnose, conduit et mené par le Département de psychologie.

Tout cela fut fait, et le premier cours postuniversitaire formel en hypnose lancé à l'université de Wisconsin en septembre 1923, établit une première aux USA. Ce séminaire était consacré à une analyse systématique des résultats et une discussion sur les procédures expérimentales de l'été, ainsi que sur les découvertes rapportées ou démontrées devant le groupe. Également présenté était un travail supplémentaire initié et réalisé par moi-même au cours de cette année universitaire.

Lors de cet été 1923, parmi d'autres choses, je m'étais intéressé à l'écriture automatique. D'abord obtenue auprès de sujets en état de transe puis par suggestion post-hypnotique. Cela a donné lieu à la possibilité d'utiliser des suggestions propices à l'écriture automatique comme méthode indirecte d'induction de transe pour ceux qui ne l'avaient jamais été. Bien que réussie, cela s'est avéré être une technique d'induction trop lente et laborieuse dans la plupart des cas. La première modification que j'y ai apportée, a été de suggérer au sujet qu'au lieu d'écrire, le crayon se déplacerait simplement de haut en bas sur le papier, ou d'un côté à l'autre ; avec les même mouvements qu'une tête en bougeant peut exprimer un oui ou un non. (Ces lignes verticales ou horizontales donc, se sont révélées plus tard être une excellente approche pour l'enseignement de l'écriture automatique aux sujets difficiles.)

Presque dès le premier essai, il est apparu que le crayon et le papier étaient superflus et que c'était l'activité idéomotrice qui était l'unique considération primordiale : « *Une simple croix du bout des doigts, comme ce que l'on demandait de faire à un pendule pouvait suffire* ».

---

[17] Le Dr. Milton Erickson : Psychiatre. On lui a prêté un huitième de sang indien. Surnommé le sorcier de l'Arizona, il meurt en 1980.

J'ai cherché une autre façon de la produire, et en me servant de ma sœur cadette Bertha comme sujet pour la première fois, j'ai induit une transe somnambulique par une simple technique de lévitation manuelle. Par la suite, beaucoup de variantes de cette technique originale ont été imaginées jusqu'à ce qu'il devienne évident que leur efficacité dérivait uniquement d'une base : l'utilisation de l'activité idéomotrice, plutôt que des variations de procédure, comme c'est le cas parfois naïvement cru et rapporté.

Milton Erickson a 21 ans. Il vient de révolutionner l'hypnose.

Environ une quinzaine d'années après (1938) ces études antérieures sur les techniques idéomotrices, une autre fut entreprise. Celle-là avait été initiée par le constat que, notamment lors de conférences sur des sujets controversés, il y avait dans le public certains individus qui hochaient inconsciemment lentement la tête en signe d'accord ou de désaccord avec le conférencier. Cette observation a été encore renforcée quand nous avons noté que certains patients, tout en expliquant leurs problèmes, hochent ou secouent la tête sans le vouloir en fournissant des indications en contradiction avec leurs verbalisations réelles.

Ces manifestations informatives suggéraient la possibilité d'utiliser ce type d'activité idéomotrice comme technique hypnotique, en particulier pour les sujets résistants ou difficiles, bien qu'elles puissent également être utilisées facilement sur les sujets habituels.

La technique réelle est relativement facile. L'explication est fournie au sujet, qu'un Oui ou Non peut être donné par un simple hochement de tête.

Il est aussi expliqué que les pensées conscientes et inconscientes peuvent être faite séparément et indépendamment bien qu'en même temps, et que de plus ces pensées n'ont pas besoin d'être nécessairement d'accord. C'est suivi par une question formulée pour exiger une réponse indépendante de ce que le sujet peut penser consciemment. Par exemple :

-"Votre esprit inconscient pense-t-il ?"

-"Apprendras-tu à entrer en transe ?"

Après avoir posé ce type de question, on dit au sujet d'attendre patiemment, passivement le mouvement de tête qui constituera la réponse de son "esprit inconscient".

- Une réponse rapide ou énergique signifie une réponse consciente.

*Echec au roi*

> - Un mouvement de tête lent et doux, parfois non perçu par le sujet, constitue une communication directe de "l'esprit inconscient". Avec la réponse, la catalepsie se développe et un état de transe s'ensuit rapidement.
>
> Ou, comme simple variante, on peut suggérer que la lévitation d'une main signifie la réponse « Oui », la lévitation de l'autre, « Non », la lévitation des deux à la fois, "Je ne sais pas". Le développement d'un état de transe est concomitant avec le développement de la lévitation, quelle que soit l'importance de la réponse, son élaboration ou sa nouveauté, simplement par l'initiation de l'activité motrice, réelle ou hallucinée. »

 Milton Erickson[18]

Nous savons donc à ce point de l'histoire, comment a été mise en évidence par Carpenter et Faraday, la notion de réponse idéomotrice, comme étant la transformation en acte d'une idée, d'un désir, d'une attente, ou d'une suggestion.

Nous venons de voir comment dès 1923, Milton Erickson s'empare du principe, le réduit à l'essentiel, et le lie sous sa forme la plus immédiate à une induction de l'état hypnotique. Rappelons-nous que jusque-là, l'induction s'obtient par les passes (Mesmer), la fixation par le regard d'un point ou d'un objet (Braid) ou par des instructions répétées distillées sur un ton péremptoire comme des invocations. Il ne restera plus à Erickson qu'à réduire encore un peu plus ce qu'il reste de l'écriture automatique pour en faire une induction doublée d'un signaling.

Ce qui au départ ne se faisait qu'une fois en transe, s'est réduit à de simples barres dessinées, puis aux mouvements du stylo pour faire des barres verticales ou horizontales, puis au simple mouvement, sans stylo, sans papier, sans même écrire. Le signaling est né.

Lors de cet été 1923, Milton Erickson a 22 ans, du sang indien, et a déjà été totalement paralysé. Ayant traversé de longs mois de convalescence à surveiller le plus infime progrès, il semble du coup difficile de ne pas considérer à quel point dans son cas, le moindre minuscule tremblement, le plus discret frémissement involontaire n'aurait pas retenu toute son attention.

---

[18] Traditore, traditore… Traduction libre et par fragments : Milton H. Erickson M.D. (1961) Historical Note on the Hand Levitation and other Ideomotor Techniques, American Journal of Clinical Hypnosis

Après Erickson, Leslie LeCron[19] va codifier le signaling de façon plus précise. Un point important était qu'au travers de l'usage de l'idéomoteur, les réponses aux questions semblaient permettre une sorte d'objectivité de la part du malade. Les patients sur la défensive à l'idée de s'entendre dire que leurs plaintes étaient d'origine émotionnelle, semblaient prêt à accepter la possibilité gracieusement, si cela était indiqué par leurs mouvements musculaires plus ou moins inconscients.

David Cheek, en l'utilisant beaucoup au bloc et en chirurgie, tout comme en publiant énormément finira de le populariser pour l'imposer. Mais nous n'en sommes pas encore au Swan… Pour autant, que nous manque-t-il encore ? Historiquement, ce sera LeCron qui structurera les réponses par les doigts, et elles seront au nombre de quatre :

|  | Oui |
|  | Non |
|  | Je ne sais pas. |
|  | Je ne veux pas répondre. |

Sur ce point, plus j'avance et je reviens vers cette disposition : le dialogue est moins aride, il laisse la possibilité à une des facettes/aspects/persona du patient de ne pas nous répondre, cela permet de conserver une plus grande qualité de lien et d'approfondir la transe comme avec n'importe quel phénomène qui se répète :

> " En hypnose, une réaction idéomotrice est bien plus facilement obtenue qu'une réponse verbalisée."
>
> David B. Cheek M.D.

C'est encore Milton Erickson qui a permis une accélération des phases d'examen d'importantes zones jusque-là inconscientes, dans les temps habituels d'une consultation. Il a d'abord demandé aux patients de hocher la tête plutôt que de parler quand il a remarqué que cet effort semblait perturber le niveau d'hypnose.

Parfois, ils avaient besoin d'être formés à cela, ce qui prenait du temps. Des réponses de type "Oui"/"Non" suffisaient souvent à récupérer suffisamment d'informations importantes et cela pouvait se faire rapidement. Parfois le patient notait les mouvements de la tête, mais lorsque ceux d'une main ou d'un doigt les ont remplacés, le patient est devenu bien plus souvent inconscient de ses propres mouvements. Méconnaissance utile dans la mesure où parfois Erickson considérait qu'il serait sage que le patient soit amnésique de certains éléments en fin de séance.

---

[19] Leslie LeCron : Un des rares non-professionnel de santé dans les cursus de cette époque. Il n'a guère que l'équivalent d'une License en psychologie.

*Echec au roi*

Erickson a également remarqué que les mouvements du poignet ou des doigts pouvaient parfois être en contradiction avec les réponses données verbalement ou même avec un mouvement de tête. Il semblerait donc qu'une gestuelle plus éloignée de l'ordinaire soient une voie de communication sensiblement préférable (plus sincère ?) quant à l'expression de pensées plus profondément inconscientes.

Cheek n'en parle pas autrement :

*"Ce que le patient ressent comme important ne doit pas nécessairement être porté à la conscience. Il peut même y avoir une valeur thérapeutique à ce que le thérapeute soit maintenu dans l'obscurité sur les détails. De nombreux types d'apprentissages sont également effectués inconsciemment".*

Ce sera d'ailleurs Cheek, qui le premier, semble-t-il, fera assigner la réponse "oui/non" à un doigt particulier, directement par le patient.

Pour ce qui est de mettre le bras à l'équerre avec la main relâchée pour obtenir la forme "Swan", de toutes les publications que j'ai pu parcourir, c'est Edgar. A. Barnett qui en parle en premier, mais essentiellement comme un positionnement de seconde intention après échec du signaling dans la position la plus usuelle : la main au repos sur la cuisse.

Même si Milton Erickson qui a, en matière d'hypnose et plus encore dans ce cadre de la réponse idéomotrice, vraisemblablement tout essayé en partant du principe qu'elle était une induction en soi, la demande de signaling s'est faite le plus souvent après avoir induit une transe légère ou au moins avoir demandé à ce que les yeux se ferment. Sauf notre ami Barnett, qui dès 1980 laisse le choix au patient.

On voit donc que Bob Burns s'est, comme nous tous, avancé sur les épaules de Géants (Erickson, LeCron, Cheek, Barnett) mais qu'il a apporté sa touche en attaquant l'induction sans préparation et yeux ouverts, en allant négocier avec les parties, tout en annonçant que ce n'était pas de l'hypnose.

C'est probablement Edgar Barnett qui nous fournit le meilleur lien entre ces deux extrêmes séparés d'un siècle, car lui travaille principalement avec les Ego States, tout en se servant beaucoup du signaling, comme de l'Affect bridge. ( le Pont d'affect )

Alors bien sûr, le signaling pourrait et peut être fait de tout un tas de façons. Ce peut être avec un bras qui monte ou qui descend, un bras qui monte l'autre qui descend ; des mains qui s'écartent ou qui s'approchent, la tête qui tourne à gauche ou qui tourne à droite ; et bien évidemment la tête qui dit oui ou qui dit non et qui semblerait le plus naturel.

Sur ce dernier point la thèse de Anne Häberle en 2006 (Social cognition and ideomotor movements) apporte sa part de précision :

*« Les signaux idéomoteurs qui se manifestent par des mouvements lents et saccadés semblent être plus purement subconscients et moins conscients que d'autres signaux non verbaux tels que hocher la tête pour Oui et secouer la tête pour Non. Les doigts semblent être plus éloignés des pensées interférentes de la tête que le cou. Les réponses rapides et rapides des doigts représentent généralement une réponse consciente plutôt qu'une réponse subconsciente. »*

Ce ne sont que des codes : j'ai vécu presque deux ans dans une petite île de Polynésie. Pour dire "oui", les gens soulevaient les sourcils, et tout le reste du visage restait Poker face. On s'y fait, et assez vite on pratique. Et de retour en Europe, il m'a même fallu quelque temps pour m'en défaire face à l'hébétude que cela entraînait dans mon entourage quand par habitude je leur répondais comme ça… Le plus important est de bien réaliser ce que sont réponse idéomotrice et signaling, de même que leur différence.

Une réponse idéomotrice est une idée qui se transforme en action. Mais notre imagination peut volontairement la conduire : nous pouvons imaginer des aimants qui s'attirent et font se rapprocher nos mains ; nous pouvons imaginer une ficelle attachée à notre poignet qui, parce qu'elle est reliée à un ballon va faire que cette main se met à se lever. Que notre imagination, volontairement activée, cesse de penser à ces aimants, à ce ballon, et le soufflé retombe. Nous avons créé une réponse idéomotrice, pas de l'hypnose : tout a été volontaire et conscient.

Le Signaling est une réponse idéomotrice qui se produit sous hypnose et se caractérise le plus souvent par une manifestation lente et saccadée. Il y a une perte d'agentivité : le patient va alors la percevoir comme involontaire et automatique. Dans le doute, on peut le lui demander et il doit alors pouvoir le manifester et c'est ainsi qu'il doit la décrire : *« Ce n'est pas moi qui en ai décidé. »*

La réponse inconsciente peut tout à fait être en désaccord avec le choix conscient :
*« Je voudrais m'arrêter de fumer mais une partie de Moi ne veut pas. »*
*« Je voudrais parler en public, mais une partie de Moi m'en empêche. »*

Le Signaling doit pouvoir restituer ce désaccord conscient/inconscient.
Nous en avons un très joli exemple dans une des vidéos, qui se termine par un "OUI !" du conscient mais un "Non" en Signaling… Si ce n'est pas une preuve de transe, que faudrait-il ?

À l'appui du signaling, viennent des systèmes de questionnement qui peuvent tout à fait être assez classiques, dans la lignée de ce que faisaient LeCron ou Cheek. Il est d'ailleurs bon de maîtriser cette façon de procéder, comme il est intéressant de maîtriser le "Clean Language"[20] si l'opérateur est passé lors d'une hypnose profonde à une version verbalisée de sa communication avec le patient.

## LECRON & CHEEK :

LeCron et Cheek, comme ultérieurement Dabney Ewin et Bruce Eimer, étaient assez marqués par le travail sur le symptôme au travers d'une remontée à la cause, ce qui se caractérise aisément par une recherche de régression. Il n'est donc pas très étonnant de retrouver dans leur forme de questionnement, et très tôt dans leurs procédures une phrase comme :

*« Est-il possible qu'il y ait eu une précédente expérience de ce dont vous venez de me parler ? »*

Ce qui sur le papier semble n'être qu'une de ces questions qu'on pourrait poser lors d'une anamnèse, mais qui liée à l'état d'hypnose qu'un simple signaling peut installer, va alors, éventuellement nous permettre d'obtenir des informations qui normalement ne sont pas accessibles au sujet à l'état conscient. Et quand bien même la réponse serait "Non", "je ne sais pas", " Je ne veux pas en parler " ; nous aurions des réponses idéomotrices qui vont participer à la stabilisation de la transe.

En cas de "Oui", viendra un enchainement de type :

Avant 20 ans ? / Oui.

Avant 13 ans ? / Oui.

Avant 8 ans ? / Non. (etc…etc.)

Comme avec le Pont d'affect de Watkins, c'est une façon de mettre la régression à la portée de tout le monde.

Un autre cas décrit par LeCron et Cheek est celui d'une femme de la cinquantaine frappée d'une toux qui l'aura embarrassée d'aussi loin qu'elle se souvienne. Aucune explication médicale n'avait pu être fournie, et aucun médicament n'avait donné le moindre résultat.

Un questionnement avait été effectué avec des réponses délivrées à l'aide d'un pendule (ce qui ne change rien à ce qui nous intéresse, c'est-à-dire la façon dont était conduit le questionnement.)

---

[20]  Clean Language : Système de questionnement destiné à ne faire aucune projection.

*- Y a-t-il une raison émotionnelle ou psychologique à votre toux ?*
*- Oui.*
*- Est-ce qu'elle sert à quelque chose ? Y a-t-il un bénéfice à cette toux ?*
*- Non.*
*- Vous identifiez-vous à quelqu'un qui, dans votre enfance, a eu une toux similaire ?*
*- Non.*
*- Est-ce que vous essayez d'expulser ou recracher quelque chose ?*
*- Non.*
*- Y a-t-il une idée fixe qui s'agite à l'intérieur de vous et qui vous fait tousser ?*
*- Oui.*
*- Y a-t-il plus d'une seule idée impliquée ?*
*- Non.*
*- Est-ce la seule raison qui vous fait tousser ?*
*- Oui.*
*- Est-ce qu'il y a une expérience passée qui a fixé cette idée ?*
*- Oui.*
*- Est-ce que c'était avant dix ans ? Cinq ans ? / Trois ans ?*
*- Oui. / Oui/ Non.*
*- Quatre ans ?*
*- Oui.*
*- Cette toux était associée à une forme de maladie ?*
*- Oui.*
*- Est-ce que quelqu'un a dit quelque chose qui a installé chez vous cette toux ?*
*- Oui.*
*- Un parent ?*
*- Non.*
*- Un Docteur ?*
*- Oui.*

Entre temps, la patiente a complètement plongé en hypnose. La séance continuera directement en verbal, et le problème se règlera tout simplement sur l'instruction que cette toux enfantine pouvait s'effacer et disparaitre, malgré le propos maladroit du médecin. Nous avons donc affaire à un questionnement assez simple, direct et souvent basé sur le temps, le passé mais sans dissociation trop marquée du sujet.

Puisque nous jouons avec le temps et avons parcouru largement un siècle, allons jusqu'à en parcourir presque deux… Revenons-en à mon retour de Nice.

Mes idées flottent, le train m'en laisse le temps… Il me berce, je m'y ennuie, il n'y a pas de Wifi, il faudra encore quelques années pour ça.

*Echec au roi*

À peine arrivé le lundi au cabinet, je fais décaler les rendez-vous pour recevoir assez vite un bruxiste que j'avais en consultation, histoire de tester ce qui se renouvelait de cette expérience en changeant de patient. C'était peut-être de la chance, mais ce fut tout aussi simple. Moins fulgurant (ce n'était plus un faon qui bondissait au soleil dans une clairière, comme à Nice, plutôt un petit animal timide qui s'habitue à la lumière) mais pourtant la même émotion, mélange de surprise et de douceur ; et surtout la même touche d'incompréhension puis d'acceptation de ce qui se passe par le sujet, avant l'accueil d'une autre partie de soi-même.

Je suis persuadé que le réel point fort de tout ça, pour autant que l'opérateur y prenne garde, c'est de ne pas y voir seulement des doigts qui bougent et savent dire oui ou non. Le Swan privilégie l'accueil par le patient de sa propre altérité et son acceptation. Un superbe préambule au changement par une négociation entre parties, tellement le schéma du Swan s'y prête.

Je me suis rapidement rendu compte que ce qu'il y a de plus différent d'avec toutes les autres inductions, c'est bien ce plaisir partagé, cette intimité, l'émotion commune et réciproque que le Swan permet, au point d'avoir du mal à établir qui est le miroir de qui…

Un soir, je me suis installé à mon bureau et j'ai imaginé une séance complète, plaçant par écrit chaque étape, chaque chose que je voulais absolument dire ; chaque chose que je voulais absolument utiliser ; chaque chose que je voulais suggérer. Certaines phrases en amenaient d'autres ou faisaient émerger des éléments stratégiques. Une construction de base se mettait en place. Il me restait deux choses à tester : le faire avec d'autres patients et voir comment d'autres que moi feraient en suivant la même procédure.

L'Arche me donnait la possibilité de faire les deux en même temps. J'y donnais une fois par an une journée de formation à l'hypnose rapide, dans un cadre dédié aux professionnels de santé. À l'époque c'était probablement la seule chose que je savais faire à peu près proprement, et je ne suis toujours pas sûr que mon titre de docteur n'ait pas influencé un peu mon recrutement. J'en profitais pour être présent les trois jours, bénéficier de l'enseignement et voir comment les autres formateurs (Jean Dupré la première année et Laurent Bertin, la troisième) s'y prenaient.

Ce devait être la seconde ou troisième année que je faisais ça et j'avais commencé à trouver mes marques. Pour le dernier exercice, en fin d'après-midi d'une de ces deux journées, la consigne était assez libre : aux stagiaires de faire ce qu'ils voulaient histoire de s'autonomiser. Il y en avait trois avec qui j'avais un peu sympathisé, un jeune médecin, une kiné, un infirmier. Le premier était un bon sujet, mais ce n'était pas pour cela que je l'avais choisi. Elle était la plus vive, la plus douée au milieu de ce groupe de débutants. Le troisième était le seul à avoir (un peu) fait d'hypnose avant.

53

J'ai fait une très courte démo sur chacun des trois. Puis, je les ai fait pratiquer. Les réactions que je suggérais étaient là, les réponses idéomotrices aussi ; l'apaisement que l'on peut induire dès que la main se tourne vers le visage, présent à chaque fois.

Et cela marchait aussi quand c'est eux qui le faisaient, même quand c'était un peu maladroit ou parfois hésitant. Et les trois fois, je voyais le plaisir, la surprise, parfois la joie ou simplement l'amusement. La légèreté se dessinait sur leurs visages, qu'ils soient opérateurs ou sujets. J'ai ainsi continué à tester différentes choses ; à faire attention à un peu plus de détails. Les pièces de mon puzzle se sont mises en place. J'ai trouvé mon style et ma posture.

Parallèlement, il y a eu des retours vraiment satisfaisants dont un pour lequel j'ai un faible, avec Jeremy, un très fort cas de grincement de dents, assez bruyant pour en être gênant autour de lui, réglé en 14 minutes et qui tient depuis 7 ans à la sortie de ce livre.

Le Swan a gagné en popularité, et des gens ont commencé à le pratiquer en modélisant les vidéos. Certains plutôt fidèlement, d'autres en l'adaptant à leur personnalité ; d'autres encore en passant parfois à côté de l'essentiel. Mais il y a parfois des bénéfices secondaires à ces exercices originaux.

Un jour, quelqu'un sur mon groupe Facebook[21] a posté un long fil sur un cas géré en utilisant le Swan : ce quelqu'un, c'était Romain Pellegrinelli.

---

[21] Le groupe HYPNOSE, que j'ai fondé en 2011, est le plus important de France avec près de 15 000 inscrits, malgré la faible population de cette profession.

# 6

## AND THEN WE WERE THREE…

Le groupe HYPNOSE sur Facebook… Puisqu'il a eu un rôle dans tout cela, parlons-en. Mindsci et le Mindsci Café se portaient bien. Parallèlement, j'étais le principal Admin du Forum Eugénol, le plus important forum francophone de chirurgie dentaire. J'étais donc habitué à gérer ces gros navires de plusieurs milliers de personnes. En revanche, il n'y avait aucun équivalent français de Mindsci en hypnose. C'en était presque déroutant.

À peine a-t-il fallu quelques clics pour le créer, un peu plus pour choisir l'image qui en serait le bandeau (elle n'a jamais changé et c'est presque la couverture de ce livre) un peu moins pour en trouver le nom : hypnose. En premier, ne pas se nuire. ;)

L'idée de départ était assez simple : être une centaine, si possible plus confirmés que je ne l'étais, et échanger suffisamment pour qu'il y ait assez de posts et que ce soit vivant… J'avais bien un petit carnet d'adresses, mais la centaine est arrivée en très peu de temps. À croire que les autres aussi, avaient un carnet d'adresses et que cela répondait à un besoin. Nous partîmes donc cent, mais par de prompts renforts, on s'est retrouvé deux, puis trois, puis quatre mille…

Un bug de Facebook l'a fait disparaître sans que jamais on ne sache pourquoi. Il est réapparu tout aussi inexplicablement quelques mois plus tard… Entre temps, nous en avons créé un second, avec majuscules, HYPNOSE, où 1200 personnes se sont réinscrites en un weekend et qui compte à ce jour plus de 15 000 membres.

Quand un groupe atteint cette taille, il bouillonne, on ne le contrôle plus qu'à la marge. Son développement, ce qui en émerge procède plus du Bazar que de la Cathédrale[22] , et son premier besoin, auquel il faut répondre, c'est de l'information. En grand nombre. La plus récente possible et de la meilleure qualité. Ou la plus rare et la plus recherchée.

---

[22]  « La Cathédrale et le Bazar », essai d'Éric Raymond sur le développement de logiciels comme Linux ou l'open source, et de là sur l'intelligence collective et l'organisation "horizontale". En accès libre sur le Net.

*L'Hypnose au bout des doigts*

Le second, c'est que cela devienne une communauté, qu'il y ait une grosse part d'entraide pour qu'on y pose des questions, puis que ces questions aient des réponses.

Et que des gens nous deviennent familiers, pour ne plus être seuls, isolés dans nos cabinets, tout en sachant qu'il y a quelque part, accessible, cette réserve de savoir à portée de clavier.

Là, vous avez une communauté.

Alors, parce qu'ils ont reçu, certains rendent et enrichissent à leur tour ce qui est publié ; la communauté croît, ce qui intéresse plus de gens, qui à leur tour participent, etc.

Au fil des années j'ai posté beaucoup de vidéos. La plupart concernait le Swan, mais pas seulement ; pas mal de choses sur la douleur aussi. Ces vidéos sont accessibles facilement en farfouillant dans les archives du groupe. Une bonne partie est d'ailleurs directement sur Utube, comme la toute première séance à Londres avec Bob par exemple.

Et au fil de nouvelles années, des gens se sont formés comme ça, le distanciel n'a pas attendu Zoom. Au départ, cela ne transparaissait qu'au détour d'une allusion discrète, puis comme cela ne déclenchait pas de tempête en retour, cela s'est affiché un peu plus : des utilisations détournées comme celle d'Isabelle Joseph ou une jolie façon de travailler sur une phobie de Thierry Langou, des choses comme ça : les gens reçoivent, les gens donnent.

Au bout d'un moment, il y en a eu une qui sortait du lot : un Swan tout à fait classique et tout à fait classieux. Mais surtout un Swan loin d'être facile à mener.

Vous imaginez-vous conduire une négociation entre parties avec sept intervenants ?

Au bord de grappiller des post-its pour se rappeler de qui est quoi, sans compter que suivant quelle partie émerge, les réponses ne se font pas toujours sur les mêmes doigts ? L'auteur de ces posts s'appelle Romain Pellegrinelli et n'était passé en formation chez personne pour le Swan, mais y avait beaucoup réfléchi en amont et l'avait beaucoup travaillé. Pour autant, Romain a suivi depuis ma formation (la vidéo que vous allez regarder est tirée de ce week-end à Paris) mais aussi quelques mois plus tard, celle de Bob.

Qui disait que le talent, c'est essentiellement 99% de sueur ?

Tout comme nous avons procédé pour la précédente vidéo avec Bob, vous retrouverez ci-après le lien, et aurez donc accès à la séance filmée dont Romain est l'opérateur, intitulée « **2. Le Swan selon Romain** », suivie de la transcription commentée.

*And then we were three...*

https://hypnose.pm/auboutdesdoigts/

Ou de ce QRcode et de ce mot de passe :
Ilsuffiraduncygne

Peut-être serait-il plus simple, puisqu'il va se répéter, de mettre un signet dans votre navigateur internet, mais lisez d'abord avant d'aller la regarder.

Les raisons de mettre en lumière Romain sont assez simples : d'abord il le mérite ;) et surtout sa façon de travailler est très structurée. Plus que la mienne, au sens où je n'ai pas, au départ, une démarche aussi établie et où je fonctionne avec une logique plus floue, plus inspirée par les réactions du patient. Cette vidéo est probablement la plus pédagogique stratégiquement de toutes celles que nous allons voir au cours de la lecture de ce livre.

Elle se passe comme suit :
• Pretalk
• Induction
• Mise en place "Oui"/"Non"
• La rencontre
• Recadrage en 6 points
• Niveaux Logiques de Dilts
• Pont vers le Futur

Avant que vous ne la regardiez, je vais revenir sur ces 3 derniers points.

## LE RECADRAGE EN 6 POINTS :

Comme nous l'avons vu, un des grands intérêts, quoique discret lors de son utilisation, est que le Swan permet quasiment en un seul temps, à la fois une entrée en transe, l'installation d'un signaling et une forte dissociation associée à une bonne qualité de rapport. De la même façon, il autorise un passage à la phase thérapeutique de façon très fluide et quasiment sans transition, car il est construit pour cela.

Classiquement et assez logiquement au vu de ces prémices, cette phase est décrite à l'origine comme une "Parts Therapy". Et la façon la plus simple d'aborder les Parts Therapy est ce fameux Recadrage en 6 points : un des premiers protocoles popularisés par Bandler et Grinder.

Ce protocole-ci provient d'une modélisation de Milton Erickson pour les réponses idéomotrices, et de Virginia Satir pour ce qui est des "Parts", qu'on pourrait traduire par "Parties de Soi". Pour ce qui est de l'hypnose, c'est peut-être du côté de Charlie Tebbetts[23] et de son fils spirituel, Roy Hunter[24] , qu'il faudra aller puiser. C'est un très bon point de départ et Hunter le présente de façon très pédagogique, comme une mécanique assez simple, progressive, qui va au-delà du recadrage en 6 points tout en ayant beaucoup de points en commun (qui a bien pu modéliser l'autre, d'autant qu'ils sont contemporains… Je parie sur Bandler car Hunter s'inspirait très officiellement de Tebbetts.)

J'aime bien les histoires… une de ses variantes, est que John Grinder devait donner un séminaire quand il s'est réveillé avec une fièvre de cheval, mais le séminaire ne pouvait pas être repoussé. Il a donc, malgré tout, donné la formation et a enseigné toute la journée dans un état second avant d'aller se coucher. Au réveil, le lendemain matin, il fut abasourdi de voir les notes qu'il avait écrit au tableau la veille. Il savait qu'il les avait écrites, mais n'en avait ni la conscience, ni le souvenir. Ces notes devinrent une part de l'histoire de la PNL et ce qu'on appelle le recadrage en 6 points.

Inspiré de certains travaux de Virginia Satir, il s'agit de recadrer une intention qu'on va présupposer comme positive mais qui conduit à un comportement indésirable, pour en arriver à le changer pour un comportement plus adapté :

**1 • Identifier le comportement à changer :** en général cela se présente sur le modèle « je veux arrêter X, mais je ne peux pas. »

**2 • Mettre en place une communication avec la "partie inconsciente" responsable dudit comportement.** Cela peut-être par des réponses non verbales de la tête ou d'un doigt ou encore des mouvements de bascule de tout le corps. Il faut profiter de ce moment pour la remercier pour son action jusqu'à présent, (déculpabilisation et conservation du lien opérateur sujet) tout en soulignant que maintenant, cela crée plus de problèmes que ça n'en résout. Dans le cadre du Swan ce signaling se fera quasi systématiquement avec les doigts, quelques fois avec la main, très (quand les doigts semblent ne pas ou très mal répondre, mais que la main s'avère

---

[23]  Auteur de "Miracles on demand" (épuisé)
[24]  Roy Hunter : "Hypnosis for inner conflict resolution"

*And then we were three…*

plus réactive) exceptionnellement avec la tête, mais là ce sera parfaitement opportuniste, ou utilisationnel si on s'en tient au Linguo Ericksonien.

**3 •** En faisant cela, on fait deux autres choses : **on crée du réel** en animant (donner une âme) à ce qui n'est qu'une métaphore : notre cerveau est animé par 160 trillions de synapses soumis à des régulations hormonales complexes ; il n'est pas un assemblage de Legos. **On établit une dissociation favorable à la transe.**

**4 •** **Identifier l'intention positive derrière le comportement.** Mais avec uniquement des réponses idéomotrices, cette phase est parfois trop complexe pour pouvoir facilement être abordée. On se contente dès lors de la présupposer.

**5 •** Grâce à la partie créative du patient, **générer une ou des alternatives possibles** qui puissent satisfaire cette intention. Cela peut être fait différemment, en demandant s'il serait possible de modifier / abandonner/ éliminer / déplacer / remplacer etc.

**6 •** **Choisir parmi les trois meilleures.** (Le chiffre n'est qu'indicatif, il s'agit juste de suggérer que des solutions existent et qu'elles sont nombreuses.) Au moins trois. Puis déterminer avec le subconscient du patient le "quand".

**7 •** **Vérifier l'écologie de ce nouveau comportement :** pour cela, on demande l'accord de toutes les parties invoquées ou non, et faire un pont vers le futur. **Le pont vers le futur** correspond à demander au patient de se projeter à 3 mois/6 mois/un an ; une fois ces modifications opérées, s'assurer que tout se passe bien, c'est à dire demander ce qui est ressenti en temps réel, au présent.

Même au sein de ce protocole classique, il existe des variantes, comme commencer en discutant avec la partie causale pour voir si elle peut d'elle-même interrompre ce processus s'il est devenu inutile, le remplacer le diminuer etc. Ce n'est qu'en cas de blocage que d'autres parties sont alors convoquées. Cela dispense aussi éventuellement d'un recours à une partie créatrice, qui disposerait elle, de possibles solutions. Si vous faites une vérification à l'aide de la "Pyramide de Dilts[25]", le pont vers le futur peut être reporté a posteriori de cette étape.

---

[25]  Robert Dilts participe dès 1975 à l'élaboration de la PNL. Surtout connu pour sa vision plus systémique qui le conduit à élaborer les "niveaux logiques".

*L'Hypnose au bout des doigts*

## LES NIVEAUX LOGIQUES :

On parle souvent de "La Pyramide de Dilts". Inspirée par Bateson, l'intérêt de cette grille de lecture réside avant tout dans la détermination du ou des niveaux où se situent la ou les causes du problème, et donc auquel(s) intervenir, sachant que laisser un déclencheur potentiel à un niveau plus élevé pourrait ne permettre au mieux qu'une rechute, alors que c'est par le haut que se trouvent les leviers de changement.

Cela ne surprendra pas les familiers de Palo Alto, habitués à séparer les changements de Niveau 1 des changements de Niveau 2.

On peut dire aussi que pour un individu, elle se lit de l'extérieur vers l'intérieur. Peut-être est-ce pour cela, parce que le spirituel est au-dessus de l'identité, que Cassius Clay en a changé de nom pour s'appeler Mohamed Ali en adoptant une nouvelle religion.

PYRAMIDE DE DILTS

On peut pratiquement arriver à présenter n'importe quel trouble comme un simple problème de comportement. Quand bien même ce ne serait que sur cela que Dilts nous aurait alertés, ce caveat[26] permettrait de ne pas trop se réjouir de certains succès de surface, probablement plus faciles à atteindre sans trop d'efforts par ce formidable accélérateur que peut être l'hypnose. Ces succès en trompe l'œil ont comme défauts de trop facilement satisfaire l'opérateur comme le sujet, pour ensuite, à l'épreuve du réel, conduire à certaine amertume, ou à un sentiment d'échec et d'impuissance. Par exemple, on découvrira que certains fumeurs, pour véritablement arrêter le tabac, ont besoin de changer d'identité, et de devenir non-fumeur ; sans cela le changement de comportement ne tient pas.

---

[26] Caveat : Mise en garde, appel à la vigilance.

Si le coaching s'est autant intéressé aux travaux de Dilts et au questionnement qui l'accompagne, c'est qu'il peut très bien être immersif (et conduire en transe), mais aussi qu'il participe d'une meilleure compréhension de soi, d'une certaine autonomie dans l'obtention de cette compréhension, et d'un engagement considérable, si la séance a été menée proprement.

Une des choses dont Robert Dilts nous prévient aussi, assez proche du « la carte n'est pas le territoire » d'Alfred Korzybski[27], c'est d'une tendance à « la confusion de niveaux », souvent en attribuant une identité à une personne donnée pour ce qui pourrait n'être qu'un comportement. Cette confusion par nature culpabilisante dans un cadre social habituel, "Tu es fumeur, tu es gros !" peut conduire à des stratégies thérapeutiques approximatives. Pour les fans, ce modèle a largement été mis à jour vers des versions plus dynamiques basées sur les travaux de Bronfenbrenner.

## LE PONT VERS LE FUTUR :

On peut tout à fait terminer n'importe quelle séance par un pont vers le futur. Il est essentiellement constitué de deux éléments :

- Faire s'imaginer au patient sa situation future à un an par exemple, comme s'il y était.
- Lui demander comment ça se passe, le faire vérifier que tout est OK.

Parfois si cela est fait de façon un peu mécanique ou avec un sujet dont on considère qu'il est plus compliant qu'investi, on peut être assez prêt de la question magique de De Shazer[28]. À la différence près qu'avec De Shazer, c'est un point de départ : on construit la séance autour de ça, en abandonnant le cadre de départ verrouillé pour penser "outside the box", faire émerger une motivation, la rendre palpable et créer de l'envie. Quand cela se place à l'arrivée, ce peut n'être qu'une cerise sur le gâteau, une réponse idéomotrice qui répond seulement au désir de changement.

Dans les deux cas, il sera sûrement intéressant de faire percevoir les ressentis qu'implique ou semble impliquer cette nouvelle situation, ou explorer la perte d'éventuels bénéfices secondaires aussi. Peut-être également l'aspect identitaire et ainsi jouer sur la congruence et l'engagement.

---

[27]  Alfred Korzybski : Père de « La Sémantique Générale » dans les années 30. Étonnamment, un précurseur du système 1 / système 2 de Kahneman, presque un siècle plus tard.

[28]  Steve de Shazer : « Si au matin, vous vous réveillez et que le problème était réglé comme par miracle, sans que vous ne sachiez ni comment, ni pourquoi, qu'est ce que cela changerait pour vous ? »

*L'Hypnose au bout des doigts*

Une expérience de psychologie sociale porte d'ailleurs sur les effets de ce genre de projection dans le temps : la veille d'une élection, un groupe d'étudiants est chargé de téléphoner à des gens inscrits sur les listes des possibles votants, sous le prétexte de mieux organiser la circulation et les transports en commun. L'unique question qu'ils posent est « comment comptez-vous vous rendre demain au bureau de vote ? ».

Le surlendemain, en comparant les listes, il devient facile de voir la proportion de votants chez ceux à qui on a téléphoné, et dans la population générale. Le nombre de votants dans le groupe à qui on a téléphoné fut de 40% plus élevé.

Je vais m'autoriser une forme d'aparté : la littérature et les publications scientifiques nous conduisent – même s'il s'agit ici d'une science si molle qu'elle en est malléable – à présenter les choses comme des mécaniques, à les morceler pour les présenter en "Step by Step" à des fins pédagogiques. Cela va être le cas de cet ouvrage car la compréhension intime de tous les mécanismes en jeu fait de cela un passage obligé. Trahissez tout cela si l'instant, la relation au patient, les réactions de celui-ci, l'avancée de ce qui se passe ou un changement de stratégie s'impose. Si vous allez voir deux grands axes de travail et trois opérateurs différents, c'est pour que vous ne modélisiez que le nécessaire. Ou dit autrement, que vous collectionniez le plus d'éléments pour réassembler les cubes et en faire le Rubik's qui vous sera utile et pourra différer d'un patient à un autre, d'une minute à l'autre.

La grille de compréhension sur le Swan devra être la vôtre. Rappelez-vous que pour Bob, ce n'est même pas de l'hypnose. Pour moi, c'est de l'hypnose, et de l'hypnose ericksonienne. Romain y insère des protocoles issus directement de la PNL. Une de mes amies s'en sert souvent en l'inscrivant dans une séance d'hypnose classique, un peu comme si elle démarrait la session par des mains magnétiques ou une lévitation et beaucoup de travail à l'aveugle. Matarhi Bachir, qui est un hospitalier, l'utilise comme inducteur de transe, pour contourner les résistances et induire un phénomène antalgique. Il sera alors bien plus directif, ni ne s'occupera d'"Ego states" ou de Pont vers le futur…

En bref, le Swan peut être un magnifique couteau suisse dont une bonne partie n'est limitée que par l'imagination ou les besoins qu'inspirent au praticien, patients et situations. Mais sous tous ces mécanismes, ces postures, ces stratégies, ces étapes plus ou moins sériées ; la qualité du rapport comme l'empathie et une attention totale consacrée au moindre battement de cil du patient sont la règle qui pour être non écrite, n'en est pas moins absolue.

**Rejoindre, Accompagner, Conduire.** Dans cet ordre.
Venons-en enfin à la vidéo : elle est toujours au même endroit.

*And then we were three…*

https://hypnose.pm/auboutdesdoigts/

Comme son QRcode et son mot de passe :
Ilsuffiraduncygne

En première intention, essayez juste de retrouver ces phases quand vous la regardez, quitte à l'interrompre, et revenir en arrière dans la vidéo.

Quand vous les aurez retrouvées, n'hésitez pas à revisionner la séance, cette fois, en suivant les commentaires de Romain et son transcript.
Ou faites-le dans l'autre sens ;)

## TRANSCRIPT : DANS LA TÊTE DE ROMAIN PELLEGRINELLI

**Romain :** - *« Donc, Stéphane, tu me-disais, tu veux travailler sur la lecture ? »*

Question assez large pour donner la parole au sujet. Une question ouverte aurait été encore plus à propos mais nous avions déjà abordé brièvement le sujet hors caméra.

**Stéphane :** - *« Oui, je veux pouvoir me concentrer plus longtemps, pour pouvoir lire plus longtemps. Parce que tu sais, je décroche au bout de… 2 minutes max. »*

**Romain :** - *« D'accord. »*

**Stéphane :** - *« Et donc j'ai besoin ou j'ai envie de lire plus longtemps. »*

**Romain :** *« Tu as envie de lire plus longtemps. Pour quelles raisons ? »*
Répétition/ratification puis question pour faire émerger une motivation.

**Stéphane :** « *Parce qu'il y a plein de livres en retard !* »

Je trouve sa réponse atypique… ça veut dire quoi « *Parce qu'il y a plein de livres en retard !* » ? Dans un autre contexte j'aurais sûrement creusé sur les conséquences du « Plein de livres en retard. »

**Romain :** - « *Tu as plein de livres en retard !!* »

Au final, je me limite ici à le remettre sujet du problème par l'emploi du "tu" à la place du "il" en reformulant.

- « *OK, d'accord. Donc l'idée ça serait finalement de créer quelque chose en toi ? Un déclic ? Comment tu vois les choses, toi ?* »

Très simplement je lui demande quelle est la solution à son problème. Les clients savent souvent très bien ce qu'il leur manque ou ce qu'il devrait être ou avoir pour ne plus avoir leur problème.

**Stéphane :** - « *Comme une concentration… Un hyper focus, comme quand je suis avec un client. Un hyper focus mais sur le bouquin et que j'arrive à rester dedans.* »

Voilà, il lui faut plus de concentration, un hyper focus, et en plus c'est une capacité qu'il a déjà puisqu'il l'utilise naturellement avec ses clients.

**Romain :** - « *Parce qu'aujourd'hui qu'est-ce qui se passe en fait ? Quand tu as un bouquin… »*

Je le relance sur le "comment" s'exprime le problème. Plus le sujet connaît et maîtrise son problème, plus il peut solliciter les ressources pour y remédier.

**Stéphane :** - « *Ça part dans tous les sens !* »

C'est étonnant il réutilise la même formulation à la 3^{ème} personne comme s'il n'était pas le sujet du problème… (Un État du Moi différent ?)

**Romain :** - « *Tu as tes pensées qui partent dans tous les sens… ? D'accord* »

Je le remets à nouveau acteur par l'emploi du "Tu".

- « *Donc, en fait tu aurais besoin d'avoir plus de focalisation… »*

En cabinet, j'aurais probablement pris plus de temps sur l'anamnèse et notamment sur son expression de joie lorsqu'il se défausse de la problématique par l'emploi du "Il" à 2 reprises. Je démarre juste une petite reformulation pour générer un Yes Set avant de démarrer.

**Stéphane :** « *Oui.* »

*And then we were three…*

**Romain :** - *« Sur l'activité de lecture ? »*

**Stéphane :** - *« Oui. »*

**Romain :** *« OK, bon, on va partir avec ça et puis on va voir ce qui sort. »*
C'est le premier point de notre recadrage : identifier le comportement. Je présuppose que quelque chose va sortir. La question devient du coup « quoi » et pas *« est-ce que ça va marcher ? »*

**Romain :** - *« Tu sais, moi, je ne crois pas souvent ce que raconte le conscient… Donc, ça m'intéresse plus de voir ce qu'en dit ton inconscient. »*
Il y a beaucoup de choses dans ces deux phrases. Après avoir présupposé que ça allait nécessairement marcher, j'évoque l'inconscient comme une entité définie et indépendante de la conscience. Cela enclenche déjà une première dissociation mentale. Ensuite je rentre en connivence avec son inconscient déclarant que je lui ferais bien plus confiance qu'au conscient. Hasard ou pas, à cet instant le sujet tout sourire tire légèrement sa chaise pour se rapprocher de moi (il est possible que cette action ne soit pas une idée de sa conscience mais plutôt de son inconscient impatient de venir jouer avec moi). En synchronisation je m'approche à mon tour de lui.

À noter également que j'emploie le verbe "voir" car je sais qu'avec le Swan, l'inconscient s'exprime visuellement à travers des mouvements idéomoteurs. Cela prépare l'inconscient à se "faire voir".

**Romain :** - *« Bon évidemment, tu connais déjà un peu le Swan… »*
Encore un petit "yes set" en passant…

**Stéphane :** - *« Oui. »*

**Romain :** - *« Donc je vais te proposer de poser ta main comme ça. »*
Je positionne mon bras et ma main en exemple afin de solliciter ses neurones miroirs.
- *« OK. Très bien… »*
Toute la séance est ponctuée de confirmation et de validation. C'est important pour couper une part du mental qui pourrait se demander si « il fait bien ». Je félicite même pour encourager le sujet dans ce qu'il fait de bien.
- *« Attends… On va juste décaler un petit peu, voilà… On va se rapprocher un tout petit peu… »*

À ce moment-là, il est important que l'on soit tous les deux dans des positions confortables et de préférence dans une proxémique intime. Le Swan offre cette opportunité de venir chercher des émotions intimes. Il est plus facile pour le client de s'y laisser aller s'il a déjà au préalable laissé entrer le thérapeute dans cette zone.
- « *OK, super !* »
Validation.
 - « *En fait, c'est pas très compliqué ce qui va se passer, c'est qu'on va juste...* »
- Il est important que le sujet sache que tout cela est très simple, qu'il n'a pas à s'en faire, qu'il va réussir facilement.

**Romain :** - « *J'aimerais bien que tu attendes un tout petit peu, inconscient avant de commencer.* »
Vu le contexte particulier (une formation), que le sujet pratique déjà le Swan et que nous connaissant déjà très bien, l'inconscient n'attend pas la fin du pretalk pour démarrer.

**Romain :** - « *Tout à l'heure, dans quelques instants...On va juste transférer une capacité inconsciente que tu as déjà, qu'on a tous, de finalement laisser la main à l'inconscient.* »
"Juste" : parce que c'est simple ! Et donc j'évoque les prédispositions de son inconscient à réussir le Swan. Pour ce faire, je mentionne les capacités inconscientes universelles à "laisser la main à l'inconscient".

Cette phrase à double sens passe les deux messages simultanément :
- **Un, laisser faire l'inconscient.**
- **Deux, lui permettre de « piloter » la main.**

Et comme il est présupposé que ces deux choses sont déjà dans le savoir-faire de son inconscient, cela va être un jeu d'enfant pour lui.
**Romain :** - « *C'est quelque chose qu'on vit par exemple lorsque l'on écrit, effectivement, ce que disait Philippe tout à l'heure : tu penses consciemment au message que tu veux écrire et puis après, c'est ta main qui parcourt le papier avec le stylo dans la main, tu n'as pas besoin de réfléchir à la forme des lettres, Etc.Etc., ça se fait tout seul...* »

Prenons un exemple qui illustre aisément ce qui a été dit. Lors de l'écriture, on laisse littéralement la main à l'inconscient depuis que nous l'avons intégré comme une compétence inconsciente. J'en profite pour dissocier la conscience et la main cette fois.

*And then we were three...*

Pour ce faire il y a deux éléments :

**- Un, le conscient pense au message, puis la main parcourt le papier.**

**- Deux, "ta main" devient "la main".**

C'est le processus inverse de celui que j'ai employé dans la mini-anamnèse quand je remettais le sujet acteur du problème avec l'emploi du "tu".

Enfin, j'évoque la condition à la réussite : *« pas besoin de réfléchir »*. J'aurais même pu ajouter *« et heureusement que tu n'essayes pas de réfléchir à écrire, as-tu déjà essayé de faire ta signature en réfléchissant à sa forme ? »* On aurait alors pu lui tendre un papier et un stylo pour faire l'expérience. C'est bien plus facile, aisé et fluide de faire sa signature sans réfléchir ! Essayez !

**Romain :** *- « Donc ça c'est déjà une capacité inconsciente que tu as et on va juste faire en sorte que ça soit disponible là... »*

Je ratifie la prédisposition à la capacité nécessaire et on va "juste", parce qu'à nouveau je mets l'accent sur la simplicité.

**Romain :** *« Pour pouvoir créer un échange entre nous entre toi-conscient, moi-conscient, toi inconscient et moi-inconscient... »*

Maintenant j'en rajoute une couche sur la dissociation conscient / inconscient et je me synchronise un peu plus (après la synchro posturale) en me déclarant identique à lui dans ma conception (C/IC) et dans l'expérience que nous allons vivre ensemble. J'inclus malgré tout le conscient à l'exercice, car il se peut que je puisse avoir besoin de feedback de la part du sujet pendant la séance et je ne veux pas qu'il "s'absente" intérieurement.

**Romain :** *- « En fait, on fait un truc à quatre, quoi ! »*

L'humour est toujours un excellent moyen de créer de la connivence et donc d'augmenter le niveau de confiance. Comme je connais le sujet, je sais quel genre de trait d'esprit fera mouche.

**Stéphane :** *- « Une partie ?! »*

Il confirme qu'il m'a suivi dans la blague. Vous aurez remarqué que tout au long du pretalk, le sujet valide par des hochements de tête inconscients : son écoute, son implication, son accord et sa réactivité.

Nous pourrions l'analyser comme un glissement du yes set du conscient (les quelques "oui" verbaux obtenus lors de la reformulation) vers un yes set plus inconscient.

C'est aussi un très bon signe pour la suite.

L'absence de ce type d'acquiescements doit nous mettre en éveil sur un potentiel frein à poursuivre l'exercice en l'état. Là ça n'est pas le cas, tous les signaux sont au vert.

**Romain :** - *« Oui, une partie à quatre ! Alors pour commencer ce qui pourrait être intéressant c'est que tu choisisses un point sur le flanc de ta main. »*
Donc "pour commencer", même si vous, vous savez très bien que ça a commencé depuis plus de 2 minutes, je suggère au sujet de choisir un point. C'est parce qu'il accepte de choisir son point qu'il accepte de rentrer dans le processus. Je tronçonne les étapes et crée de plus en plus d'engagement. Je ne dis pas que c'est nécessaire, je dis que ça serait intéressant, pour enlever de la contrainte et de la pression. L'idée du choix est aussi un suppresseur de contraintes. Le sujet avance dès lors de façon délibérée.

Au départ, il accepte l'exercice **intellectuellement**, à partir de maintenant il l'accepte aussi de façon **motrice**, c'est ce transfert qui est important pour un exercice qui fait appel à l'idéomoteur.

**Stéphane :** - *« OK. Flanc de la main ou là ? »*
Il aurait pu choisir le point où bon lui semblait, mais il préfère s'assurer d'avoir bien compris la consigne. Une excellente preuve de son attention et de son envie.

**Romain :** - *« Oui, peu importe juste un point de focalisation. »*
L'important à présent est simplement qu'il focalise son regard sur un seul et même point, ce qui déclenche physiologiquement une orientation de l'attention vers l'intérieur ou vers un ailleurs (comme lorsque vous avez le regard dans le vague et partez dans vos pensées). Cette fixation du regard peut pour certains déclencher un ancrage de voyage intérieur. C'est une des bases classiques de nombreuses inductions, et mon objectif, que ce soit dedans ou dehors, c'est qu'il efface de plus en plus le contexte dans lequel il se trouve.

**Stéphane :** - *« OK... je l'ai. »*
On voit ici l'intérêt d'avoir quand même évoqué le conscient dans le process pour avoir du retour d'informations.

**Romain :** *« Et tu vas voir très rapidement il y a un phénomène inconscient qui va se mettre en place ; c'est à dire que tu vas avoir le regard qui va soit se flouter sur les côtés ou alors tu peux avoir quelques petits flashs lumineux qui vont arriver... »*
Je lui propose un choix illusoire. Encore une fois la question n'est plus "va-t-il se passer quelque chose avec mon regard", mais quoi ? Et comme je fais de l'évocation, il peut mentaliser les 2 options et commencer à créer l'une d'elles ou les deux.

*And then we were three…*

Enfin, je mets volontairement cela sur le dos d'un mécanisme inconscient pour accentuer la dissociation et révéler une participation active de l'inconscient. En réalité c'est plus un mécanisme biologique automatique, mais comme pour l'exercice très connu des "doigts magnétiques"[29], autant s'en servir comme élément de conviction

**Stéphane :** - « *Vision périphérique ?* »

Cette question est très intéressante à plusieurs égards : le sujet veut bien faire. Il est impliqué. Attentif. Mais aussi encore un peu trop dans le mental. Stéphane est un professionnel de l'hypnose et il est en train d'analyser ce que je lui demande avec cette casquette. Cela m'ennuie car mon objectif, c'est qu'il se laisse porter par l'expérience.

**Romain :** - « *Oui… laisse faire les choses. En fait, la posture pour l'instant que je te demande consciemment, c'est juste d'être curieux de ce qui va se passer.* »

Je lui demande donc de façon un peu plus directe d'amener de la curiosité tout en faisant monter l'attente de ce qui va arriver. Implicitement, je lui demande d'enlever sa casquette habituelle d'opérateur.

- « *Et lorsque cette modification de la vision va apparaître… C'est un signal et ça commence… Coucou, inconscient, salut ! Ça va, toi ?* »

Je m'apprête à lier la réalisation de ma "prédiction" visuelle à l'activation du mécanisme moteur recherché au niveau de la main quand son petit doigt réagit. Évidemment je me dois de m'interrompre pour ratifier le mouvement, et j'en profite pour remettre une couche dissociative en m'adressant directement au doigt et en nommant l'inconscient. Vous noterez que dans mon intention, je m'adresse vraiment à son petit doigt et son inconscient. Dans mon esprit, je considère réellement cette dissociation.

**Romain :** - « *C'est un signal en fait pour que toi tu laisses l'inconscient interagir au niveau de cette main…* »

J'aurais pu embrayer directement sur le dialogue avec l'inconscient, mais pour les besoins de cette démonstration, je vais terminer simplement la liaison entamée précédemment.

---

[29] Cette technique courante en hypnose de spectacle et hypnose de rue, consiste à faire joindre les mains du sujet, doigts croisés, puis à lui demander de ne relever que ses 2 index en laissant un espace entre eux. L'hypnotiseur suggère ensuite un rapprochement inexorable des 2 index. Le rapprochement automatique est en réalité un mécanisme physiologique normal détourné par l'opérateur comme preuve de son influence.

**Romain :** - *« OK. Alors on voit que… je ne sais pas si tu ressens que ton petit doigt s'active ».*
Nouveau mouvement inconscient du petit doigt. Je le ratifie également et sollicite le sujet pour savoir s'il en a conscience. On calibre une réponse du bout des lèvres.

Cela me suffit pour savoir qu'il est bien rentré en transe, mais qu'il est aussi conscient des mouvements automatiques. Ce constat termine le processus de dissociation et valide que l'outil est en place. Cela me confirme également que le sujet va bien être témoin de la procédure thérapeutique qui va suivre. Nous y reviendrons en conclusion.

*- « OK. Est-ce que, inconscient, ce mouvement-là du petit doigt on pourrait considérer que c'est une réponse qui voudrait dire oui par exemple ? Et si c'est le cas tu peux juste répéter le mouvement. »*
On rentre dans la seconde phase de la démonstration. Je m'adresse maintenant exclusivement à son inconscient pour définir notre moyen de communication. Intérieurement, je suis convaincu d'échanger avec une entité indépendante de la volonté du sujet. L'intention est extrêmement importante. On peut discuter de la véracité intrinsèque de l'action de l'inconscient dans cet échange. Mais ce qui est certain, c'est que si je n'y crois pas en tant qu'opérateur, le sujet ne peut pas y croire et la magie n'opère pas. C'est à nous de « créer le réel ».

**Romain :** *« OK super ! Alors pour qu'on puisse vraiment être dans un échange ce qui serait intéressant c'est que tu puisses nous faire un autre signe distinctif qui serait une réponse négative pour dire que tu n'es pas d'accord ou que ça n'est pas bon. »*
Rien de particulier ici, je m'attache à définir simplement des signes clairs qui vont nous permettre ensuite d'échanger.

**Romain :** - *Alors à ce moment-là ce serait le mouvement du majeur ? »*
Il est important d'être particulièrement attentif aux réponses : dans un premier temps, parce qu'il va bien falloir se souvenir des correspondances mouvement/signification. Et dans un second temps, parce qu'il arrive fréquemment que les mouvements soient moins nets et marqués qu'ils ne le sont dans cette démonstration. Parfois le mouvement est léger et ténu. Nous pouvons alors demander à l'inconscient d'amplifier la contraction musculaire afin d'éviter toutes mésententes et quiproquos.

**Romain :** - *« Si c'est bien ça, tu peux me le confirmer par la réponse oui. »*
Je profite de la définition et mise en place de la réponse "non" pour renforcer la réponse "oui" en demandant confirmation par un "oui".

*And then we were three...*

**Romain :** - « *OK, super. Ce qui pourrait être intéressant avant vraiment que ça commence ou finalement que ça continue ; je ne sais pas trop... ça serait peut-être que vous ayez une rencontre tous les deux d'intimité à intimité... alors il pourrait être intéressant d'observer comment la main pourrait juste se tourner légèrement vers le visage... si toi tu es d'accord, inconscient, évidemment... »*

Maintenant que nous avons deux "entités" clairement distinctes, ayant la capacité de répondre indépendamment l'une de l'autre, il est temps d'offrir une opportunité de rencontre et d'intimité. Ce passage permet de renforcer le lien intérieur et pour l'opérateur de prendre un peu de distance, de s'effacer un peu.

**Romain :** - « *Superbe, très bien, génial... Après pour toi, Stéphane, j'allais te le dire, si c'est plus confortable, les yeux peuvent se fermer... »*

J'encourage encore et toujours tout ce qui passe positivement, et je réagis à la fermeture des yeux du sujet pour la lier à l'idée de confort.

**Romain :** - « *Et c'est étonnant quand deux parties de Soi se rencontrent, le conscient et l'inconscient... Observe juste ce qu'il se passe à l'intérieur quand il y a cette connexion, cette intimité... »*

Je présuppose encore une fois que quelque chose va apparaître et j'amplifie ainsi son attention à lui-même.

**Romain :** - « *Et lorsque l'inconscient considère que... c'est suffisamment établi cette connexion... Lorsque toi, inconscient, tu considères que cette connexion est suffisamment établie pour qu'on puisse travailler sur cette concentration, cette focalisation sur la lecture alors je te demanderai juste de remettre la main en position départ. »*

Parfois, cette étape de "la rencontre" peut être beaucoup plus longue que dans cette démo. Le contexte et la thématique de la séance peuvent aussi, souvent, permettre une montée des émotions, toujours utile et intéressante.

En tout état de cause, je m'attache toujours, comme ici, à donner les indications pour la suite avant de laisser la place. Cela évite au mental de s'inquiéter et d'ainsi parasiter l'expérience. Ici, le "tête à tête" prend très vite fin, et la main revient... Ou plutôt, l'inconscient ramène la main !

**Romain :** - « *Voilà, super. Avant même de continuer, est-ce que tu penses qu'il serait intéressant qu'on ait un troisième type de réponse ? On a le "oui" avec le petit doigt, on a le "non" avec le majeur. Est-ce qu'on pourrait mettre en place une réponse "je ne sais pas" ? Parce que parfois, ça peut arriver, je poserais des questions et toi tu ne sauras pas y répondre. »*

Je me rends compte au moment de passer à la suite de la séance que je n'ai pas défini de réponse "Je ne sais pas". Cette troisième modalité n'est pas une nécessité absolue, mais par expérience, elle peut nous sortir de long moment d'attente dans la suite du travail. Si vous posez une question à l'inconscient dont il ignore la réponse et que vous n'avez pas défini cette 3ème possibilité, généralement vous n'avez ni un "oui" ni un "non". Vous vous trouverez dès lors coincé sans savoir si "le canal s'est refermé" et que l'inconscient ne veut plus vous répondre, ou si justement c'est votre question qui est mal formulée, ou qui ne peut amener de réponse. Donc, dans le doute je mets presque systématiquement une option "je ne sais pas" en place.

Il s'avère qu'un peu pris au dépourvu, je présente maladroitement cette troisième option en demandant à l'inconscient si "il trouverait intéressant qu'on ait un troisième type de réponse", ce à quoi Stéphane me répond "non" très promptement.

Après un instant d'hésitation, je termine malgré tout ma requête en précisant de quoi il s'agit et nous obtenons donc une réponse « *Je ne sais pas* ». Ouf !

**Romain :** - « *OK, à ce moment-là, ça serait le pouce ? Génial ! Ce que je vais te proposer Stéphane, c'est que je vais te laisser juste une minute de silence entre toi et toi et j'aimerais juste que tu poses deux trois questions dans ton intimité à ton inconscient et que tu observes les réponses au niveau de la main… »*

Ça c'est un peu ma spéciale ! Je trouve ce moment extrêmement utile avant tout avancement dans le travail.

Voici les **5 raisons majeures :**

Tout d'abord, ce moment permet **de renforcer encore plus la dissociation**. Donc la Transe. Imaginez-vous accepter l'idée que vous puissiez être en train de vous poser des questions et de seulement constater les réponses. C'est assez schizophrénique !

Ensuite, cela permet au sujet de **renforcer son lien interne**, intime qui fait souvent défaut dans des problématiques que nous rencontrons en cabinet.

De plus, cela **prépare le sujet à s'approprier l'outil** pour potentiellement l'utiliser en autonomie via l'autohypnose.

Dans l'optique de la séance en cours, ce laps de temps permet de renforcer **les modalités de réponses précédemment définies.**

Enfin, ce "tête-à-tête", sans moi, **m'offre un moment de répit** pour peaufiner ma stratégie de travail à venir.

**Romain :** - « *OK encore une autre question et puis après si tu es d'accord on va reprendre un échange tous les 4… »*

En cabinet je laisse beaucoup plus de temps au sujet pour faire cet échange. Au moins tant que je perçois des réponses de l'inconscient. Pour cette démonstration j'ai volontairement raccourci le timing. Vous noterez que je m'adresse cette fois à la conscience, pour garder un minimum de lien et vérifier la réactivité.

**Stéphane :** - « *Oui tu peux y aller.* »
Et ça tombe bien, le sujet est toujours bien avec moi.

**Romain :** - « *OK. Est-ce qu'il serait possible, inconscient, qu'on échange plus précisément avec la partie qui est responsable de la déconcentration lorsqu'il est question… OK super… d'être en lecture… »*

C'est là que nous attaquons réellement la "phase de travail thérapeutique" qui m'incombe. Ce que je veux dire par là, c'est que tout ce qui s'est passé avant peut bien sûr avoir un extraordinaire retentissement thérapeutique, car nous aurons créé les conditions propices à ce cheminement intérieur. Parfois, voire souvent, c'est là que tout se joue. Dans la rencontre, la connexion de deux « morceaux » qui souvent ne savent plus communiquer. Et puis il y a la force de la conviction, j'y reviendrai en conclusion. Mais en tout cas, là, dans la structure de séance, c'est le moment où l'opérateur prend en main le travail.

Donc il y a des choix à faire. Quelle approche ? Quelle technique ? Il y a beaucoup de parti pris dans cette décision. Elle m'est souvent dictée par la façon dont je perçois le problème à travers la manière dont le sujet l'a décrit. Stéphane fait état de quelque chose d'incontrôlable, d'autonome et qui perturbe sa concentration.

« *Ça part dans tous les sens* » disait-il, quatre minutes plus tôt.

Je sais aussi qu'il sait déjà faire autrement puisque la concentration n'est pas un problème quand il est en clientèle. Même si c'est dans un contexte différent, je sais quand même que l'état de concentration ne lui est pas étranger.

Donc je modélise son problème, le pose sous forme d'équation et adapte une approche. En l'occurrence : Stéphane veut A mais B l'empêche d'y arriver. Si B l'en empêche, c'est sûrement qu'elle a une bonne raison (C) de le faire (intention positive).

Donc si on permet à B d'atteindre C sans empêcher Stéphane d'avoir A, tout le monde est content !

Je choisis donc pour cette démonstration une structure de recadrage en 6 points, de type PNL. C'est un protocole très simple qui, je le crois, est parfaitement adapté au besoin de la démonstration et à la façon dont j'ai schématisé le problème.

Gardons en tête que c'est un parti pris et que j'aurais pu tout aussi bien considérer que le problème de lecture de Stéphane soit le fruit d'un traumatisme scolaire ou encore que son père, grand lecteur devant l'éternel, aura mis son fils de côté au profit de ses bouquins et que Stéphane aurait associé la lecture à l'abandon... Bref, on peut vite partir loin ! Avec les infos que j'ai et le contexte de formation, j'ai choisi du soft ! ;)

**Romain :** *« Lorsque cette partie sera en présence dans la main, j'aimerais qu'elle me le signale par le geste "oui". »*
Je rentre dans la partie 2 du recadrage. Donc je précise que j'attends une réponse "oui" dans la main pour confirmer que je suis en relation avec la partie responsable du trouble.

**Romain :** *« OK, est-ce que ce mouvement qui vient d'apparaître est une autre réponse positive ? Est-ce que pour cette partie-là, le mouvement de l'annulaire est la réponse oui ? »*
Alors que j'attends une réponse "oui" identique à celle de l'inconscient dans sa globalité, je reçois un mouvement idéomoteur différent. Je dois donc m'assurer que cet autre mouvement est la façon de répondre "oui" pour la partie que je viens précisément d'inviter à la table des négociations. À ce moment, j'ai une répétition du mouvement de l'annulaire qui vient me confirmer que la partie en présence utilise ce doigt pour répondre "oui".
Il est assez fréquent lorsque l'on sollicite différentes parties lors d'un travail, d'obtenir des réponses différentes pour chacune d'entre elles. Il est donc important d'être attentif pour ne pas s'y perdre et bien sûr de prendre le temps de redéfinir les modalités de réponses à chaque nouvelle partie sollicitée.

**Romain :** *« OK, alors, partie "focalisation pendant la lecture", est-ce que tu veux bien définir la réponse "non" qui te concerne ? OK. C'est la même que pour l'inconscient dans son intégralité. »*
Évidemment, je me permets ici de définir la réponse "non" de la partie invoquée et il s'avère que c'est le même mouvement que celui utilisé par l'inconscient.
*« Très bien est-ce que tu veux définir une réponse "je ne sais pas" ? »*

Un passage par la réponse "Je ne sais pas", et j'obtiens cette fois un mouvement de l'index. Nous pouvons commencer à discuter.

*« Alors je suppose que jusqu'à aujourd'hui si lorsque Stéphane se met... devant un livre et qu'il commence à se concentrer dessus... si tu crées la perturbation, c'est sûrement que tu as une excellente raison de faire ça ? »*

**Point 3 du recadrage : identifier,** consciemment ou non l'intention positive.

*And then we were three...*

J'accueille pour commencer cette intention à l'origine du problème. C'est une question de stratégie. Si votre voisin, en bon fan d'Elvis, passe ses week-ends à foutre à fond des Lives de Memphis jusqu'à 4h du mat : quelle serait la meilleure approche pour obtenir du calme ?

Un, monter avec un marteau et lui dire qu'il vous fait royalement ch*** et qu'il a intérêt à changer cette mauvaise habitude vite fait ?

Deux, entrer en empathie avec votre plus beau sourire et vous synchroniser à lui en grimpant à l'étage avec un peigne dans la poche arrière de votre pantalon pattes d'eph' et lui suggérer que les murs de l'immeuble sont particulièrement fins, passé 21h ?

Il me semble que si vous ne faites pas deux mètres et cent vingt kg, la deuxième option à plus de chance d'aboutir. Quand vous vous adressez à une partie "problématique" c'est parce que vous vous adressez à elle avec attention et empathie qu'elle concède à faire l'effort de changement. Ce qu'il faut bien retenir, c'est qu'une partie, même la pire d'après le conscient, ne cherche pas à faire du mal à l'individu.

Elle fait toujours de son mieux avec ses propres moyens.

Et bien sûr je reçois une réponse positive à mon affirmation.

**Romain :** - *« OK. Et c'est une attention très positive qu'il n'est pas question de jeter... comme on dit jeter le bébé avec l'eau du bain. L'histoire, c'est de conserver cette intention positive mais peut-être de faire autrement parce qu'aujourd'hui, c'est quelque chose qui pose problème pour le conscient. »*

Je continue en rassurant la partie sur le fait qu'elle pourra continuer à mener sa mission d'intention positive mais qu'il serait utile d'envisager de faire différemment parce que cela pose un problème au conscient. Vous remarquerez que précisément à l'instant où j'évoque que c'est un problème pour le conscient, la partie nous envoie une réponse "Je ne sais pas".

**Romain :** - *« Est-ce que tu te rends compte, toi, que c'est problématique pour le conscient de ne pas pouvoir... OK. »*

En réaction à ce "je ne sais pas", je demande si la partie a conscience que c'est un problème pour le conscient. Et comme dans de nombreux cas, la réponse est "non".

En effet, la partie fonctionne seule dans son coin avec son objectif d'intention positive et se soucie rarement des dommages collatéraux de son fonctionnement. Voilà une des raisons pour lesquelles les problèmes se règlent rarement spontanément.

- *« Est-ce que tu peux prendre le temps, et prendre un peu de hauteur, de recul, sur ce fonctionnement et observer à quel endroit ça pose problème au conscient ? »*

- *« OK. Quand ce sera fini tu me le feras savoir par le geste "oui"... »*

Ici, je demande de l'engagement à la partie. Et je sollicite son empathie. Je pars du principe que si elle prend conscience des impacts qu'ont sa façon de remplir sa mission sur le fonctionnement du conscient, et même plus globalement de l'individu, une partie du travail de changement est déjà réalisé.

C'est presque un principe d'influence et de manipulation. Pour que vous rouliez moins vite, on vous montre un enfant renversé, pour que vous arrêtiez de jeter vos déchets à la mer, on vous montre une tortue avec une paille dans le nez… C'est un peu l'idée.

On notera que cela fonctionne beaucoup mieux avec les parties inconscientes qu'avec les publicités de prévention car les parties ne courent après leurs intentions positives que pour votre bien. Le but ultime de l'inconscient que les parties constituent, c'est votre survie.

**Romain :** - « *Ça déjà, ça donne plus de sens pour toi des raisons pour lesquelles on aimerait que ça change…* »

Il m'a toujours semblé important d'impliquer les parties dans leur changement et cela passe par la prise de conscience de ce que coûte le comportement. N'oubliez jamais qu'en finalité toutes les parties œuvrent pour un même but : l'homéostasie ou l'équilibre de l'individu. Le souci, bien souvent, c'est qu'en ayant des stratégies cloisonnées, l'action de l'une crée au final un déséquilibre chez l'autre.

Donc en permettant à la partie "problème" de s'ouvrir au constat de ce qu'elle provoque, on crée nécessairement de l'adhésion pour ce qui va se passer ensuite. Sans cette adhésion, je crois que l'on engage un combat contre la partie pour initier le changement et l'on doit faire face à des résistances.

**Romain :** - « *Puisque maintenant tu sais pourquoi c'est un problème pour le conscient, est-ce que tu serais d'accord pour dissocier l'intention positive qui t'a poussé à mettre ce fonctionnement en place, du comportement lui-même qui fait que c'est un problème de rester focalisé ?* »

Dans **l'étape 3 du recadrage,** il est important de demander à la partie de dissocier l'intention du comportement, du comportement lui-même.

En tout point, il est préférable d'être pédagogue et empathique plutôt qu'autoritaire et impérieux. Pensez toujours à mon voisin du dessus… ;)

- « *On a les réponses plus vite que les questions ne sont posées ; intéressant.* »

Il est assez fréquent que l'inconscient ou la partie réponde, alors même que la question n'est pas entièrement posée. C'est bon signe et nous indique que la communication est très bien établie, que l'inconscient comprend parfaitement ce que nous en sommes en train d'initier. C'est pour moi un indicateur d'adhésion et je trouve important qu'il sache que j'en ai conscience.

*- « Très bien. Quand ce sera fait, tu pourras me le faire savoir par la réponse "oui" ? OK, génial ! »*

Donc, la partie a rempli la troisième étape. Elle a dissocié, l'objectif de l'outil, l'intention du comportement …

**Romain :** *- « Je vais te demander juste quelques instants de laisser la main à une autre partie, la partie créativité… Et lorsque cette partie créativité sera bien positionnée dans cette main, alors elle pourra juste nous le faire savoir. »*

Ici, je demande à pouvoir m'adresser à **la partie créative.** Vous noterez que je continue à entretenir la dissociation par l'usage du pronom "cette", au sujet de la main. Je reste volontairement peu directif sur la façon de nous le "faire savoir" afin de laisser de la liberté dans le choix de la réponse.

*- « Par cette réponse qui est une nouvelle réponse "Oui" ? OK. Quelle est la réponse "Non" pour toi créativité ? OK, très bien. Est-ce qu'on a besoin d'une réponse "je ne sais pas" ? OK. »*

Voilà comment en quelques secondes je redéfinis les modalités de réponses de la créativité. Rien de neuf dans la procédure mais une 3ème grille de communication à garder en tête…

**Romain :** *- « Moi, ce que j'aimerais, partie créativité, si tu es d'accord, c'est que tu envisages une centaine de nouvelles possibilités qui pourraient venir remplacer ce problème de "focalisation pendant la lecture" et qui viendraient en même temps remplir l'intention positive de la partie "manque de focalisation sur la lecture" et lorsque ce sera fait je sais que tu peux faire ça très rapidement, alors simplement tu nous le fais savoir par le geste "oui". »*

J'active ici la partie 4 du recadrage en 6 points.

J'attire votre attention sur le fait que notre système inconscient est capable de traiter l'information bien plus rapidement que notre conscience et qu'une centaine d'alternatives à envisager ne prend pas plus de quelques secondes. Nous en avons ici la preuve.

*- « OK super. Je te remercie pour ce travail, j'aimerais maintenant que la partie qui était en relation avec les problèmes de lecture puisse revenir dans cette main et nous confirmer sa réponse "oui". Peut-être que c'est la même que tout à l'heure, c'était au niveau de l'annulaire… »*

Pendant que je demande une confirmation du retour de la partie précédente, j'obtiens une réponse partielle qui ne me satisfait pas puisqu'elle est un mélange du "oui" de la partie que j'attends, du "oui" de l'inconscient du début et du "non" de la créativité. J'évoque donc la réponse que je m'attendais à recevoir et j'attends. Je reçois finalement un "oui" franc de l'annulaire.

- « *OK. Ta réponse "non", c'est toujours la même ? OK. Super.* »

Du coup, je préfère vérifier avec la réponse "non" et la partie confirme…

« *La créativité vient de proposer une centaine de nouvelles options qui viendraient remplir ta partie positive. Est-ce que tu pourrais en choisir juste une et l'appliquer à l'intention positive ?* »

## J'enclenche ici **la partie 5 du recadrage…**

- « *OK. C'est une réponse que nous n'avons pas eue jusqu'à présent.* »

Et même si j'adore quand un plan se déroule sans accroc, la partie me déstabilise par une réponse inattendue. Elle réutilise l'auriculaire pour répondre "oui" alors que précédemment elle avait accepté d'utiliser l'annulaire comme la première fois…

- « *Et est-ce que tu peux simplement confirmer par la réponse "oui", que c'est bien compris ?* »

Je pose donc une question qui va me permettre de vérifier la réponse "oui" et de pouvoir avancer. Je n'en fais pas cas pendant la démonstration, mais en prenant le temps de décortiquer cette séance je me suis longtemps questionné sur le pourquoi de ce changement soudain.

Si on rembobine légèrement la cassette (je suis des années 80 !) jusqu'au moment où je demande le retour de la partie, je dis : « Peut-être que c'est la même que tout à l'heure » au sujet de la réponse "oui". Je suggère à cet instant que la réponse pourrait être différente ! La partie s'est alors engouffrée dans cette possibilité en me répondant dès le début par un "oui" de l'auriculaire.

Troublé, je n'ai pas accepté ce changement et j'ai indirectement invité la partie à réutiliser l'annulaire. Elle fut bien polie à cet instant de me redonner du "oui" de l'annulaire, alors qu'elle était bien plus à l'aise avec un "oui" de l'auriculaire…

Finalement, seul l'inconscient de Stéphane connaît le fin mot de cette histoire, ce que vous et moi devons en garder, c'est qu'il est important d'être précis dans nos questions, de ne pas suggérer des choses involontairement, et surtout de garder une hyper flexibilité pour faire face à l'imprévu.

- « *Maintenant ce que j'aimerais c'est que l'inconscient dans son intégralité revienne dans cette main… nous fasse savoir qu'elle est bien présente par sa réponse "oui"…* »

Avec l'inconscient, que je nomme "dans son intégralité" par opposition aux parties, pas de surprise, le "oui" reste identique au premier échange.

- « *OK. Inconscient, je vais te demander de te projeter dans le futur avec ce choix qui vient d'être fait par la partie qui distrayait Stéphane, lorsqu'il était face à la lecture, et que tu vérifies que tout semble OK avec ce nouveau choix. Si c'est OK, alors tu nous le fais savoir avec la réponse "oui" de l'auriculaire et s'il y a quelque chose qui n'est pas OK, qui bloque, alors tu nous le feras savoir avec la réponse "non" du majeur.*

*And then we were three…*

**Dernier stade du protocole** de recadrage, je vérifie avec l'inconscient que tout est écologique pour Stéphane. L'idée est de s'assurer que la nouvelle réponse à l'intention positive ne soit pas plus "encombrante" que l'ancienne.

**Romain :** - « *Très bien. Alors pour être vraiment sûr que tout ça s'ancre bien profondément j'aimerais, inconscient, que tu puisses te projeter de façon très précise dans ce que ça va changer dans l'environnement de Stéphane à partir d'aujourd'hui et lorsque ce sera fait, que tu auras vraiment vu tout ce qui va changer avec ce nouveau choix, cette nouvelle option, tu nous le fasses savoir par la réponse "oui".* »

En règle générale, il est possible d'arrêter le travail après l'étape 6 du recadrage.

Mais personnellement, j'ai souvent recours comme pont sur le futur à l'utilisation des niveaux logiques de Dilts, afin de bien ancrer le changement dans les différentes strates qui nourrissent nos fonctionnements. C'est ce que je vais demander ici à l'inconscient en orientant son attention sur l'environnement, le premier niveau.

**Romain :** - « *OK. J'aimerais maintenant que tu observes un étage au-dessus ce que ça va changer dans ses comportements de prendre le temps d'observer tout ce qui peut changer avec cette nouvelle option dans les comportements de Stéphane face à la lecture.* »

Niveau 2 : les **Comportements**.
- « *Puis l'étage du dessus, aller faire un tour sur ce que ça peut changer sur ses capacités.* »

Niveau 3 : les **Capacités.**
- « *OK. Peut-être aussi des changements au niveau de ses croyances… »*

Niveau 4 : les **Croyances.**
- « *OK. Ses valeurs peut-être ? Là aussi prendre le temps de bien ancrer ce changement et d'observer si tout est OK à ce niveau-là.* »

Niveau 5 : les **Valeurs.**
Personnellement, dans l'usage que je fais ici des niveaux logiques, je dissocie les croyances et les valeurs en deux étapes distinctes. Chez Dilts, c'est un seul et même niveau.
- « *Il manque encore deux échelons, celui qui concerne l'identité, des fois il y a des changements qui peuvent être vraiment impactants et c'est intéressant aussi de vérifier cela et si c'est OK tu nous fais savoir par le geste "oui".* »

Niveau 6 : L'**Identité.**
- « *OK. Et puis des fois au-delà de l'identité de l'individu ce qu'on appelle peut-être*

79

*parfois la spiritualité pour certaines personnes je pense que c'est quelque chose qui te parle parce qu'on se connaît un peu, j'aimerais que tu fasses le point aussi là-dessus, il y a peut-être des choses qui vont bouger à un niveau interpersonnel... »*

Niveau 7 : le **Sens.**

*- « OK, super. J'aimerais savoir si c'est un changement que Stéphane va pouvoir constater dès aujourd'hui ? »*

Alors là, je m'amuse à sonder l'inconscient sur la vitesse à laquelle le changement sera mis en place. Bien sûr, vous ne l'avez sûrement pas remarqué mais je prends en pleine tête une petite erreur que j'ai faite au retour de l'inconscient à environ 9'50", en oubliant de demander à l'inconscient de me confirmer sa réponse "non" pour ce nouvel échange. En tout début de séance, l'inconscient n'utilise pas l'index comme moyen de réponse. Il utilise l'auriculaire comme "oui" et le majeur comme "non". Je suis parti trop vite du principe que le "oui" étant identique, le "non" le serait également.

Compte tenu du contexte de la fin de la séance approchante, je considère que cet index est en train de me dire "non"...

**Depuis j'arrête de suggérer que la réponse peut être différente** au retour d'une partie ou de l'inconscient ! C'est déjà bien assez complexe comme ça, surtout quand vous avez affaire à plusieurs parties pendant la séance.

Il m'est arrivé de monter à sept interlocuteurs différents qui se neutralisaient les uns les autres dans le changement ! Comme dans un jeu vidéo, à la fin il y a toujours un boss qui met tout le monde d'accord ! ;)

**Romain :** *- OK. Est-ce qu'il va constater ce changement d'ici une semaine ?*
*- Non*
 **Romain :** *- OK. Un mois ?*
 *- Oui.*
**Romain :** *- OK. Entre quinze jours et un mois ?*
*- Non.*
**Romain :** *- Trois semaines ?*
*- Oui.*
À partir de là, je crois que l'inconscient de Stéphane me dit poliment que je commence à l'emmerder !
**Romain :** *- « OK. Donc on est le 10... On en reparle au 1ᵉʳ Mars ? »*
Pas de réponse...
*- « OK, on n'en reparle pas... ? »*

*And then we were three…*

Souvent un peu d'humour débloque des situations. Mais j'ai quand même la confirmation que la partie est finie. L'inconscient de Stéphane m'invite gentiment à mettre un terme à la séance, il a déjà bien assez collaboré.

**Romain :** *- « OK, super. Inconscient, je te remercie pour tout ce travail que tu viens de faire pour Stéphane. Je suis sûr que ça va changer plein de choses pour lui et maintenant je vais simplement te demander, si tu es OK, c'est de reprendre ta place habituelle et de laisser le conscient revenir à la surface tranquillement et au fur et à mesure que cette remontée va se formaliser alors simplement, tu vas pouvoir redescendre la main vers la table pour que, au moment où il y a un contact entre les doigts et le bois de cette table, eh bien Stéphane puisse revenir complètement à lui dans un état complètement normal, prêt à continuer sa journée, plein d'énergie avec peut-être quelque chose à l'intérieur une perception ténue qu'il y a quelque chose qui est en route et qui va aboutir d'ici trois semaines, un mois. »*

C'est le moment de prendre congé. Je remercie l'inconscient pour sa collaboration car il n'est jamais exclu que nous ayons à retravailler ensemble alors autant rester en bons termes. Pour la sortie de transe, comme je suis assez feignant ascendant feignasse, je la lie à un mouvement idéomoteur, exactement comme on le fait pour l'entrée en transe : la descente de la main équivaut au retour à un état de conscience, avec un début et une fin au processus.

Enfin, un mot sur la suggestion de sortie de transe. J'attire l'attention du conscient sur l'idée de ressentir que quelque chose, même léger, est différent au réveil. Peu importe ce que c'est. Si Stéphane ressent un truc bizarre après la séance, même si ça n'a aucun rapport, il le liera au fait que ça change en lui. Cela viendra renforcer sa conviction.

**Romain :** *- « Ça peut se faire tranquillement à ton rythme pour que ce soit un réveil en douceur, un atterrissage en douceur aussi, ça dépend dans quel sens tu es parti. »*
Comme pour une induction, je ratifie ce qui se passe. Comme le mouvement est lent, j'inclus cette lenteur dans le processus.

**Romain :** *- « Plus la main descend, plus Stéphane tu deviens attentif à l'environnement, attentif aux bruits qui sont dans cette salle, à ma voix plus précisément. Tu te reconnectes de plus en plus à toi, tu laisses l'inconscient reprendre sa place comme la mer se retire de la plage et tu reprends conscience petit à petit à ton rythme. »*
Après avoir longtemps "ignoré" le conscient, je me réadresse directement à Stéphane pour l'interpeller et le ramener dans la salle de formation. J'utilise encore une métaphore qui s'adresse à l'inconscient mais cette fois indirectement.

**Romain :** - « *La tête va pouvoir se redresser tranquillement, la main va bientôt se poser sur la table, les doigts vont bientôt rentrer en contact avec le bois, ce qui sera le signal pour vraiment revenir ici, complètement à toi. La tête se redresse et tu reviens vraiment parmi nous. Tu reviens ici et maintenant et dans quelques centimètres, tu seras complètement présent ici et maintenant.* »

Je crois que j'étais moi-même encore dans ma transe du praticien, encore un peu trop dans la séance… Si l'on voulait être tout à fait perfectionniste, il serait préférable à ce stade de nommer "**ta** tête/**tes** doigts" plutôt que "**la/les**". Cela aurait aidé un peu plus à la réassociation.

- « *Et là, le contact se fait et tu reviens ici…*
- « *Salut, ça va ?* »

## EN CONCLUSION :

Les détracteurs du Swan arguent souvent du fait qu'il n'est, finalement, rien de plus qu'une technique permettant l'émergence de signes idéomoteurs. C'est vrai et en même temps, pas tout à fait complet dans l'analyse.

Ce qui à mon sens permet au Swan de pousser encore plus loin l'utilisation de ce que tout hypnothérapeute appellera le signaling, c'est qu'avec le Swan, l'inconscient est figuré au sens strict du terme. L'inconscient ne s'exprime plus juste dans un doigt, mais il prend vie dans une « entité » vue comme extérieure.

Cela potentialise la dissociation et pour moi la force de conviction. J'y reviendrai plus loin.

Pour moi le Swan est un inducteur de transe simple et efficace, et un média thérapeutique à la portée d'un enfant de 5 ans. Je ne dis pas innocemment « Enfant de 5 ans ». Pour que le Cygne prenne vie, la bestiole a besoin d'être vue comme telle. Quel regard est le plus à même de voir la magie d'une main qui s'anime, de croire en la réalité d'une telle incarnation qu'un enfant de cet âge ? Si je n'ai qu'un conseil à vous donner, regardez la main de l'autre comme si elle était déjà douée d'une intelligence propre, d'une capacité de communication, d'une totale autonomie de mouvement. Regardez la main de l'autre comme les enfants regardent un spectacle de marionnettes ! C'est seulement comme cela que vous créerez le réel utile à l'émergence du Swan. Si vous en êtes convaincu, le pantin s'animera.

Maintenant, faut-il envisager que son nez puisse s'allonger ?

*And then we were three…*

L'absolue réalité de ce qui se passe lors d'une séance de Swan m'a souvent questionné. Suis-je réellement en contact didactique et dialogique avec une ou des parties autonomes de la psyché de mon sujet ? C'est une question que tout bon cartésien pourrait se poser. Je me la pose encore. In fine je n'ai pas de réponse scientifique à apporter. Cependant il y a deux choses qui plaident en l'utilisation sans modération de ce Swan aussi magique qu'énigmatique.

Premièrement, les résultats. Évidemment il n'existe pas d'outils ou de protocoles miracles, dès qu'il s'agit de sciences humaines dont la psychologie fait partie. Cependant, et même sans études statistiques, tout pratiquant du Swan constatera des retours favorables d'une partie significative de ses consultants sur des thématiques comportementales très inconscientes, telles que la procrastination, les phobies, ou le bruxisme si cher à Philippe…

En parlant de bruxisme, je me permets une courte digression sur un cas que je traite au moment où j'écris ces quelques pages. Sonia (on l'appellera comme cela) a 45 ans et bruxe depuis son adolescence. Elle a tout essayé. Une de ses amies psy me recommande chaudement après un sondage sur FB (la recommandation est un facteur clé, j'y reviendrais en conclusion).

Sonia arrive au cabinet et son cygne est très collaboratif. Nous discutons tous les quatre, (nos deux conscients et nos deux inconscients) pendant une petite heure et je la revois quinze jours après. Elle m'annonce, des étoiles plein les yeux qu'elle n'a pas bruxé depuis la séance, mais je sens qu'un truc cloche. Sonia m'apprend, dépitée, que depuis quinze jours, certes, elle ne bruxe plus, mais que pour la première fois de sa vie, elle ronfle comme un camionneur éreinté !

Évidemment, ma première pensée va vers un déplacement de symptôme, donc nous reconvoquons son oiseau et finalement, je comprends que l'extrême détente induite dans les muscles de la mâchoire a mécaniquement laissé émerger ce ronflement qui n'a en réalité rien d'un déplacement de symptôme. Après réflexion elle a préféré conserver la bonne santé de ses dents au détriment de son mari que j'ai reçu peu après pour installer une hypnose négative nocturne afin de ne plus entendre les ronflements de sa femme. Je plaisante bien sûr !

Cette expérience m'a rappelé deux choses que l'on oublie parfois dans la routine du cabinet :

1 • Ne faites jamais de suppositions (dédicace à Miguel Ruiz) et a minima, vérifiez toujours vos intuitions.

2 • La confiance que le consultant accorde au consulté permet déjà 50% du travail.

C'est sur ce point 2 que j'aborderais en conclusion mon « deuxièmement ». Il est possible que même si je n'avais pas été présenté à Sonia comme le spécialiste du coin en matière de bruxisme, nous aurions quand même pu obtenir un résultat satisfaisant. Mais, je suis de plus en plus convaincu que les croyances activées par divers canaux, avant, pendant et après la séance, jouent un rôle capital dans l'amorce et la concrétisation d'un changement ; même inconscient en apparence.

Et c'est sur cela que je souhaite conclure auprès des sceptiques, dont je fais toujours un peu partie : même si le travail avec le Swan n'était qu'un simulacre de discussion, un miroir aux alouettes d'une quelconque négociation, de simples réponses réflexes dénuées de tout lien avec un hypothétique inconscient docile, sa puissance de persuasion est telle, qu'il permet souvent des miracles. Si votre consultant adhère à l'histoire, alors ses croyances généreront le changement.
Pour que votre consultant adhère à l'histoire, soyez le meilleur des conteurs !

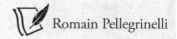

# 7

## OU CET HOMME EST MORT...

*Ou ma montre est arrêtée !*

Avant d'aller plus loin, nous allons revenir en amont de tout cela, et maintenant que vous avez du Swan la perception d'un spectateur éclairé, voyons ce qui se passe de l'autre (des autres ?) côté du rideau.

Quelle est la plus grande différence entre les modèles qui jusqu'ici vous ont été présentés ? Une bagatelle, mais avec un même objectif.

Bob Burns : Le Swan n'est pas de l'hypnose.
Romain Pellegrinelli : Le Swan est une Transe Partielle.
Philippe Miras : Les Transes Partielles n'existent pas.

Enfin, si... Mais c'est plus ou moins comme dire : "Je suis un peu enceinte". Ça ne m'empêche pas de le présenter comme ça aux patients ceci dit. J'ajoute même : *« Vous allez tout voir, tout entendre, vous vous souviendrez de tout. »* Mais...

Je ne crois absolument pas qu'une chose comme une transe partielle existe. C'est ce que je décris, ça ressemble bougrement à ce que je décris et je fais tout mon possible pour que ça y ressemble. Mais je n'y crois pas une seconde. Ce n'est qu'une forme externe...

On délivre un ensemble de suggestions. Le sujet répond aux suggestions. Du coup, ça ressemble aux suggestions. Et plus les suggestions sont suivies d'effet, plus ça y ressemble... Et plus l'état est stable.

Et plus il est stable, plus il est propice à basculer vers un état "profond" à la moindre suggestion qu'on lui proposera, tout en respectant la forme de départ, une logique dans la progression des dites suggestions, comme l'assurance que ce qui se passe est déjà de l'hypnose, même sous une forme particulière. Pour cela beaucoup de choses doivent être faites dans les premières minutes.

*L'Hypnose au bout des doigts*

Pourquoi dire l'un ou l'autre ? Pour exactement les mêmes raisons que Bob dit que ce n'est pas de l'hypnose : diminuer les craintes, les peurs et restituer du contrôle au sujet. Nous allons devoir, pour nous l'expliquer (et comprendre pourquoi l'un plutôt que l'autre), revenir un demi-siècle en arrière. Pour être plus tatillons, deux siècles et demi, au moment où la commission royale réfute l'existence du magnétisme animal. La partie vraiment intéressante débute il y a à peu près un demi-siècle, quand Theodore Barber et Nicholas Spanos, puis Donald Gorassini, et après eux Irving Kirsch et Steven Jay Lynn abordent l'hypnose comme un processus au sein d'une relation sociale et non comme un état : il s'agit du courant socio-cognitiviste.

Pour ce que l'on qualifiera généralement d'hypnose, nous sauterons les éventuels précurseurs, qu'ils soient égyptiens, sumériens, chamanes ou sorciers, derviches tourneurs comme danseurs balinais. Même chose pour les utilisateurs de psychotropes naturels et artificiels, qui tous expérimentent une transe et donc un état modifié de conscience, mais dont on peut considérer, au même titre que l'alcool, qu'il ne s'agit pas d'hypnose telle que nous la concevons et l'utilisons, c'est-à-dire à des fins thérapeutiques.

Pour ce qu'il en est de "L'hypnose moderne" donc, nous en ferons un bref historique pour en clarifier l'évolution, sa logique, ses courants et leurs oppositions, les points de passage clefs, ce dont on peut se débarrasser et ce qui pour être ancien, continue à nous influencer ou devrait continuer à le faire.

Tout commence au XVIII$^{ème}$ siècle, avec la venue à Paris d'un certain Docteur Franz Anton Mesmer[30]. Sa carrière débute à Vienne, où il cherche à reproduire les performances d'un exorciste célèbre, le frère Gassner, à l'aide de pièces métalliques aimantées. Il considère rapidement que c'est le médecin qui, par l'utilisation de son fluide magnétique (les aimants ne sont que des amplificateurs), guérit ses malades et que seul le déséquilibre de ce fluide est à l'origine de toutes maladies. Il considère même Gassner comme un meilleur magnétiseur que lui, mais qu'aveuglé par sa foi, il se trompe sur ce qu'il réalise.

Le courant que crée Mesmer et qui se perpétue sous le nom de magnétisme, même si on s'accorde à le considérer actuellement comme impropre, est qualifié de "fluidiste" : un fluide universel transite par l'opérateur qui, en rééquilibrant celui du malade, assure sa guérison. Ces déséquilibres sont la cause de toutes les maladies.

---

[30] Franz-Anton Mesmer : Sur son sujet et sur le magnétisme animal, je vous conseille un article aussi détaillé qu'intéressant dans Wikipédia. A noter que les publications du Wikipedia anglo-saxon sont souvent plus riches.

*Ou cet homme est mort*

Face au fluidisme apparait "l'imaginationisme" : selon l'étude de la Société royale de médecine, les possibilités thérapeutiques ne sont pas niées, mais attribuées à l'imagination. Elle conclut que « l'imagination sans magnétisme produit des convulsions ; le magnétisme sans imagination ne produit rien ». Le terme "placebo" (un placebo d'arbre magnétisé) apparait déjà.

À noter que nous avons pu voir au chapitre précédent, les limites de l'imagination de façon isolée, soutenue par la seule volonté, tant que l'automatisme n'a pas pris le relais, quand nous avons étudié l'effet idéomoteur. Le terme "hypnose" lui, apparait en 1819, créé par Étienne de Cuvillers, mais n'est popularisé qu'en 1843 par James Braid, un chirurgien écossais qui l'utilisait pour obtenir des anesthésies, dans son traité : « Étude du sommeil nerveux ou Hypnotisme ». Le premier, il se débarrassera des passes magnétiques pour conduire ses inductions par l'observation d'un point précis ou la fixation du regard sur un objet brillant. Pour Braid, l'hypnose est un état, résultant d'une cause physiologique, la fatigue des centres nerveux liée à la paralysie de l'appareil oculaire. Cette focalisation de l'attention, ce Monoïdéisme s'oppose donc à un accès mental obtenu par les pouvoirs de l'imagination. Il y a une procédure quasi mécanique derrière tout cela. Et si là encore, Braid se trompe, il se trompe semble t il bien moins que les autres, avant, comme après.

*Il n'y a plus de "fluide" mais il y a un "état d'hypnose".*

À la même époque en Inde, le Dr. James Esdaile procède à plus de 300 interventions chirurgicales mais non pas en utilisant le magnétisme animal comme souvent rapporté, mais le "Jhar-Phoonk". Cette méthode, dérivée des exorcismes locaux, (rappelons-nous que les exorcismes furent la source des premières études d'Anton Mesmer) peut prendre des heures, être répétée dix à douze jours ; l'opérateur comme le patient devant être torses nus et leurs corps proches l'un de l'autre. Pendant tout ce temps l'opérateur souffle sur les yeux et le visage du patient, tandis que ses mains, les doigts positionnés comme des griffes, passent au-dessus du corps du sujet, du haut de son crane à son estomac.

Malgré une certaine similitude gestuelle, James Esdaile ne se réfère pas au Mesmérisme qu'il ne connaissait que par quelques lectures, mais bien au "Jhar-Phoonk". Les interventions avec cette méthode n'ont été pratiquées que sur des populations très pauvres ou même des intouchables et des prisonniers, et donc très appropriées à leurs croyances ; d'ailleurs les tests pour savoir s'il fallait continuer la procédure avant d'entamer l'intervention se faisaient en écrasant les testicules du patient ou en déposant un morceau de charbon incandescent sur l'intérieur de sa cuisse… Esdaile, comme Mesmer, s'est donc servi de ce qu'il voyait autour de lui, pour relier la science de l'époque à ce que la foi offrait encore à l'homme, de plus extraordinaire comme puissance par le biais des exorcismes.

Sautons un premier demi-siècle et retournons donc en Europe. Vient alors l'opposition très française entre Jean-Martin Charcot et l'École de la Salpetrière d'une part, Hippolyte Bernheim et l'École de Nancy de l'autre. Et là encore, un désaccord :

Pour Charcot, l'hypnose est un état physiologique, très différent du sommeil, réservé aux individus prédisposés à l'hystérie, sans possibilité d'utilisation thérapeutique. De plus, les diverses manifestations physiques de l'hypnotisme peuvent se développer indépendamment de toute suggestion.

Pour Bernheim, l'hypnose se présente comme un simple sommeil, produit par la suggestion, mais susceptible d'applications thérapeutiques. Et à la différence de Charcot qui, de fait, n'a jamais réellement pratiqué, Bernheim lui, une fois formé par Ambroise-Auguste Liébeault recevait dans son cabinet à Nancy.

Au fil du temps, le point de vue défendu par Charcot s'effrite dès sa mort, y compris au sein de son École, jusqu'à en être abandonné. À contrario, celui de Bernheim est repris jusqu'à la Salpêtrière dont Joseph Babinski a pris la direction après le décès de Charcot. Mais Bernheim lui, n'en reste pas là, avec l'avancée du temps, il va encore plus réduire son point de vue sur l'hypnose : tout n'est que suggestion.

*« Un seul élément intervient dans tous ces procédés divers : c'est la suggestion. Le sujet s'endort (ou est hypnotisé) lorsqu'il sait qu'il doit dormir. C'est sa propre foi, c'est son impressionnabilité psychique qui l'endort. »*

En 1917, Bernheim annonce même qu'il n'y a pas d'état, et préfigure la position comportementaliste en déclarant :
*« Il n'y a pas d'hypnotisme, il n'y a que de la suggestibilité ».*

Nous allons bientôt pouvoir sauter un demi-siècle de plus.

Bientôt. Mais on ne peut s'affranchir complètement pour bien comprendre la suite, de deux figures importantes : Janet et Erickson.

Pierre Janet tout d'abord.

Le plus connu des élèves de Charcot. Avec le recul et même une certaine dureté, il aura pièces par pièces, démonté toute l'œuvre de celui-ci, allant jusqu'à regretter que, plutôt que les constructions spectaculaires autour de l'hystérie, on ne se soit pas plus intéressé à ce que faisait certains magnétiseurs de l'époque. Ce n'est pas si surprenant, quand on sait comment il découvre l'hypnose, alors qu'il professe au Havre où il rencontre le docteur Joseph Gibert. Celui-ci est arrivé à l'hypnotisme par

*Ou cet homme est mort*

l'intérêt qu'il porte au somnambulisme et à la lucidité. De son côté, Janet cherche un sujet de thèse et s'intéresse particulièrement à l'hypnotisme. Il se trouve que Gibert a une patiente capable de transe somnambulique et qui présente de réels dons de voyance, Léonie Leboulanger.

Léonie est une paysanne bretonne sans instruction, « en bonne santé et ne présentant aucun symptôme hystérique ». C'est entre le 24 septembre et le 14 octobre 1885 qu'auront lieu les expériences qui feront la célébrité de Janet. Léonie est plongée dans « le sommeil magnétique » par le docteur Gibert. « *Il suffit de lui tenir la main en la serrant légèrement.* »

Au bout d'un moment, les yeux de la jeune femme se révulsent et sa poitrine se soulève avec effort. Son corps se renverse alors en arrière. Corps souple, sans résistance, elle est insensible en apparence au bruit et à la lumière.

« *Elle ne reste en contact qu'avec celui qui l'a endormie, et seul ce dernier peut provoquer chez elle des suggestions ou des contractions musculaires et la réveiller.* »

Janet et Gibert concluent que c'est l'intention de l'opérateur qui permet d'endormir Léonie : s'il tient la main de la jeune femme sans songer à ce qu'elle dorme, elle ne s'endort pas. À contrario, si l'on pense à son endormissement sans lui tenir la main, Léonie s'endort. Du coup les deux hommes tentent des suggestions « purement mentales ». Aucun mot n'est échangé avec Léonie et les distances augmentent. Même hors de vue, « l'effet persiste ».

Janet en retire une définition de l'hypnose comme le résultat d'une conscience secondaire dissociée, ou double conscience. Il se fonde sur les phénomènes de dédoublement de la personnalité et sur ce qu'on appelle les phénomènes d'amnésie post-hypnotique. Il rencontre, en effet, des patients atteints de dédoublement de la personnalité qui tantôt présentent une personnalité, tantôt une autre, sans jamais se souvenir de celle qu'ils viennent de quitter. En outre, le patient hypnotisé profondément ne se rappelle pas ce qui s'est passé pendant l'hypnose.

Il abandonne l'hypnose en 1910 avec la dissolution du laboratoire de psychologie de la Salpêtrière mais poursuit ses travaux en matière de psychologie expérimentale et comparée au collège de France.

Pierre Janet laisse derrière lui un magnifique ouvrage, «L'Automatisme Psychologique». Il crée également le terme "subconscient" et prépare le terrain aux "États du Moi". Alors bien sûr, on ne voit que ce qu'on cherche, mais son approche des émotions (ce que lui appelle des sentiments, l'émotion correspondant à un choc émotionnel), les études qu'il a conduites sur ce thème peu abordé en son temps, l'amène à conclure que "Les émotions donnent les degrés du "sentiment du réel". Sans limiter l'art de la suggestion au Pont d'affect, l'opérateur pourrait bien garder à l'idée d'en parsemer ses suggestions. L'expérience ne manque pas de nous

*L'Hypnose au bout des doigts*

rappeler à quel point toutes ces "émotions" accélèrent les procédures d'induction, d'approfondissement et la suggestibilité en général, peut-être par un shunt des fonctions critiques au niveau du cortex antérieur puisqu'elle sont gérées par d'autres zone cérébrales, ou encore plus simplement, parce que pour reprendre les mots de Janet :

« *Les émotions donnent les degrés du "sentiment du réel"* ».

C'est d'ailleurs exactement ce à quoi nous allons devoir nous employer lors de la « rencontre » en pratiquant le Swan.

Pour Thierry Melchior[31], il reste le théoricien le plus intéressant de son époque et sera, d'une certaine façon, redécouvert dans les années 2000 aux USA par les spécialistes du Stress Post Traumatique. Il arrêtera pourtant de pratiquer l'hypnose en 1910.

Après Charcot, Bernheim et Janet, la France qui illuminait l'hypnose, s'efface de cette carte du monde. Plantant le dernier clou dans son cercueil, Sigmund Freud, pourtant passé par la Salpêtrière comme par l'École de Nancy, considère la suggestion comme trop propice aux projections de l'opérateur. Il développe alors un corpus théorique qui fonde les bases de la psychanalyse, avec un inconscient comme une part sombre, agitée de sexe et de refoulements, et où la guérison passe par la mise en lumière de la cause. En 1925, voyant la statue de la Liberté de l'avant de son paquebot qui l'emmène à New-York, il peut déclarer : « *J'apporte la peste au Nouveau Monde.* »

Il ne faudra guère qu'une trentaine d'années pour que des hypno-analystes comme Watkins, ne s'emploient à fracturer le mythe pour, enfin, accélérer les procédures, extraire la cure de l'emprise de l'intellectualisme, et y réinjecter ces fameuses "émotions" dont parlait Janet. Nous sommes loin, très loin même, d'Ambroise-Auguste Liébeault, l'inspirateur de Bernheim, guérisseur et philanthrope, soignant les enfants par l'imposition des mains et de Milton Erickson.

Milton Hyland Erickson[32].

Enfant prodige de l'hypnose, il va en révolutionner la pratique. Comme nous avons déjà pu l'entr'apercevoir, il ne se contente plus d'exercer une autorité et de répéter ses instructions aux patients, mais s'adapte à eux et aux troubles particuliers qui les habitent. En dehors d'une hypnose qui peut prendre toutes les formes, de la plus autoritaire à la plus indirecte, il jette les bases de toute la communication

---

[31]  Thierry Melchior : Auteur de « Créer le Réel ».
[32]  Milton Erickson : Les « Collected Papers" (les 4 Tomes) devraient être dans la bibliothèque de tous les hypnothérapeutes.

moderne, mais aussi celle de la systémique et des thérapies brèves. Clinicien hors norme, il ne s'intéresse guère à la théorie et n'écrira aucun ouvrage ou "Bible" qui formaliserait une certaine hypnose Ericksonienne.

Au point de se demander si en dehors de lui, elle existe vraiment. Son enseignement semble un travail de patience ardu, si imaginatif parfois qu'il peut sembler imprévisible, fuyant…

En France je ne l'ai vraiment croisé, et malheureusement trop tard à mon gré, que chez Dominique Megglé. Les qualités que sa transmission requiert ne m'ont d'ailleurs peut-être pas toutes été offertes, ou bien était-ce le type d'apprentissage nécessaire qui se trouvait trop éloigné de celui que ma propre culture et mon expérience m'avaient conféré, allez savoir …

Mais revenons-en au travail d'Erickson… Il parait toujours empirique et utilisationnel, cherchant dans tout ce qui est propre au patient, ce qui peut le faire évoluer. Sa vision de l'inconscient est aux antipodes de celle de Freud. Il croit en son existence réelle. Pour lui, l'inconscient n'est pas une menace pulsionnelle qui vient perturber la vie consciente et contraint au refoulement. Au contraire, il est le siège de toutes les ressources du patient, même celles qu'il ignore. Erickson voit l'inconscient comme un sujet agissant et surtout doté de caractéristiques différentes du Moi conscient de la personne. C'est à cet inconscient que s'adresse le Swan. C'est celui qu'il invoque, celui avec lequel on communique et que l'on fait agir. Le Swan est non seulement utilisationnel, mais à mes yeux, bien que sous une forme très originale, extrêmement ericksonien. Avant de reprendre son étude et pour la faciliter, ou mieux la comprendre, nous allons, comme Bernheim le martelait, nous intéresser un peu plus indirectement à la suggestibilité…

Voilà enfin cette cinquantaine d'années franchie ;) Woodstock est terminé, les Beatles se séparent, Forest Gump ne court pas tout à fait encore…
De la même façon que le fluide et l'imagination s'opposaient, s'opposent maintenant (bien qu'assez discrètement, on est surtout entre universitaires) les étatistes et les non étatistes.

Côté classiques, **Ernest Hilgard,** professeur à Stanford déjà très connu pour ses travaux sur la douleur, développe la théorie de la **Néodissociation** dans le prolongement de celle de Janet. **L'hypnose est un état, et un état dissocié.** Une partie interne (l'observateur caché) reste conscient de tout, quel que soit l'état. La mise en évidence – très discutée – du fameux "hidden observer"[33] vaut largement le détour.

---

[33]  Observateur caché.

Et l'on peut greffer une lecture très "Swan" sur l'expérience, sans pour autant aller jusqu'à en tirer la moindre conclusion.

Un des étudiants d'Hilgard sert de sujet, probablement du fait d'une grande réceptivité, lors de différentes expériences ou tests ce qui est tout à fait classique dans ce genre d'exercice. Travaillant pourtant souvent sur la douleur, il s'avère que l'idée de le rendre sourd, hypnotiquement, survient. Toujours est-il que l'étudiant semble absolument sans réaction quand on hurle près de lui, quand dans son dos on fait sonner des cymbales, et même quand on tire en l'air à l'aide d'un pistolet de starter… Évidemment, il ne répond pas non plus à la moindre question qui lui est adressée. Hilgard était quand même curieux de savoir si qui ou quoi que ce soit chez son sujet était capable d'entendre quelque chose. Utilisant le signaling, il demanda alors tranquillement au sujet :

*« Y a-t-il une part de vous qui entende ma voix et comprenne ce que je dis ? Si c'est le cas, je voudrais que l'index de votre main droite se lève en signe de oui. »*

Et l'index s'est levé.

À ce moment, l'étudiant demanda à ce qu'on le fasse sortir de cet état de surdité, parce que *« J'ai senti que mon index s'était dressé d'une façon qui n'avait rien de naturelle, j'ai donc pensé que vous aviez fait quelque chose et je voudrais savoir ce que c'est. »*

Une fois sorti d'hypnose, l'étudiant expliqua, que puisqu'il ne voyait et n'entendait rien, par ennui, il s'était mis à réfléchir à un problème de statistiques. (C'est à ce genre de détails qu'on se rappelle que l'on est à Stanford). Et c'est alors qu'il faisait des calculs que son index s'est levé. Normalement, c'était lui en tant que personne qui décidait si sa tête devait se tourner ou sa main se poser sur sa jambe ; *« Là, quelqu'un d'autre dans ma tête venait de répondre à une requête de l'extérieur que je n'avais même pas pu entendre. »*

Quelqu'un d'autre, mais alors qui ? **L'observateur caché.**

Pour Hilgard cela correspondrait à une barrière amnésique, comme chez Elman où c'est l'oubli des chiffres qui permet de qualifier le somnambulisme. Les niveaux de profondeur révéleraient eux le niveau de dissociation.

Qu'il existe ou non en tant que tel, (il y a autant de procédures pour l'invalider que pour faire le contraire, dans le prolongement de celle de Janet.) c'est clairement une réponse hypnotique au sein d'un processus que là encore, on peut tout à fait imaginer s'appliquer au Swan : le Finger signaling est là, la dissociation aussi. Et plus que tout, l'expression de cette part dissociée, qui pour avoir pu émerger sous hypnose, se retrouve en savoir plus et communiquer avec l'opérateur, indifférente au conscient,

*Ou cet homme est mort*

qui lui, comme un mari cocu, est le dernier au courant.

Là encore, et de la même façon que pour l'observateur caché, c'est ce que ces processus peuvent permettre qui porte à réflexion, plus que leur complète ou exacte réalité physiologique.

En hypnose, nous créons du réel.

L'étudiant décrivait cette partie de lui-même comme un **"Higher self"** : une partie plus « élevée » de lui-même. D'autres étudiants/cobayes l'ont eux décrite comme une forme d'ange gardien.

Les surfaces projectives reviennent sur tout ce que l'on a envie de croire.

Ceci dit, j'ai adoré cette anecdote. ;)

Je ne sais pas si cet observateur caché existe pour de bon, ni s'il existe si c'est une forme d'ange gardien. Je me suis toujours demandé si ce n'était pas un reste de conscience qui travaille en fond… Ce qui nous réveille sans que l'alarme n'ait sonné parce qu'on a un avion à prendre, ou qui après nous avoir fait ouvrir les yeux lors d'un orage quand le tonnerre éclate, nous laisse dormir ensuite une fois qu'il sait, alors que cela recommence à en faire vibrer toute la maison… De façon plus moderne, on dirait que c'est ce module qui, même quand notre cerveau travaille en 'mode par défaut' - qu'on qualifie aussi d'errance – vient prendre furtivement des nouvelles du monde extérieur.

Mais peut-être aussi que je le vois comme ça parce que comme tout être humain mon esprit est bâti pour trouver des ressemblances et associer des choses. Ou parce que j'applique ingénument une vision anthropomorphique à des systèmes cérébraux complexes.

Il m'arrive parfois – moins maintenant – dans le pretalk, de parler de l'observateur caché pour fournir à mon patient une impression de contrôle favorable à la suggestibilité, ou préparer une utilisation ultérieure des États du Moi, sous une forme ou une autre.

La théorie évidemment va au-delà de l'anecdote : quand Hilgard la propose en 1977, elle est certes dans la continuité de celle de Janet sans l'amnésie, basée sur la notion de dissociation mais supportée par un vocabulaire moderne et un cadre expérimental.

Ce sont 126 sujets qui sont étudiés à partir de 1974. Hypnotisés dans le cadre d'une analgésie, ils ne ressentent pas de douleur à l'exposition aux stimuli douloureux, mais présentent, pour certains d'entre eux, des réactions psychophysiologiques de douleur. Le stimulus douloureux a donc été enregistré au niveau cognitif mais pas dans la conscience du sujet. Plus encore, ces sujets donnent des estimations de douleur comparables à celles des sujets en situation d'éveil.

C'est ce constat de **dualité psychique** observé chez certains sujets qui mena Hilgard à créer la notion "d'observateur caché" pour désigner la partie subconsciente ayant enregistré le véritable état, et à élaborer la théorie de la Néodissociation. C'est d'ailleurs une variante de cette expérimentation particulière sur la douleur qui conduira les Watkins à élaborer un peu plus tard leur **Théorie des États du Moi**, l'observateur caché n'étant plus selon eux qu'un de ces états.

La théorie dissociative a été poussée au-delà du point de vue d'Hilgard, par Bowers en 1992, qui commence à parler d'inhibition du cortex antérieur, permettant ainsi un accès plus direct des suggestions : on commence à se retrouver bien plus près des informations que délivre désormais l'imagerie cérébrale.

Hormis cela, Hilgard en dehors de ses travaux sur la douleur et de la théorie qui le fit reconnaître, a établi avec André Weitzenhoffer "The Stanford Hypnosis Susceptibility Scales" ; une des deux plus populaires échelles de suggestibilité avec celle de Harvard. Ramené à l'ensemble de la population, voilà ce que ça donne :

Une échelle assez immuable, puisqu'à quelques centiles près, des résultats similaires reviennent comme le printemps après l'hiver. D'ailleurs cela semble toujours vrai : le graphique est issu d'une étude du King's College qui date de 2020. Comme toutes ces échelles, elle souffre du même biais. Afin de fournir exactement la même procédure pour chaque sujet, elle exclut complètement le moindre élément relationnel, d'alliance ou de rapport.

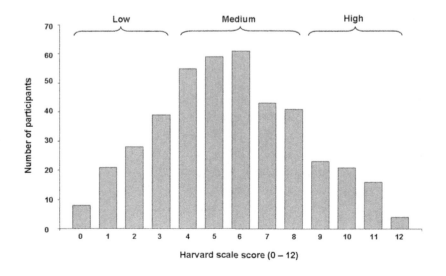

*Ou cet homme est mort*

À l'échelle d'un individu, cela semble plus ou moins immuable dans le temps aussi. Les mêmes personnes, testées de la même façon quelques années plus tard, produisent les mêmes résultats. Mais…

Puisque nous parlons d'une méthode où l'induction par sa construction change le cadre dans lequel va se passer la séance, on ne peut pas se passer d'une réflexion sur la suggestibilité : avec le Swan on attend de notre patient qu'il réponde fusse d'un doigt, comme si son inconscient décidait de lui-même de se manifester. Sans induction préalable. Comme si l'on s'adressait d'entrée à un « autre » ; un autre agissant, tandis que la conscience ne peut que percevoir son absence d'agentivité.

Ce qui normalement, sans la moindre induction, sans recours au « sommeil » , sans dire « dormez »,  ne devrait donc pas arriver en à peine quelques secondes, ou sur , à peine, 10 % des gens.

En face, de l'autre côté du trottoir de l'avenue hypnose se trouvent les "non étatistes". Pour eux, il n'y a pas d'état. La réponse ne peut donc pas être liée à une caractéristique physiologique quelconque… Que ce soit Antoine Lavoisier et Benjamin Franklin, ou le reste des deux commissions d'enquête diligentées par le Roi ; que ce soit Bernheim, ou que ce soit Barber au XX$^{ème}$ siècle, tout ce petit monde s'accorde à considérer que seule l'imagination est en jeu.

Pour en revenir à Theodore Barber : il est le premier (après, mais dans une moindre mesure, Theodore Sarbin) à déconstruire le modèle classique de l'hypnose, c'est à  dire :

- L'hypnose comme un État.
- L'induction permet les phénomènes.
- Les phénomènes peuvent être plus complexes avec la profondeur.
- La suggestibilité est caractéristique de chaque individu et peu variable dans le temps.

L'hypnose selon Theodore Barber :
- Il n'y a pas d'état, mais l'incarnation d'un rôle social au sein d'une relation.
- Tous les phénomènes sont accessibles sans induction.
- La suggestibilité enregistrée par les échelles type Harvard ou Stanford peut être modifiée dans de larges proportions.

Il a raison sur deux points. **Pas trois. Pas tout à fait.**
En fait, tout le monde s'est trompé ;)

# 8

# HAVE SPACE SUIT – WILL TRAVEL

On oublie facilement que le Swan pourrait très bien être décrit comme de l'hypnose instantanée. Une des plus célèbres inductions dans ce domaine est la "Eight words", créée par Cal Banyan.

Difficile de faire plus minimaliste : « Press on my hand. Close your eyes. Sleep. »

En Swan ça donnerait : Pose le coude. Détends ta main. Entre en hypnose.

OK, ça en fait neuf… et il y a un pretalk. Mais il y a toujours un pretalk avant, et des approfondissements après, si l'on tient à comparer ce qui doit l'être. Fondamentalement ça se résume à cela.

Parce que ça se résume à cela, quelles que soient les apparences, l'absence complète d'injonction, la transe supposée partielle, la douceur avec laquelle c'est réalisé, et plus encore – pour ce que cela peut bien signifier suivant les lecteurs – la position ultrabasse de l'opérateur ; c'est bien une induction ultra rapide.

Si l'on s'en tenait à ces fameuses échelles, le Swan n'aurait donc une chance de réussite aussi immédiate que dans 10 à 30 % des cas. Pas 90 à 95% suivant les opérateurs (Corydon Hammond, l'auteur du "Grand Livre Rouge" parle de 93%).

Ceci sans jus de citron injecté dans des bananes pour en changer le goût, barons au service de l'hypnotiseur de spectacle pour un effet d'entraînement – ce qui est déjà une modification de l'expérience sociale – ou convincers[34] du type "doigts magnétiques"[35], dont on sait qu'ils ne sont jamais qu'une réponse physiologique et non "une réponse automatique aux suggestions" termes que l'on peut considérer comme une des définitions cliniques de l'hypnose.

---

[34] Convincers : Terme anglais pour désigner des éléments d'influence.
[35] Technique d'hypnose de spectacle qui consiste à faire croire au sujet que ses doigts se rapprochent du fait de la suggestion, alors qu'il ne s'agit que d'un mécanisme physiologique.

Si nous voulons avoir le résultat le plus élevé, il est temps de revenir, comme le disait déjà Bernheim, sur la suggestibilité.

Nous en étions restés à la période autour des années 70. Pour ce qui est des théoriciens de l'hypnose (Erickson a toujours refusé de s'engager dans cette voie), tout le monde s'est trompé. Que ce soit Hilgard ou Barber. Certains plus, d'autres moins. Étatistes et non étatistes. La relation, le cadre, la motivation, les croyances, les éléments d'influence mis en avant par Robert B. Cialdini[36] et Dieu sait quoi d'autre se recouvrent, indiquant la variabilité de la suggestibilité, bien au-delà d'une courbe de Gauss et de "Be The Hypnotist !"

Pour ce qui est de l'état, l'IRM a réglé la question, même s'il semble au fil des années bien moins spécifique, plus complexe et mouvant qu'on ne l'aurait pensé à ce moment-là : quand Pierre Rainville le décrit en 2003 comme une succession de phases de relaxation et de phases d'absorption, on peut, dès la lecture de ses conclusions, se poser la question de quelle induction les opérateurs se sont servis… Probablement de la même pour tout le monde – jusque-là c'est préférable-, mais en incluant des suggestions qui se sont traduites par cette relaxation, introduisant un magnifique biais dans ses conclusions.

Du coup, c'est bien parce que Barber s'est trompé, et après lui Spanos, Gorassini, Kirsch, Lynn et d'autres, que la compréhension des processus agissant en hypnose a pu être transfigurée, car en changeant d'hypothèse, ils ont regardé là où personne ne cherchait.

La base de réflexion des Behaviouristes ou socio-cognitivistes (je laisse la dénomination de ce courant à votre choix) était simple : puisqu'il n'y a pas d'état et pas de fluide non plus, c'est donc bien le sujet qui fait. Il fait dans le cadre d'une relation sociale où il va incarner un rôle. Étudions donc tout ce qui peut influencer cette relation.

Qu'est-ce qui caractérise l'hypnose puisque ce n'est pas un état ? Comment modifier la suggestibilité puisqu'elle n'est plus immuable ? Quel est le cadre le plus favorable ? Que devient le rôle de l'opérateur dans tout cela ?

Grâce à cette erreur sur l'existence d'un état spécifique, ironiquement, la science et la connaissance ont progressé, en attendant d'être de nouveau remises en cause. C'est ce que font les neurosciences ces dernières années.

Ce peut être de façon brutale, ou par de légers glissements, mais cela finit toujours par bouger. C'est ainsi que si Theodore Barber a reconnu que des résultats

---

[36] Robert Cialdini : Influence et manipulation. Il continue à publier régulièrement en affinant et actualisant ce même thème.

*Have space suit - will travel*

spectaculaires étaient possibles lorsque de tels processus étaient correctement utilisés ; le même Barber, en fin de carrière, sans aller jusqu'à parler d'état, parle de processus dissociatif. Ça ne devait pas être facile à annoncer. Si Kirsch délaisse un peu l'hypnose, c'est parce que son travail sur les placebos l'a orienté vers la dépression et sa pharmacopée. Lynn s'est lui rapproché d'une vision bien plus ericksonienne de ce qu'il ne voyait que comme une forme particulière de communication. Mais momentanément, nous allons laisser de côté les neurosciences, les IRM, la description de l'état d'hypnose, le rôle du cortex antérieur, et ce que semble véritablement être l'inconscient : allons voir une dernière fois ce qui se passait quand l'absence d'état poussait les interrogations vers le cadre, la relation, la posture sociale, les croyances, l'influence et les processus.

Les facteurs de ces variations sont nombreux :

## 1 • LA MOTIVATION :

Barber a donc démontré que la motivation changeait la suggestibilité. Une de ses observations était liée aux salles d'urgence dans les hôpitaux. La demande étant d'être soulagé le plus vite possible et par n'importe quel moyen, il y a une acceptation de tout ce qui peut y contribuer avec un effondrement de la vigilance externe.

De nos jours, les membres du SAMU en sont les premiers témoins. Pour reprendre les mots du docteur Anne Champenois, « Annoncer qu'il y a encore deux heures d'ambulance, c'est magique : tout marche ! ». Sur ce point, on pourrait quand même en discuter. Si l'on fait intervenir la notion de transe négative (le patient serait déjà focalisé sur la douleur), ce n'est plus alors qu'un déplacement de cette focalisation qui se réalise. C'est récupérer l'attention du patient qui peut être difficile.

Certaines circonstances sont moins spontanément exigeantes mais dans notre cadre, plus fréquentes.

Il me revient en mémoire une formation initiale de neuf jours. Trois sessions de trois jours. Comme dans toutes les formations que l'on donne assez longtemps, il y a quelqu'un qui ne "part" pas. C'est une jeune femme, jolie, douce, intelligente, deux filles. Elle est spécialisée dans les soins aux enfants. Dans son cas, son rôle de mère lui interdisait de perdre le contrôle. Elle ne se l'autorisait qu'avec des enfants. Il s'est avéré que l'identité sociale de l'opérateur était la clef ce jour-là. (Nous y reviendrons)

La motivation implique donc une nette orientation vers le futur et va s'accompagner d'une implication personnelle bien plus importante dans le processus. Le patient peut alors s'approprier plus facilement la réussite d'un effort personnel et le changement qui en résulte, avec pour conséquence un renforcement de son identité. On perçoit là, toute la différence thérapeutique (ce partage des tâches est déjà présent dans l'hypnose d'Elman avec une notion très explicite de collaboration et de coresponsabilité) et les bénéfices qu'il peut y avoir par rapport à une hypnose beaucoup plus classique, héritée du XIX$^{ème}$ siècle, basée sur l'autorité et la répétition.

C'est peut-être aussi dans cette notion de bénéfices personnels ou plutôt de leur absence, que les courbes de suggestibilité obtenues en laboratoire paraissent s'écarter de la réalité clinique. Il sera donc prudent de ne pas laisser apparaître nos suggestions comme un *"caprice de l'opérateur"* mais véritablement comme une proposition au service du patient.

## 2 • LES ATTENTES POSITIVES :

a) Du sujet :

Le terme **"d'expectatives positives"** (dérivé de l'anglais "expectation") est probablement un peu imprécis. Il implique la curiosité et le désir vis à vis des conséquences futures de la démarche entreprise. On peut parfois se trouver avec ce terme dans l'entre deux avec la motivation, mais aussi les croyances :

> « Une des caractéristiques humaines fondamentales est que la capacité de représentation du futur affecte fortement l'état présent. Son absence peut se placer dans le cadre des résistances et germer dans la conviction de l'incompétence du sujet ou de celle de l'opérateur, ou de la méthode employée. Inversement, on peut y voir la base des effets placebos. »[37]

Effacer la possibilité que cette représentation du futur soit absente conduit cliniquement, parmi d'autres choses, à l'utilisation de la bande-annonce.

Quel type d'abord thérapeutique, autre que l'hypnose, peut susciter autant d'attente ? Quel autre se rapproche autant de la baguette magique dans l'imaginaire populaire ? Ce ne sont ni les shows télévisés, ni son entrée dans les blocs opératoires, largement relayée dans les médias, qui changeront cette image, et encore moins le désir d'y croire face au mix "Helpless/Hopeless"[38] où s'enferment certains patients.

On en arrive à la différence dans nos introductions entre "encadrer" et **"recadrer"**.

Un grand pouvoir donne de grandes responsabilités, et combien de recadrages sur ces points, ressemblent plus à une reprise en main de l'opérateur sur la séance, qu'à

---

[37] D'après Joséphine Balken : « Mécanismes de l'hypnose Clinique », citant Franck et al. (1978).
[38] Incapable et sans espoir.

*Have space suit - will travel*

une proposition de changement de point de vue offerte au patient… Kirsch et Lynn ont montré que les peurs et les mythes font partie des plus grandes résistances, mais aussi des plus immédiates, si en plus on tente de perdre le rapport…

Sur ce plan, j'ai encore le souvenir d'un voyage à Londres où je m'étais rendu pour assister à une formation (sur l'Elman en l'occurrence), avec le Dr. John Butler et Sharon Waxkirsch. Derrière le desk de l'hôtel se trouvait une jeune femme, un peu plus de la vingtaine, blonde avec un léger accent et visiblement originaire de l'Europe de l'Est. Pendant l'enregistrement se passe le small talk habituel pour que les clients aient moins l'impression d'attendre, tandis que les données entrées sont rythmées par les bruits du clavier de l'ordinateur :

*- D'où venez-vous ?*
*- Je suis Français, cela doit s'entendre…*
*- C'est un très joli accent. Qu'est-ce qui vous amène à Londres ?*
*- Une formation professionnelle.*
*- Ah ? C'est bien que votre métier vous fasse voyager ! Quelle est votre profession ?*
*- Je suis hypnotiseur.*

La réaction fut instantanée : sa tête s'est tournée d'un coup vers le côté, en même temps que sa main lâchait le clavier pour lui cacher le visage :

*« NE ME REGARDEZ PAS DANS LES YEUX ! »*

J'ai précisé que c'était de l'hypnose médicale car j'étais chirurgien, je me suis tourné pour regarder l'autre bout de la salle et j'ai laissé ma femme finir l'enregistrement.

L'idée est donc bien d'écarter ces mythes et ces peurs. La voie la plus brève est de parler d'hypnose médicale, (« On est plus près de l'hypnose médicale » si vous n'êtes pas des professionnels de santé) ce qui en soi n'a pas vraiment de sens, mais y a-t-il quoi que ce soit de rationnel dans les peurs et les mythes ?

Par contre se priver de la puissance supposée de l'hypnose en expliquant que c'est comme de lire un livre ou de ne pas percevoir le temps qui passe est parfaitement contre-productif. Et c'est faux. (Là aussi, nous allons y revenir)

L'expérience même de ma découverte du Swan en tant qu'opérateur, fait que je le présente souvent comme un abord plus sûr, une découverte comme le petit bain dans une piscine, avec comme présupposé associé que, certains sujets partent parfois si loin et si vite, et ne sachant pas, pour cette première rencontre, si le patient en fait partie ; nous allons donc procéder avec une méthode telle que *« Vous verrez tout, vous entendrez tout, vous vous rappellerez de tout, vous contrôlerez tout. »*

Il est d'ailleurs tout à fait possible que ce soit le cas. Toute la séance c'est déjà beaucoup moins sûr.

Hormis cela, une des choses les plus simples, est donc de préciser que l'hypnose n'est pas surnaturelle, mais une amplification de nos capacités et la mise en lumière de certaines d'entre elles que nous ne connaissions pas, à l'aide d'une focalisation et d'une attention plus intense. Il ne reste souvent plus qu'à faire comme Erickson, c'est-à-dire leur demander comment ils imaginent l'hypnose et de l'utiliser.

L'hypnotisabilité varie avec l'idée que l'on s'en fait.

b) De l'opérateur :

Que voilà une zone régulièrement de trop haut survolée…

Peut-être que la force des magnétiseurs se trouve là, dans le cocktail rituel/attention/conviction. Si cela correspond aux besoins et aux "expectatives positives" du patient, il n'y a plus guère de surprises à attendre un certain succès. Pour mémoire, les placebos peuvent donner jusqu'à plus de 45% de réussite à 18 mois.

Que l'on soit fluidiste ou pas, il y a des leçons à en tirer. C'était déjà ce que laissait supposer Janet.

Nous rentrons dès lors de plain-pied dans les travaux de Robert Rosenthal[39]. Les attentes et croyances de l'opérateur (expectatives positives ou non) vont influencer le résultat. Vraisemblablement, en transférant consciemment (ou pas) des informations qui conditionnent les attentes des sujets ou patients. Et bien sûr, il y a de plus un renforcement mutuel (une communication circulaire). Au fur et à mesure des réponses, les attentes de l'opérateur seront renforcées ou infirmées, et les groupes suivants seront donc confrontés à des attentes différentes, impliquant des résultats différents qui à leur tour influencent l'opérateur, sur ses capacités ou celles des patients ou sur l'intérêt de la méthode employée.

Ainsi, un opérateur hésitant obtiendra moins de réponses idéomotrices, il en viendra à douter, ce qui amoindrira encore ses résultats, mais confirmera ses doutes jusqu'à l'arrêt de ses tentatives dans ce sens. Si en revanche il enchaîne de brillants succès – éventuellement parce qu'il croise d'excellents sujets, il sera bien plus convaincant après, obtiendra plus de réussites et fera dans cette relation bijective de larges progrès. Sur ce point, sur nos doutes en nos capacités, rappelons-nous qu'il est sain de douter la plupart du temps. Le doute non plus n'est pas un état, ce qui mènerait à l'échec (« je doute car je ne suis pas capable / je n'ai pas confiance en moi »), il n'est qu'un processus d'essais/erreurs qui peut mener à une pratique plus aboutie, *« Je doute parce que je suis responsable, ça me permet de progresser. »* au travers d'une curiosité toujours renouvelée.

---

[39] Robert Rosenthal : Le père de l'effet Pygmalion ; il est au cœur du phénomène des prophéties autoréalisatrices.

*Have space suit - will travel*

C'est sûrement là que se trouve – pour les hypnothérapeutes – l'intérêt de l'hypnose ludique. En permettant de s'exercer avec des contraintes effondrées (c'est un jeu, je ne fais pas payer, je n'ai pas d'obligation de résultat) et donc de sortir de sa zone de confort sans autre risque que de faire des gammes et de s'amuser en faisant découvrir l'hypnose et leurs capacités aux sujets. Ils amplifieront leur assertivité en matière d'hypnose et cela influencera positivement leur travail comme leurs sujets. En thérapie, l'hypnose n'est certes qu'une porte d'entrée, encore faut-il qu'elle soit ouverte et que la confiance des clients dans les capacités de leur hypnothérapeute soit assurée. Du côté des patients, on ne choisit pas l'hypnose au hasard. À nous, par notre maîtrise technique, de le respecter.

## 3 • L'ACTIVATION DU SUJET :

*« Si vous demandez à vos sujets de ne rien faire, prenez bien garde à ce que ce ne soit pas ce qu'ils fassent »,* nous prévient Irving Kirsch.

À moins de vouloir considérer qu'il existe une force, un fluide ou un pouvoir quelconque dévolu à l'opérateur, si vous leur demandez de ne rien faire, le pire, effectivement, serait que la suggestion passe et que cela se produise : Kirsch et les sociaux-cognitivistes pariaient sur un processus actif. Mieux que cela, l'hypnose est un état ACTIF. Avec l'arrivée de l'imagerie cérébrale, ce n'est même plus à démontrer…

Notre travail va donc être de rendre le plus possible notre sujet actif. Au-delà de la suggestibilité, il y a la collaboration, donc la qualité du lien et bien évidemment l'appropriation du résultat et sa pérennité. Pour cela, nous veillerons à stimuler son imagination. Plus nous l'activerons, plus nous la focaliserons et l'intensifierons (Transderivational Search), plus le vécu subjectif de l'hypnose semblera réel. L'activation d'une transe implique une imagination orientée vers un but (Goal Directed Fantasy) ; le plus efficace pour favoriser l'activité intrapsychique est de conduire le sujet explorer son imagination pour en déterminer le moyen nécessaire et de fait, approfondir l'absorption en soi (Cf. Norman Katz) le coupant ainsi des stimuli externes. Un retour au monoïdéisme en sorte.

Malgré des années d'expérience, je continue à m'émerveiller des prodiges d'imagination que les patients peuvent délivrer dans le but de réaliser une lévitation, une anesthésie de la main, ou des pieds collés. On est très loin de ballons d'hélium ou d'une simple paire d'aimants… Il est toujours bon d'associer à cette proposition, le fait que ce soit une tâche facile, que d'autres personnes aient très bien réussi à le faire, et qu'en même temps, ils découvriront des choses intéressantes pour eux-mêmes. On favorise toujours également une attitude positive et l'on propose un bénéfice car l'attention est fermement liée aux circuits de la récompense.

## 4 • LES CROYANCES :

Ce paragraphe va beaucoup tourner autour des travaux de Irving Kirsch et Steven Lynn, qui vont approfondir ceux de leurs prédécesseurs Barber, Spanos, Chaves et Gorassini. Ceux-là ont déjà pu mettre en évidence la valeur du cadre : le simple fait d'annoncer avant une expérimentation ce qui se fera dans le cadre de l'hypnose, augmente la suggestibilité de près de 20%.

Cela fait, une induction hypnotique (malheureusement il n'est pas précisé si des réponses idéomotrices étaient impliquées, mais le mot hypnose n'était pas prononcé) ne crée une augmentation de la suggestibilité que de 10%. Le cadre supposé crée plus de différence que la réalité. D'où mon décalage avec Bob Burns qui préfère ne pas parler d'hypnose, bien que cela puisse lui permettre de contourner certaines résistances. Pour l'immense majorité des sujets, le cadre hypnotique rend l'impossible possible. Une autre façon de tromper l'inhibition d'une partie du cortex antérieur. De facto c'est aussi ce qui est craint, mais en fonction des principes développés par Rosenthal, que l'opérateur organise l'amorce de la séance comme si elle pouvait rater, n'est pas la stratégie à retenir d'emblée…

La fille de la réception à Londres avait, elle aussi, des croyances clairement établies, mais il est bien difficile de savoir quelles influences elles pouvaient avoir sur sa suggestibilité. Comment traiter quelqu'un, même de très suggestible, si l'on ne peut pas l'approcher ?

Revenons à Kirsch & Lynn : prenons donc un certain nombre de sujets bien identifiés. Vingt étudiants. Testons-les de la façon la plus classique, jusqu'à ne retenir que les moins suggestibles. Mettons-les dans une pièce qui a été truquée. Des trappes sous les fauteuils s'ouvrent ou se ferment, sans aucun bruit et éclairent alors la pièce de différentes couleurs et parfois d'effets stroboscopiques. Décidément, être prof à Harvard offre des moyens. Il ne reste plus qu'à faire une induction de groupe à ces mauvais sujets, puis ceci fait, voir ce qui se passe quand on leur annonce qu'ils vont halluciner la pièce en rouge, puis en vert puis ne percevoir la pièce que par flashes ultrarapides (toutes choses simulées à l'aide des trappes et des commandes d'éclairage.)

Persuadés après ces "hallucinations" qu'ils sont d'excellents sujets, tous repassent les tests et explosent leurs résultats. Leurs croyances ont changé.

Mais ça n'est que maintenant que cela devient vraiment intéressant : nos étudiants sont prévenus du trucage. On leur montre les lumières, on fait tout fonctionner devant eux pour qu'ils revoient leurs "hallucinations". On ouvre et ferme les trappes qui ne font aucun bruit. Puis on leur refait passer les tests. Leurs nouveaux résultats se maintiennent, ils sont tous restés d'excellents sujets.

*Have space suit - will travel*

On les rappelle cinq ans plus tard, une bonne partie reviennent, sont testés et conservent leurs excellents résultats. Kirsch renouvellera l'expérience avec succès, quand d'autres, obtiendrons des résultats plus mitigés[40], notamment dès que l'on quitte l'idéomoteur ; comme si les sujets semblaient capables d'accéder à une perte d'agentivité (cela se passe, mais ce n'est pas moi qui fait) sans pouvoir atteindre un stade véritablement involontaire, et qui surmonte les automatismes les plus ancrés comme le dépassement du **stroop effect**[41] (à ce stade, on pourra parler de somnambulisme et d'incapacité à ne pas répondre aux suggestions les plus exigeantes, même en essayant de s'y opposer) .

Stratégiquement, il faut donc viser des réponses indéniables. Même discrètes. Les réponses idéomotrices sont les plus faciles à obtenir. Il faut préparer leur annonce, comme une prophétie. Il faut croire en vous, croire que cela va se passer. Il faut croire en votre sujet. Et ratifier quand le moindre mouvement annoncé se produit.

Tout cela, le Swan le fait. Pour un bon nombre des membres d'un groupe spécifique au Swan, le taux de réponses positives (sans vouloir parler de succès thérapeutique, mais simplement du mouvement d'un doigt ou de la main) se situe entre 95 % et plus.

Tous ces éléments doivent clairement transparaître en fond dans le discours pré-hypnotique du Swan. Dans ce cadre, on peut, si nécessaire, avoir recours à une forme de suggestion quasi paradoxale pour obtenir cette activation.

*« Regardez votre main, vos doigts ; ce qui serait intéressant, c'est que vous imaginiez qu'ils bougent, que vous l'imaginiez, mais pas que vous le vouliez. Qu'ils bougent tout seuls et automatiquement. »*

En même temps que l'ensemble de tous ces éléments, de l'utilisation des neurones miroirs, de l'assertivité de l'opérateur et de sa confiance dans son sujet, viendront se greffer une touche de confusion, une intense dissociation et une charge émotionnelle, propres à une déconnexion du cortex antérieur et de son versant critique, pour entamer une transe plus profonde, plus stable et de se diriger vers – généralement – une "Parts Therapy". Il y a encore d'autres choses qui peuvent favoriser ce genre de résultats. Certaines pourraient même les amplifier, mais nous y viendrons plus tard.

Un éléphant se mange bouchée après bouchée.

You have your space suit. Go travel !

---

[40]  Michael Lifshitz : Using suggestion to modulate automatic process. 2013.
[41]  Stroop effect : https://linote.fr/blog/test-de-stroop/.

# 9

# ROBERTO, MIO PALMO !

Cialdini. Il est parfaitement impossible de parler de suggestion sans parler de Robert Cialdini[42].

Pour commencer, je vais définir dans notre cadre la différence entre suggestion et influence, sachant qu'évidemment en de nombreux points les deux se recouvrent. Si l'on considère que, parfois l'éventail de choix possibles est très restreint, (il n'y a, par exemple, que du vin rouge ou du vin blanc), ou que certaines suggestions sont "ouvertes", (un doigt va bouger quand il y en a dix) ou que trop de choix tue le choix (il y en a trop, je ne sais pas quoi choisir, du coup je ne prends rien) cela devient un peu moins simple : l'excès conduit à tout refuser.

Présenté différemment, on peut considérer que l'influence est le pendant, côté opérateur, de la suggestibilité du sujet. Donc, de la même façon qu'on doit s'intéresser à ce qui fait varier la suggestibilité, allons voir ce qui fait varier notre influence.

Avant d'aller plus loin, je vais quand même vous exposer une des études récentes de Robert Beno Cialdini. Avec la constante présence du net, il devenait intéressant de voir ce qui pouvait avoir, sans l'ombre d'un contact humain, de l'influence sur nos comportements et par rebond, nous faire percevoir à quel point nous y sommes sensibles.

Généralement, ces études portent sur des comportements d'achats, en premier parce que quelqu'un sera d'accord pour les payer et ensuite parce que cela fait vendre des bouquins. Avec internet, on est en plein dedans.

L'étude est extraite de « Pre-suasion » (2016). L'équipe de Cialdini a d'abord créé deux faux magasins en ligne. L'un vendait des canapés, l'autre du vin. Il n'y avait que deux lignes différentes de canapés : luxe et confort et un peu plus pour les vins qui étaient, eux, classés par nationalité : France, Italie, Australie, Californie, Chili etc. L'idée était de ne faire rentrer qu'une seule variable sur chacun des sites comme la

---

[42] Robert Cialdini : Auteur d'ouvrages sur l'influence, dont "Influence et manipulation" : 1984.

musique de fond pour les vins, le fond d'écran pour les canapés.

Que croyez-vous qu'il arriva ? Rappelez-vous que nous parlons d'influence et non de suggestion… Jusqu'à quel point l'être humain moderne est-il sensible à l'influence ? Partez du principe que si vous lisez ce livre, même en format papier, vous êtes un être humain moderne car vous l'avez acheté sur Internet.

Eh bien pour les canapés, quand le fond d'écran était constitué d'un ciel bleu clair, animé de jolis petits nuages cotonneux, les ventes glissaient à chaque fois vers les lignes Confort. Pour ce qui est de la cave virtuelle, quand la musique de fond changeait pour qu'on entende de la chanson française, les ventes de vins français partaient à la hausse. En cas de diffusion de chansons italiennes, c'étaient les vins italiens qui en bénéficiaient. Pas de promos alléchantes, pas de jolies et séduisantes vendeuses, pas d'épaisses moquettes ni de conseils soigneusement individualisés ; aucunes promotion, ou de crédit à 0%… Un peu de musique qu'on entend à peine, un fond d'écran auquel on ne pense pas faire attention. Rien qui puisse laisser penser qu'on guide nos choix.

Nous sommes des boules de cire sous influence !

Robert Cialdini aurait passé trois ans "undercover" comme simple employé, successivement dans le télémarketing, la vente en porte à porte, la vente de voiture d'occasion et le caritatif. Il est probable qu'il avait déjà une idée de ce qu'il allait écrire, mais trois ans sur le terrain laissent aussi du temps pour faire une foule de recherches quand vous savez ce que vous cherchez. Partant de là, il en a décliné six grands principes :

- Autorité
- Engagement et congruence
- Réciprocité
- Appréciation
- Preuve sociale
- Rareté.

Il y en a un septième, développé dans « Pré-suasion » : **Unity**, qui est plus indirect et sur lequel je reviendrai séparément.

Sur ces sept principes, dans un cadre thérapeutique, certains ne sont pas très intéressants pour nous, comme la réciprocité (encore que…) ou la rareté. Que nos rendez-vous soient difficiles à obtenir et donc rares, peut plutôt participer au fait qu'une certaine **"Autorité"** nous soit conférée, ou que cela intervienne dans l'équation en tant que **"Preuve sociale"**. Éventuellement, cela peut justifier un tarif élevé, mais avec la possibilité que le patient préfère aller voir ailleurs.

Nous allons donc plutôt nous attarder sur les quatre qui reviennent le plus naturellement s'inscrire dans notre pratique.

*Roberto, mio palmo !*

## L'AUTORITÉ :

Il ne s'agit pas, dans nos cabinets, de porter un uniforme ou de disposer d'un sifflet. Ce premier élément doit se comprendre pour nous, au sens de "Quelqu'un faisant autorité". Ne croyez pas que ce soit un hasard si mon titre apparaît sur la couverture. De la même façon, pour un titre officiel, celui de chirurgien-dentiste sonne bien mieux avec "chirurgien", que sans. Mais avec ou sans, je serais tout à fait considéré comme légitime si le chapitre de la douleur est abordé. On me prêtera l'oreille. On m'écoutera avec attention. On pourra présupposer que je travaille avec ça quotidiennement depuis quarante ans.

Prenez Erickson. "Le" Dr. Milton Erickson. Psychiatre. *The Wizard of Arizona.* Vous lui êtes adressé par votre médecin. Nous sommes dans les années 50 à 60. Il vous reçoit chez lui, éventuellement habillé en mauve. Ses gosses traversent la salle d'attente… Et c'est un infirme… Peut-être que ce jour-là, il a une cravate à lacet, tenue par un médaillon indien en nacre orné d'une turquoise. Pour sûr que ce type est un sorcier ! Il ne doit être qu'à moitié Docteur.

Confusion et Autorité. Est-ce que les suggestions du Dr. Milton Erickson, Arizona, passeront mieux que les miennes ? Évidemment. On trouve même dans les Collected Papers, un parfait exemple des croyances autour d'Erickson (comme elles auraient pu être appliquées à bien d'autres choses) d'un médecin, qui n'avait jamais réussi à expérimenter l'hypnose et qui partit en transe avec une facilité dérisoire quand Erickson l'hypnotisa : « *Car avec vous, je savais que cela marcherait !* »

Prenons Roustang[43]

Croyez-vous qu'on allait voir François Roustang comme on serait venu me voir moi ? Un chauve, ancien jésuite, si silencieux qu'il en semblait presque muet…

Puisque nous parlons de "Pre-suasion", de l'influence qui s'installe avant même que l'on discute, mais aussi des croyances et des attentes chez les sujets… Quelles pouvaient-elles bien être, au moment de s'asseoir face à la "Perceptude" ?

Il s'agit donc, quand on parle d'autorité dans ce cadre, d'un statut ou d'une forme de reconnaissance, dans un domaine où s'exerce cette influence.

Présenté comme cela, ça a même l'air raisonnable. Ce qui l'est moins, le détail qui fausse un peu cette idée, c'est que « *l'Être humain est irrationnel de façon prévisible et reproductible* » : Daniel Kahneman[44], bien que psychologue, a reçu un Prix Nobel d'Économie pour avoir démontré cela.

---

[43] François Roustang : Longtemps jésuite, psychanalyste à 43 ans, rompt avec Lacan et bascule vers l'hypnose à 63 ans. Une des postures de référence, bien que particulière.

[44] Daniel Kahneman : Psychologue, professeur à l'université de Princeton, prix Nobel d'économie en 2002 pour ses travaux fondateurs des bases de la finance comportementale.

*L'Hypnose au bout des doigts*

Ce qui ironiquement fait de ce contre-exemple un argument d'autorité.

Mais il y en a d'autres plus amusants : comme le choix de qui peut être engagé pour incarner une publicité. Si, par exemple, c'est pour consommer du café et vous dire que c'est bon pour la santé, un docteur serait une bonne idée. Si c'est un docteur très connu dont tout le monde est familier, c'est encore mieux. S'il est très connu parce que c'est un acteur qui depuis trente ans joue le rôle d'un docteur dans une série télévisée... Eh bien, ça marche quand même !

Des boules de cire sous influence, farcies de biais !

Moins abordée en hypnose, ou presque uniquement en spectacle, il y a l'incarnation de cette autorité. "Be the Hypnotist". Et ce n'est pas parce qu'une partie des instituts Milton Erickson, jusqu'à il n'y a pas si longtemps, auraient aimé s'en débarrasser, que la statue du Commandeur a perdu tous ses effets.

Nous avons déjà abordé le non verbal, il existe tout au long de la thérapie. D'avant l'induction jusqu'à après la fin de la dernière séance, quand pour la dernière fois, la porte se ferme sur le départ du patient et que s'éloigne le bruit de ses pas. C'est peut-être dans cette zone grise, que l'actuelle hypnose ericksonienne devrait revenir sur les siens et ne pas totalement oublier comment pratiquaient Pierre Janet, le marquis de Puységur ou "Le bon Docteur" Ambroise Auguste Liébeault...

Regardez les vidéos d'Erickson. Il incarne cette autorité. Il n'élève pas la voix, ne tire pas sur les bras pour en faire des chocs ou des ruptures de pattern. Il va quand même se saisir des chevilles d'une jeune fille pour écarter ses jambes, donner des prénoms aux seins d'une femme mariée, faire se mettre nue – devant son épouse qu'il a fait entrer pour assister à la séance – une patiente à qui il fait se toucher toutes les parties de son corps... (Au XXI$^{ème}$ siècle, je déconseille formellement à qui que ce soit de faire ce genre de choses. Je ne suis pas sûr des dates – ça se retrouve – mais même sans son infirmité, la scène vue de nos jours serait hallucinante !) C'est parfois filmé, et sinon retranscrit dans des articles publiés. Vous pouvez imaginer la maîtrise absolue de son Non verbal, comme l'incroyable assertivité dont il faisait preuve pour pouvoir proposer cela. Et au-delà de la compliance, que ce soit suivi d'effets, ce qui est une tout autre affaire.

C'est aussi cette expression de son "autorité" qui fait qu'il n'a pas besoin d'en rajouter. Un de ses enfants a d'ailleurs fini par lui demander comment il était possible que tous ces gens fassent ces choses incroyables qu'il leur demandait.

*Roberto, mio palmo !*

Sa réponse ne tenait qu'en quelques mots :

*« Because they know I mean it. »*

Il n'y a malheureusement pas de traduction facile ou simple à cette phrase, en français. La traduction de "mean" prend un sens particulier si on l'assimile au sens large à "Signifier…"comme on signifie un renvoi, ce qui implique une position d'autorité. Hormis cela, la traduction pourrait donner quelque chose comme :

*"Parce qu'ils savent que c'est ce que j'attends"*

En dehors de ces toutes dernières années, on a non seulement oublié toute une partie classique de la pratique d'Erickson, mais on l'a escamotée[45]. Cela me fait penser à ces très anciennes cartes, là où se trouvaient d'immenses zones inconnues, inexplorées, où il n'y avait rien de dessiné, ni rivières ni montagnes, et était juste mentionné :

*« Ici, vivent des dragons. »*

On a très maladroitement fait de la position basse un dogme, quand elle n'est qu'une alternative, une stratégie. L'hypnose d'urgence, par exemple, implique une position haute, des instructions directes. Notre posture, dans l'instant, nous demande parfois d'être des garde-fous. Et même quand tout est plus fluide, sans crises, regardez Erickson, regardez ce maître des Échecs, qui en souriant et avec ses deux ou trois coups d'avance, fait découvrir ce jeu dont il définit les règles, à celui ou celle qu'il reçoit. Il le fait très gentiment, au rythme de l'autre, de la façon la plus simple qu'il puisse imaginer, la plus adaptée à son patient, et certes sans manifester d'autorité, mais d'évidence parce qu'il n'en a pas le besoin.

Il est le Dr. Erickson. Il est le Sorcier de l'Arizona. Aucun de nous ne l'est, aucun de nous ne le sera. Fair enough… Mais dans ce cas, à nous de faire preuve de cette assertivité, en tous cas suffisamment pour qu'elle soit perçue. À nous de maîtriser assez finement notre technique et notre non verbal pour les laisser exprimer et cette autorité, et une bienveillance inconditionnelle, mêlées d'une attention totale, pour que notre influence fasse s'épanouir leur suggestibilité.

Cela passe clairement par beaucoup de pratique et d'expérience, tout comme un

---

[45] C'est loin d'être un des plus intéressants, mais lire "The practical application of Medical and Dental Hypnosis", écrit par Erickson, Hersman et Secter, comme le recommandait il y a déjà longtemps, Dominique Megglé ne serait pas une si mauvaise idée.

probable travail sur soi. Cela sera plus facile pour certains, moins pour d'autres, exigeant pour tous. Cette espèce de conviction interne, d'assurance personnelle projetée, sera toujours plus efficace en matière de statut et de reconnaissance, que tous les rassurants certificats de Maître Praticien en hypnose Ericksonienne.

C'est éventuellement là que se cache la véritable raison de ces inductions fulgurantes qu'on voit sur nombre de vidéos : la rencontre des croyances d'un sujet avec la conviction chez son opérateur que ce qu'il demande sera suivi d'effets.

*« Because they know I mean it ».*

## ENGAGEMENT ET COHÉRENCE :

C'est un des points les plus intéressants qu'on va pouvoir introduire dans notre pratique. Mais pas forcément un des mieux compris ou correctement employé.

L'engagement, aux yeux de Cialdini est une prise de position. Pour avoir une certaine valeur elle doit s'accompagner d'un acte, même minime. Plus l'acte est contraignant, plus cet engagement a de la valeur. Plus cette prise de position est publique, plus elle sera forte. Ce peut être une annonce à caractère identitaire ou l'adoption d'un nouveau comportement. Ainsi, l'arrêt du tabac peut s'accompagner de l'un comme de l'autre : « J'arrête de fumer », c'est un nouveau comportement ; « Je suis non-fumeur », une déclaration identitaire. Les deux pourront s'accompagner d'un même acte, légèrement théâtral, qui consiste à broyer ce qu'il reste du paquet de cigarettes et à le lancer avec une certaine brutalité, ou tout au moins avec conviction, dans une poubelle. Le lanceur pourra n'être que le seul spectateur, et de nouveau cela prendra plus de valeur s'il y a du public.

L'avantage de se déclarer non-fumeur, (Identité) c'est qu'il nous est tout à fait possible d'être un non-fumeur en manque (Ne me demandez pas comment je le sais) et d'accepter patiemment que l'assuétude disparaisse. Dans l'autre cas, on reste un fumeur sans cigarette, aussi longtemps que le manque est là. Et peut-être même après.

C'est peut-être en partie sur cette notion d'engagement que fonctionne le **"Pont vers le futur"**, et en fonction des niveaux de Dilts qu'il est plus facile d'être congruent une fois atteint un niveau identitaire, que simplement comportemental.

Petit rappel pour définir cette fameuse congruence : c'est le fait que nos actes ou nos comportements soient en accord avec notre identité et nos déclarations ; qu'ils la reflètent et l'incarnent. Souvent, les incongruences réelles sont difficiles à supporter, et entraînent facilement une sensation de malaise qu'on aura tendance à faire disparaitre, en réalignant nos comportements bien plus facilement qu'en revenant sur nos déclarations, notre image sociale ou notre identité.

*Roberto, mio palmo !*

Nous allons voir la différence avec le **"Yes set"**, présenté comme de l'engagement, quand trop souvent, c'est juste une forme de compliance de faible niveau. Avec les truismes, on est même probablement encore en dessous. Un truisme n'a de valeur que s'il peut conduire à une ratification qui permette un décalage d'un état à un autre. Sinon, que peut valoir une phrase comme :

*« Vos pieds touchent le sol, vos mains sont posées sur vos cuisses, votre dos s'appuie sur le dossier de la chaise. »* ?

Je doute même que cela fasse intérioriser des "Oui". Un dialogue intérieur sur le fait que ça n'a pas commencé ? De l'ennui peut-être ? En tous cas, sûrement pas un sujet actif.

Si à l'opposé de cela on désire obtenir cinq choses en même temps : de l'engagement, un sujet actif, un contournement de résistances, la mise en place d'une bonne qualité de rapport et, sans même que le patient s'en rende compte, une transe légère, le tout favorisant une hausse de la suggestibilité (pour peu que vous n'ayez pas encore perçu quelles sont mes marottes…) il y a une procédure pour cela : appelons la "EXIT".

De ce que nous ont enseigné les socio-cognitivistes (Spanos / Gorassini / Kirsch etc.) les trois choses limitant le plus l'accès à la transe sont les mythes qui l'entourent, la peur, et la passivité du sujet.

Dans les éléments qui favorisent la suggestibilité, nous retrouvons l'autorité (que ce soit être l'autorité ou, faire autorité) l'engagement, et l'appréciation (la qualité de la relation). Nous allons donc en tout premier nous occuper de la peur et des mythes, ce qui nous offrira tout le reste en cascade. Pour diminuer la peur et vivre cette expérience nous allons proposer de lui en restituer le contrôle. Pour obtenir ce contrôle le patient va devoir suivre nos instructions (Yes set/engagement) et pour ce faire être actif, mais également accepter une forme d'autorité que nous rendrons la plus discrète possible.

Du fait de l'attention que nous allons lui porter et de cette liberté offerte, ne serait-ce que par réciprocité, nous obtiendrons une qualité de rapport et une appréciation qui viendront s'ajouter au reste.

La voie d'abord est toute simple et inclut un présupposé, l'exécution l'est encore plus :
*« Ce qui m'importe surtout, c'est que cette découverte de l'hypnose soit pour vous tout à fait agréable. On sait que certains patients partent lentement, à leur rythme, et que d'autres partent très facilement, très loin presque à toute vitesse, mais nous ne savons pas*

*encore quel est votre cas… Ce qui m'importe donc c'est que, quoi qu'il se passe, vous puissiez sortir d'hypnose à volonté sans me demander quoi que ce soit s'il vous en prend l'envie ou que vous estimez cela nécessaire. Pour vous approprier les bénéfices de la séance, il faut non seulement que je vous accompagne et que vous soyez comme libre, autonome… C'est ok pour vous ? »*

Jamais personne ne m'a répondu non, et c'est une occasion facile de récupérer un oui…

Je mime alors un instant de réflexion ; le visage un peu de côté, le regard fixe et dans le vide, légèrement vers le haut, comme si je réfléchissais à la façon dont j'allais m'y prendre… C'est juste quelques secondes où, puisqu'on m'attend, j'ai le lead[46] sur ce qui se passe. Il ne me reste qu'à poser une question désarmante sur un ton léger, avec un demi sourire, pour le conserver tout en créant une forme de proximité et de la relation.

*- « Êtes-vous déjà allé au cinéma ? »*

Évidemment la réponse est oui. Au moins, avec cette question nous sommes sûrs de ne pas créer d'incompétence.

Si l'on considère que, parmi d'autres choses, on puisse définir l'hypnose par "une focalisation de l'attention" – et dans ce cas, on est tout à fait sur la notion de monoïdéisme de Braid – on pourrait la préciser en disant qu'elle doit être non seulement interne, mais de plus, si on l'alimente de questions, cette "transderivational search", cette quête, devra être poussée jusqu'à immerger suffisamment le patient, pour que la transe émerge et que soient inhibées les stimulations de l'extérieur.

En l'occurrence nous allons donc demander à notre sujet, morceaux par morceaux, blocs par blocs, détails par détails, d'imaginer une salle de cinéma qui, en fonction de nos questions successives et de ses réponses, sera grande ou petite, où il sera seul ou accompagné et dans laquelle on va continuer de l'immerger :

*« L'imaginez-vous mieux les yeux ouverts ou les yeux fermés ? »*

Puis de nouveau procéder par questions, en répétant la réponse comme une ratification et le conduire à toujours donner de plus en plus de détails : si c'est éclairé ou semi obscur, s'il y a du bruit ou pas, si les fauteuils sont confortables et de quelle couleur, et ainsi de suite jusqu'à saturation. Une fois tout cela créé, nous pourrons lui

---

[46] Le "Lead" est la direction de la séance, elle-même toujours stratégiquement menée sur 3 temps : Rejoindre, Accompagner, Conduire.

*Roberto, mio palmo !*

demander s'il s'y sent bien, dans quelle partie de la salle il se trouve, etc. et le conduire à toujours se fournir un peu plus de réalité, un peu plus d'engagement, un peu plus de réponses à l'autorité tout en le maintenant actif. Tout cela avec quelque chose qu'il trouve facile et qu'il fait correctement.

Il ne reste plus qu'à lui fournir ce fameux contrôle. C'est la dernière pièce du puzzle : un sujet suggestible sera déjà quasiment en transe.
- *"Où êtes-vous installé par rapport à la sortie de secours ? "*
- *"Comment est-elle signalée ? Parfois ce n'est qu'une boite lumineuse avec le mot EXIT, ou un petit bonhomme vert en train de marcher. Pouvez-vous me la décrire ? "*

Toutes les questions sont maintenant déclinées au présent de l'indicatif, ce qui en soit est déjà un présupposé et une suggestion.
- *"Et chaque fois que vous en aurez besoin ou en fin de séance, si vous désirez sortir de transe, tout ce que vous aurez à faire, même sans me demander mon avis, sera de vous lever de ce fauteuil, de passer dans l'allée de la salle pour vous diriger vers cette porte. Juste au moment de l'utiliser, de prononcer le mot EXIT dans votre tête, de la pousser et une fois dehors, de prendre une grande inspiration, de rouvrir les yeux et revenir ici et maintenant. C'est ok pour vous ? Pouvez-vous le faire maintenant ? Vérifiez que vous contrôlez cette séance."*

"EXIT" n'est pas quelque chose que j'utilise si souvent. C'est évidemment plus lié à l'anxiété avec laquelle arrive le patient et c'est aussi une entrée facile vers l'Elman, où mon patient reste installé dans son fauteuil de cinéma, et où je parle de "l'écran de ses paupières".

Même chose pour les doubles dissociations puisque du coup l'écran est fourni, et parfois pour la douleur où cette salle de projection s'apparente facilement à une Safe place.

De toute façon, je ne puis que vous recommander de vous intéresser à toutes les techniques de questionnement, de l'entretien motivationnel au Clean language et plus encore à l'art des présupposés. Avec la maitrise du rapport, cela devrait être une des briques de base de toute formation.

Voilà pour ce qu'il en est du Yes Set… ;) Passons à la suite maintenant.

Dans la prochaine vidéo, on pourra voir un passage où le sujet est conduit dans une séquence d'acquiescement verbal ou non verbal à dix-sept reprises. Cela ressemble tout à fait à une conversation classique ; est mêlée à cela une jolie masse de suggestions, mais c'est la mise en place du lien, (l'accordage, même si le mot me hérisse) et la synchronisation qui sont installés en même temps que la prise de lead. Et cela, avec un sujet actif, curieux et enjoué, dont l'envie que cela commence est clairement affichée. Pas un sac de sable qui attend que cela commence.

Je vais tout d'abord en revenir à une des nombreuses expériences réalisées en matière d'engagement.

En 1943, les problèmes d'approvisionnement et de santé publique aux USA font qu'il serait nécessaire de modifier certaines habitudes alimentaires au sein de la population générale, avec plus d'apport protéique, de jus d'orange et d'huile de foie de morue pour les enfants. Des réunions sont organisées auprès des mères de famille – ce sont elles qui font les courses – pour exposer ces nécessités et comment y répondre notamment financièrement. Et plus précisément, leur attention est orientée vers le lait en poudre et les bas morceaux qui ont les mêmes valeurs nutritionnelles que les morceaux nobles et le lait en bouteille qu'on leur livre le matin. Les explications sont simples, l'exposé est clair, on répond à toutes les questions que certaines mères de famille posent et à quatre semaines on évalue le résultat.

On est à peine à 15%. On confie donc à Kurt Lewin[47] la responsabilité d'intégrer une stratégie conduisant à des pourcentages plus élevés. Il va utiliser pour cela une procédure d'engagement et une de renforcement.

Lewin va tout d'abord réunir les ménagères en plus petits groupes et les laisser discuter du problème entre elles, tandis qu'un accompagnant donnait uniquement les informations techniques.

À la fin de la réunion, il était simplement demandé que celles qui envisageaient d'essayer ces changements le signalent en levant la main. Les volontaires signaient ensuite un formulaire pour que l'on puisse les recontacter et évaluer leurs retours. À quatre semaines, on atteignait maintenant presque 65%.

On notera surtout la grande liberté laissée aux ménagères qui garantit leur forte implication, puis l'expression publique de leur participation, avant le verrouillage symbolique par la signature, même si elle n'est pas liée à l'acte en lui-même, mais plutôt à la participation à une démarche d'ensemble.

Rapportée à notre cadre et à l'hypnose, nous pourrons déjà retenir le fait que c'est une démarche active, effectuée librement ; qu'elle se termine par une déclaration publique quant à un changement de comportement et que ce changement est stable dans le temps. Le Swan incorpore tous ces éléments, qui font partie intégrante de sa structure et des points de passage de sa réalisation. Rassurez-vous, ce n'est pas toujours suffisant. ;)

---

[47] Kurt Lewin : Un des pères de la psychologie sociale.

*Roberto, mio palmo !*

## L'APPRÉCIATION :

Rien de très surprenant quant au fait d'être influencé par les gens qu'on apprécie.

Ou que l'on accepte de leur part des choses qu'on n'accepterait pas d'autres personnes. C'est même un des éléments de mesure les plus fiables de l'amitié.

L'appréciation ne se limite pas pour autant au groupe de nos amis et correspond à des cercles plus larges. Dans les faits, en quoi ce "Liking" (désignation originelle de Cialdini) nous importe ? Notre profession n'a rien d'une réunion Tupperware[48], où une certaine intimité est établie entre les parties prenantes depuis des lustres, avec la confiance qui l'accompagne.

Dans notre cadre professionnel, nous n'avons que très peu de temps pour obtenir une "appréciation" de qualité et paraître suffisamment sympathique pour qu'elle nous aide. Que ce soit cette **"appréciation"** qui facilite l'établissement du lien, ou à l'inverse son établissement qui conduit à cette "appréciation", est presque une question rhétorique. Un peu comme de savoir si cela contribue plus à l'influence qu'à la suggestibilité.

Ajoutons à cela, une particularité propre à l'hypnose, qu'est son faible nombre de séances comparé à d'autres thérapies. Si l'on tient compte de ce que nos patients déposent parfois sur notre bureau, les moments favorables à la création d'un lien interpersonnel, hors cadre thérapeutique strict, peuvent même être relégués aux dernières minutes de la consultation, juste avant que la personne ne parte.

En revanche, il en faut moins que ça parfois, pour décider de ne rien acheter à une vendeuse désagréable.

L'image historique de l'hypnose est, en soi, un argument à double tranchant : sa puissance supposée, le pouvoir conféré à l'opérateur, cette immédiateté que laissent présupposer les spectacles, conduisent à un besoin de contrôle ou tout au moins, de sécurité. Or, c'est pour abandonner notre contrôle sur nous-même et le confier à quelqu'un que l'on va voir un hypnotiseur : pour qu'il fasse sur nous ce que nous n'arrivons pas à faire seuls.

Jusqu'à quel niveau de confiance ou d'appréciation devons-nous pousser le curseur pour que la magie puisse opérer ?

Il n'est donc pas surprenant que l'installation de ce "rapport", et sous les plus brefs délais, ait été aussi étudiée.

Pour en revenir à la dénomination que Cialdini donne à cela, c'est le mot "Like" qui est utilisé. Mot qui pour les anglo-saxons peut avoir deux sens : cette

---

[48] Les ventes aux réunions Tupperware est l'exemple généralement donné pour illustrer l'utilisation de la proximité affective dans le marketing.

*L'Hypnose au bout des doigts*

"appréciation" dont nous parlons jusqu'ici, et que Facebook traduit par des pouces en dessous d'un message, d'une photo ou d'une proposition.

La ressemblance, la proximité ; le "je suis comme toi !", ce qui est assez près de ce que Cialdini décline comme le septième élément qui puisse favoriser l'influence : Unity.

Un conseil, amusez-vous à trouver où cela se situe dans la pyramide de Dilts et voyez quelles conclusions en tirer…

Avant d'en venir à des "comment" et aux "pourquoi", je vais (rapidement) illustrer ce double sens de "like" avec un cas qui s'est produit dans une formation que je donnais. Parmi les opérateurs que j'aimerais voir beaucoup plus souvent travailler, se trouve Nicolas Dritsch. Après quasiment un double cursus en dentisterie et psychologie, Nicolas s'est attaqué à l'entretien motivationnel et la Systémique, à laquelle il s'est formé, ainsi qu'en hypnose auprès de Jacques Antoine Malarewicz. Il a ensuite prolongé sa formation à Clinic-All[49] tout en participant à l'encadrement, avant de s'engager récemment dans l'obtention d'un master en santé publique.

Comme dans beaucoup de formations, un des stagiaires avait le sentiment de ne jamais avoir véritablement expérimenté l'hypnose. Nous sommes le dernier jour, le 9ème, peut-être même au dernier exercice. Maria est mère de deux enfants et elle n'exerce que dans un cadre pédiatrique. Elle s'ouvre à Nicolas de ce regret, teinté de frustration.

> **Nicolas :**
> - « Pour moi le terme "résistance" est connoté, je préfère imaginer que c'est d'abord une histoire de confiance de la personne en l'opérateur, en elle-même, dans le contexte… »
>
> Partant de ce principe, on va axer l'anamnèse sur ces différents aspects : soigner encore plus l'exploration du monde de l'autre, et ensuite, questionner la personne sur ses hypothétiques expériences d'hypnose précédentes. Les réponses sont généralement de 2 ordres :

---

[49]  Clinic-All : Institut de formation de très haut niveau pour chirurgien-dentiste, à Lyon.

- « **Je ne veux pas** » : savoir si c'est lié au moment, au lieu, à l'opérateur, à l'état émotionnel, etc.

- « **Je ne sais pas** » : souvent il y a un cercle vicieux du type "On a essayé sur moi et ça n'a pas marché, comme l'opérateur est top ou que ça l'a fait avec plusieurs c'est que c'est moi qui ai un problème."

C'était le cas avec Maria.

La première chose à faire était d'enlever tout enjeu :

« *On peut essayer à nouveau si tu le souhaites. Si ça marche, c'est bien, si ça ne marche pas, c'est bien.* » (Très "Burns" comme démarche d'ailleurs).

Puis sans s'y attarder, demander ce qui, selon elle, n'a pas fonctionné et ensuite, ce que serait, toujours pour elle, une expérience hypnotique réussie. Donner une valeur sur une échelle de 0 à 10 (si 0 est un état de conscience habituel et 10 l'état hypnotique le plus profond) puis comparer avec ses expériences passées. Souvent ils donnent des chiffres entre 1 et 3. Il faut alors demander comment elle a réussi à passer de 1 à 3 (confiance en ses capacités, dans le contexte, l'opérateur…) et ce que ça lui a fait à l'intérieur.

C'est à ce moment qu'il m'a semblé opportun de commencer la séance "formelle". J'ai pris sa main en lui demandant de la fixer… et pendant ce temps je lui disais que peut-être que ça ferait des choses intéressantes pour elle si l'on passait de 3 à plus, ce qu'elle voulait, peu importe, et si ça lui évoquait un lieu ou toutes autres choses.

Ensuite, c'était du très classique. Comme souvent, il y a des histoires de confiance et de contrôle et j'en profite pour jouer là-dessus (faire confiance peut être une manière inattendue de garder le contrôle, surtout quand on décide de faire confiance à ceux qui le méritent et notamment soi-même…)

Elle était dans un repas de famille à table et des enfants jouaient sous la table.

Puis on a focalisé sur toutes les émotions qui émergeaient de ces jeux insouciants d'enfants, qu'est-ce que ça lui faisait d'être avec eux. C'est là où la notion de confiance est ressortie. Avec les enfants, elle se sentait en confiance.

Je me souviens lui avoir demandé si c'est parce que j'étais peut-être un grand enfant qu'elle acceptait que je l'accompagne plus profondément dans son imaginaire (Like). Elle avait souri. Et là, on a pu partir plus loin et travailler sur la notion de confiance, la peur d'être trahie ou jugée.

 Dr. Nicolas Dritsch

*L'Hypnose au bout des doigts*

On voit dans cette bribe de séance comment la similarité/proximité (Unity), l'appréciation (Like) interviennent et débloquent la situation, non seulement au niveau de l'induction, mais pour le reste de la séance. Comment le fait de plaisanter et même de se moquer de soi, en se rapprochant de ce qui permet à Maria de se sentir en confiance permet d'ouvrir la porte. En se présentant comme un enfant, est-ce que Nicolas ne lui a pas offert de reprendre dans leur relation le rôle qu'elle tient comme professionnelle mais aussi dans son cadre familial ? Fournir à l'enfant ce qu'il demande ? Et si oui, que restait-il à Maria comme choix si elle voulait rester cohérente avec ce qu'elle est et désire être ?

Le billard peut avoir plus de trois bandes.

On est surtout excessivement loin de "Be the Hypnotist". Et même s'il est difficile d'imaginer une façon plus douce et empathique de procéder, on baigne dans une stratégie d'influence que la position "basse", souvent mal comprise autorise. Avec 160 trillions de synapses à contourner, les résistances sont de loin le meilleur endroit pour créer du lien. Volontairement ou pas, consciemment ou non, c'est aussi là que nos patients nous testent.

Le tout premier à s'être vraiment intéressé à la qualité de ce lien, à sa description et sa mise en place, et à avoir centré non seulement de la relation, mais de la thérapie, est Carl Rogers[50].

Il le définit en 1980 : autant lui laisser également la décrire :

> *« C'est une des manières les plus délicates et les plus puissantes que nous ayons de nous utiliser nous-même. En dépit de tout ce qui a été dit ou écrit à ce sujet, c'est une manière d'être, rarement constatée dans une relation. »*
>
> *« Percevoir le cadre de référence interne de l'autre avec justesse et les significations et composants émotionnels qui s'y réfèrent, comme si on était l'autre personne mais sans jamais perdre la condition du comme si. »*

---

[50]   Carl Rogers : Psychologue. Fondateur dans les années 50 de la thérapie centrée sur le patient.

On ressent l'émotion de l'autre, sans la partager pour autant. S'y adjoint la bienveillance inconditionnelle avec laquelle on accueille l'autre. Le "reflet" n'est là que pour lui signaler qu'on l'a entendu, tout comme l'empathie doit être entendue comme une manière d'être et en aucun cas une technique. On laissera à nos neurones miroirs le soin de nous synchroniser, sans jamais en faire une mécanique. Il faut donc bien garder en tête que cela ne doit pas devenir un instrument de communication dirigé vers l'extérieur, mais un état interne qui va transparaître de différentes façons, à différents moments et avec le plus d'authenticité, parfois de sincérité et d'absence de retenue possible. Quitte à ce que cela devienne une expression personnelle et intime de l'opérateur se mettant au-delà de l'écoute, à nu à son tour, et permettre un lien et une communication interpersonnelle unique par son individualité et sa sincérité.

Mais revenons aux "comment" ; nous disserterons plus tard sur l'unicité de la posture qu'un tel engagement implique chez l'opérateur.

Historiquement, c'est à la PNL[51] que l'on doit la popularisation des techniques de synchronisation à base de **"Mirroring"**, qui vont des postures physiques à l'expression verbale comme non verbale. Il est difficile d'imaginer que justement la notion de "reflets" leur ait échappée et qu'ils ne l'aient pas poussée jusqu'à son terme. Par contre, on s'écarte de l'impératif de naturel qu'y mettait Rogers.

On a donc le mirroring qui est la reproduction de la gestuelle ; **le Parroting**, qui est la reprise des mots ou des phrases assez semblables aux reflets dans sa construction mais qui pousse la chose, jusqu'à imprégner les suggestions ou commentaires.

C'est là qu'intervient la notion maintenant désuète de **"Primary Access"**.

Une des bases historiques de la Programmation Neuro Linguistique est que nous disposerions tous d'un canal sensoriel préférentiel, et que nous nous exprimons en fonction de lui : un visuel verra ce qu'on dit, un auditif entendra surtout que nous ne sommes pas d'accord, un kinesthésique sentira un certain malaise autour de lui, les rares gustatifs n'auront pas le goût à faire certaines choses, et les olfactifs trouveront que la situation pue.

En employant dans notre expression verbale le même canal sensoriel que nos sujets, "nous favoriseront", et leur compréhension de notre communication et leur impression de similarité/proximité avec nous, donc l'émergence d'une certaine synchronisation. Dans le même ordre d'idée, puisque en changeant la carte on change le territoire, pour le patient douloureux qui s'exprimerait dans un langage "kinesthésique" le faire décrire la situation ou la lui exprimer sous une forme "visuelle"

---

[51]  P.N.L. : Programmation Neurolinguistique, outil d'accompagnement au changement, élaboré dans les années 1970  aux USA, par Richard Bandler et John Grinder.

devrait permettre une diminution de l'intensité des symptômes. C'est ce que l'on retrouve dans le « Monsters and Magical Sticks » de Steven Heller. À la relecture et avec le recul, il semble évident que les réussites sont bien plus dues à ses remarquables qualités relationnelles et non aux présupposés délivrés par ce fameux Primary Access et par la PNL. Ces techniques sont encore extrêmement répandues et tristement, continuent à être enseignées.

Pour ce qui est de la synchronisation par mimétisme, elle a évidemment été testée très rapidement dans de nombreux laboratoires de psychologie sociale ou de communication, avec des résultats très inégaux : cela allait d'une réussite complète (ce gars est bien plus sympa que les trois autres) à son contraire (ce type me met mal à l'aise, je ne sais pas pourquoi) et assez souvent également sans entraîner de différences notables.

On peut soupçonner différentes explications.

D'une part si on veut vraiment le faire, cela implique, sauf pour des opérateurs doués ou très entraînés, un éparpillement de l'attention. Ce qui est, en général, naturellement et instinctivement ressenti chez la plupart des mammifères humains.

Chez certains, un comportement anormal (au sens littéral du terme) peut très bien être perçu consciemment ou inconsciemment et entraîner, par réflexe, une forme de distance.

D'autre part, pour la plupart d'entre nous, pauvres mortels, s'exprimer très préférentiellement dans un seul registre comme si nous étions "auditifs" par exemple tient du tour de force. Il apparait donc que généralement, la synchronisation est quelque chose qui émerge instinctivement d'une relation quand elle est satisfaisante pour les participants, principalement au travers de la posture et du rythme, et non pas le contraire où elle pourrait la parasiter. Essayer de "poser" des suggestions uniquement sur l'expiration du sujet, en dehors du fait qu'il peut être impossible de voir quand certains patients inspirent ou expirent, cela peut tourner au glauque quand le regard de l'opérateur reste verrouillé sur certaines poitrines...

L'autre point - et pas le moindre - c'est que Richard Bandler[52] comme John Grinder[53] ont annoncé que le concept de "Primary Access" était abandonné depuis le début des années 80. Il est bien dommage que quarante ans plus tard ce soit encore enseigné comme un dogme dans bien des écoles de coaching, de marketing ou de communication.

Pour rester dans le domaine de la synchronisation, je vais donc revenir sur le mot "instinctivement". Pour la race humaine, composée exclusivement d'individus au

---

[52] At a meeting with Richard Bandler in Santa Cruz, California, on July 9, 1986, the [National Research Committee] influence subcommittee... was informed that PRS was no longer considered an important component of NLP.

*Roberto, mio palmo !*

fonctionnement grégaire, et chez qui le langage est apparu finalement assez tard ; cet adverbe ne va correspondre pour une bonne partie, qu'à des codes comportementaux extrêmement anciens, voire primitifs.

Nous sommes toujours ces mammifères mus par nos instincts et nos hormones.

Certes, notre survie ne dépend plus autant d'un petit groupe dont nous connaissons tous les individus, et elle n'est plus remise en question potentiellement à chaque heure qui passe. Mais les codes qui ont participé à cette survie sont encore là et encadrent maintenant encore à notre survie "sociale".

Il est assez facile de mettre en évidence ceux qui fonctionnent toujours dans la culture occidentale. Nous répondons à ces codes comme un ascenseur réagit à l'appui sur un bouton. On sait depuis Benjamin Libet[54] que la fameuse "première impression" se fait en moins d'un dixième de seconde. Les études qui ont suivi, non seulement reproduisent ou amplifient ces résultats, mais y ajoutent qu'au-delà de 4 minutes, nous ne cherchons plus que les éléments qui confirment cette impression… Je reviendrai plus complètement sur cela quand nous parlerons d'autres préalables à l'induction en matière de neurosciences.

En attendant, si nous devons chercher ce qui peut permettre de créer du lien et donc influencer les éléments de tout ordre qui pourraient limiter les résistances et/ou favoriser la suggestibilité, il faut encore se tourner vers les sciences sociales et les labos de psychologie qui ont largement traité le sujet. Si l'on cherche des déclencheurs qui soient pratiquement instantanés, ou même préalables à la prise de conscience du sujet, la liste se réduit d'autant plus qu'il faut qu'elle s'accorde à notre activité.

On en arrive à un acronyme tout simple, qui correspond assez bien au temps imparti pour cela : PRESTO. Ce n'est ni une baguette magique, ni un faisceau de techniques secrètes et ancestrales. Juste l'application de différents codes sociaux, dont l'efficacité s'est révélée statistiquement surprenante et la facilité d'utilisation enfantine.

### Le P de PRÉSENTATION :

La personnalisation est le premier pas vers le lien praticien/patient. Elle assure au second qu'il sort de l'anonymat, qu'il n'est plus le patient de 10h15, mais Jacqueline Martin et qu'elle est bien face au Dr. Miras, pas de son remplaçant ou bien de son

---

53   John Grinder has stated that a representational system diagnosis lasts about 30 seconds.
54   Benjamin Libet : Publie en 1983 ses travaux sur la conscience la prise de décision et le libre arbitre.

*L'Hypnose au bout des doigts*

collaborateur ; qu'elle ne s'est pas trompée d'heure ou de lieu, ni de soignant, toutes choses qui lui assurent un minimum de contrôle et d'identité dans un lieu inconnu, face à un inconnu.

Cette première possibilité d'avoir un lien personnalisé, et non pas d'être un objet de plus dans la machine médicale, va permettre une baisse de son anxiété avec l'apparition de premiers repères. C'est si vrai, que cela fait partie des enseignements donnés aux "Paramedics"[55] américains suite aux travaux d'Elvira Lang[56] : quand ils arrivent sur les lieux d'un accident, leurs premières phrases sont :

*- « Le pire est passé, le reste des secours arrive... Je m'appelle Jennifer Dollen, comment vous appelez-vous ? »*

Puisque nous sommes dans le domaine de l'influence, on retrouve aussi cette rapidité de présentation chez les "Pick Up Artists[57]". À partir des années 80, des techniques de séduction se sont développées et ont été enseignées quasiment comme des processus et vendues pratiquement comme une méthode scientifique. On peut retrouver tout cela dans le livre d'un journaliste du N.Y Times, Neil Strauss : « The Game ». Quant au fait que ce soit scientifique, on peut raisonnablement en douter. Quant à celui que ce soit efficace, un peu moins au vu d'un succès bien plus discret qu'il y a quelques années (Tinder ou Meetic ont changé ledit Game) mais qui semble malgré tout perdurer.

Dans notre cas, où l'instant porte des ambitions très différentes, nous n'en retiendrons que quelques éléments de la séquence d'ouverture :

Le "CPQ" : Compliment – Présentation – Question.

Personne n'est capable de résister à un compliment, sous réserve qu'il ne soit pas déplacé et qu'il puisse être, même marginalement, crédible. Et moins il semble intéressé, mieux il passera. Féliciter une adolescente pour son audace, quand elle arrive avec des Doc Martens violettes passera, même si pour elle je ne suis qu'un Boomer de trois fois son âge. Elle ressentira une forme (légère) de renforcement du Moi, dont elle nous remerciera plus tard (réciprocité) en nous accordant plus facilement sa confiance. L'être humain n'est qu'un junkie face à l'approbation sociale… Cela le rassure et l'identifie au groupe. Sans compter la Dopamine.

---

[55]  L'équivalent U.S, d'intervenants de première intention
[56]  Dr. Elvira Lang : Connue pour son travail sur l'hypnose et le " Soft talk" en radiologie et avec les Paramedics (personnel d'urgence formé d'auxiliaires de santé.
[57]  Pick Up Artists : Artistes de la drague.

On peut féliciter un patient même pour son retard, sous le prétexte que nous l'étions aussi et qu'il nous permet du coup de conserver l'image d'un thérapeute ponctuel.

Pour rester sur ce couple félicitation/compliment, c'est là tout l'objet du fameux "That's right…" ericksonien.

Si le compliment, à l'amorce d'une rencontre, tient du "Ice breaker", en cours de séance c'est le renforcement du lien et la confiance en soi du sujet qui sont visés, mais cela joue sur les mêmes ressorts, principalement une reconnaissance de l'enfant par l'adulte. Il sera juste préférable de boucler le tout dans une conclusion dévolue à l'autonomie.

La présentation (précédée ou non d'un compliment) joue sur la plus grande facilité à créer du lien comme vu au-dessus. L'inconnu dévoile son identité. La question à un rôle un peu différent, mais marque surtout l'attention de l'opérateur et son intérêt pour le sujet. Si c'est un questionnement immersif et qui peu à peu fait émerger des émotions qui sont alors ratifiées, c'est encore mieux.

## Le RE de REGARD :

Ci-dessous, illustré, le résultat d'une étude russe : les points sur le croquis correspondent à ce que l'on regarde le plus quand on rencontre quelqu'un. Les deux zones les plus noircies sont **les yeux et le sourire**.

 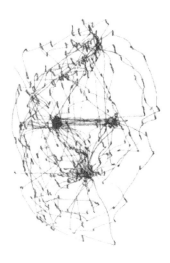

C'est donc quand nous captons le regard de l'autre que **nous captons son attention.** Et qu'on **l'assure de la nôtre.** Cela nous permet aussi d'installer le leading au sein de la relation, assez discrètement si l'on ne tient pas à être confondu avec un stalker.

En dehors de ces points, si l'on reste dans le cadre d'une première rencontre, nous admettrons également que, socialement, ne pas fuir le regard de l'autre indique une certaine honnêteté et un minimum de confiance en soi. Deux éléments que tout thérapeute voudra implanter au plus vite… En l'occurrence, cela peut donc se produire en toute première intention et de façon immédiate. Je passerai très furtivement sur le fait, que dans un cadre "hypnose", nous venons donc d'évoquer et la fixation du regard, et sa focalisation.

### Le S de SOURIRE :

Là, les chiffres arrivent et sont saisissants : prenez un instant, et replacez cela dans le contexte d'une séance dont vous êtes l'hypnothérapeute :

75% des sondés assurent faire **plus confiance** à quelqu'un qui sourit.

72% ont **accepté une chose** parce que leur interlocuteur était souriant.

82% des recruteurs **préfèrent** le sujet le plus souriant.

89% pensent qu'un manager souriant obtient de **meilleurs résultats.**

Au vu de ces chiffres, on situe beaucoup mieux le niveau d'influence, d'attribution de compétences ou d'appréciation que cette toute simple expression peut permettre.

Seulement attention ! Ce doit être un "sourire de Duchenne"[58] : pour cela le mieux est de trouver de quoi réaliser un ancrage (voire deux : un sourire de Madone à peine amplifié, destiné à l'accueil, et un autre plus large destiné au partage) encore qu'assez rapidement l'on s'habitue à juste libérer une émotion. Un des autres avantages à titre personnel – en considérant que se lier aux autres n'en soit pas un – est qu'il semble que sourire soit un antistress et augmente la confiance en soi.

### Le TO de TOUCHER :

Familièrement appelé le **"Kino".** Inutile pour des hypnothérapeutes d'expliquer d'où cela peut venir. On l'appelle aussi parfois le "magic touch" (ce qui est très surfait).

---

[58] Le sourire dit de Duchenne est un sourire authentique, une expression spontanée de bonheur. Alors que le sourire social n'utilise que les muscles de la bouche, dans le sourire de Duchenne, les yeux deviennent pétillants et étroits et les joues s'élèvent.

*Roberto, mio palmo !*

Ce "Kino" est un simple contact, léger, et effectué dans une zone qui ne peut porter à aucune confusion.

L'expérience la plus intéressante qui l'illustre s'est faite dans une école. Les instituteurs se plaçaient au fond de la classe et, en remontant le long des rangs, touchaient discrètement l'épaule, l'avant-bras ou le poignet de certains de leurs élèves. Ceci fait, les enseignants demandaient des volontaires pour passer au tableau. Les enfants touchés par un "Kino" étaient **3 fois plus nombreux** que la moyenne à répondre.

Pour ce qui est d'expliquer ce qui peut permettre cela (ce n'est qu'une hypothèse personnelle, cela ne vaut donc que le prix de mes pensées) si l'on se référait aux autres éléments de **PRESTO**, c'est que ce ne sont que des éléments très primitifs qui sont en jeu. Auxquels on accède de façon Non verbale… C'est une démonstration : *« je peux rentrer dans ta bulle, je suis inoffensif. »* Les enfants se sentent moins en danger s'ils décident de s'exposer en allant répondre au tableau.

Ce simple contact a d'autres conséquences (ou avantages) :

Il induit chez le touché une **humeur positive.**

Il **réduit le stress** des patients avant une intervention chirurgicale (peut-être est-ce l'équivalent adulte du passage au tableau des enfants).

Dans les deux cas, on peut considérer que cela tient du marquage social au sein du groupe. On peut aussi évoquer certains gestes maternels d'apaisement qu'on retrouve au moment symbolique du coucher.

D'autres conséquences ont également pu être mises en évidence mais, heureusement ou malheureusement, par ou pour des services de ventes ou de marketing : on croise régulièrement dans les supermarchés, de petits stands de dégustation de nouveaux produits, de dés de fromage ou de charcuterie. Là c'était des pizzas.

Le nombre de gens qui, une fois touchés, acceptaient de goûter de la pizza **passait de 50 à 80%.** Une hausse de 30% d'acceptation de la suggestion.

Plus intéressant encore : l'endroit où l'on pouvait prendre les pizzas pour les mettre dans le caddie se trouvait en moyenne à 7 minutes de visite dans le supermarché. Le nombre d'acheteurs doublait parmi le groupe qui avait gouté la pizza. Doublait ! Un équivalent de Suggestion Post-Hypnotique obtenue en quelques dixièmes de seconde.

Une dernière précision sur ces éléments d'influence non verbaux. Sur ce registre, l'étude la plus connue sur l'importance en matière de communication est celle du psychologue Albert Mehrabian. On parle de la règle des 7% : seuls 7% de la communication serait verbale (les mots énoncés). Malheureusement elle est trop souvent présentée comme cela, et uniquement comme cela. Mehrabian lui-même s'est rapidement retrouvé à répéter que son étude ne portait que sur la communication liée aux sentiments. En dehors de l'absence de généralisation rappelée par son auteur, on retrouve un certain nombre de biais dans son étude :

Elle ne comporte que des femmes.

Questions simples, voire simplistes.

Les résultats sont la combinaison non pas d'une étude, mais de deux. - La partie non verbale n'inclut pas la posture d'ensemble.

Ces chiffres n'étaient obtenus que lorsque la situation était ambigüe. C'est sûrement ce point-là qui pour nous est important : quand il y a un doute, c'est au Non verbal du patient qu'il est préférable de se fier.

De la même façon, c'est un point à garder constamment à l'esprit dans la posture que nous devons adopter tout au long de la séance. Nos doutes, nos contradictions seront perceptibles. Peut-être faut-il ne pas les cacher. Ou en avoir beaucoup moins.

Nous sommes la suggestion. Et pour une entame aussi particulière que celle du Swan, il faudra que notre conviction comme notre assertivité transparaissent. Comme une évidence le plus souvent délicatement enjouée.

Une promesse.

Ou mieux : Abracadabra.

En araméen : "Ce qui a été dit sera".


Tournez la page…

# 10

# E PUR SI MUOVE…

Nous allons donc continuer ce parcours didactique avec un troisième opérateur, pour deux raisons. D'abord afin de pouvoir modéliser quelqu'un d'autre et de n'être pas lié à une seule posture : la façon de faire de Bob est taillée pour lui, au moins autant que la mienne est faite pour moi. D'autre part, parce que j'ai fait le choix de transmettre, mais surtout de rendre visibles le plus d'informations possibles sur les différentes séquences qui forment **l'ensemble du Swan.** Cela implique donc de délivrer les bases théoriques liées à différents éléments, puis de vous les faire, ensuite, voir "en vrai".

La vidéo de Romain est parfaitement séquencée, on la suit comme on tourne les pages d'un livre. Elle est exemplaire en termes de progression régulière dans l'avancée thérapeutique, et spécifiquement sur cette partie très largement plus pédagogique que les miennes. Romain a un talent, une rigueur apaisée, dont je ne dispose pas ; et pour quelqu'un comme moi, la meilleure des choses à faire, serait de la voir, la revoir et la revoir encore jusqu'à en réciter le moindre mot de mémoire, exactement comme jour après jour un pianiste fait ses gammes.

Ce dernier rappel fait, passons à la suite. Maintenant que vous avez une idée de l'ensemble et suffisamment d'informations sur les théories autour de l'influence et la suggestibilité, nous allons pouvoir revenir un peu en arrière, pour aborder une partie très en amont : **la bande-annonce.**

Mais on pourrait tout aussi bien dire "Abracadabra" dont vous connaissez depuis quelques pages le sens, et qui décrit invraisemblablement bien – mais de façon très poétique – ce qu'elle est. Tout d'abord donc, regardez une première fois la vidéo. Décodez-la de votre mieux. Scrutez et cherchez dans ce qui s'y trouve, tous les éléments évoqués précédemment.

Mais notez bien à la fin, le refus de l'inconscient alors que le conscient accepte et même désire que les choses aillent plus loin. On a souvent des doutes sur la réalité ou l'exactitude des réponses idéomotrices dont on soupçonne une propension à dire oui… Et d'autant plus dans des cas comme celui-ci, où la patiente semble très très loin d'être "endormie"… Une occasion de plus de se rappeler de la multitude d'expressions externes que peut endosser l'hypnose, ou encore que s'il s'agit d'un état dissocié, ce n'est pas, pour utiliser la formule anglo-saxonne tout en renversant l'argumentation, "un état de paupières". Ce "non" est une des plus jolies démonstrations de "où et par qui" les choix se font : du Benjamin Libet dans le texte, l'hypnose au bout des doigts ! ;)

Nouvelle vidéo, nouvelle illustration. « **Le Swan selon Philippe : Caroline, No** ».

https://hypnose.pm/auboutdesdoigts/

Ou de ce QRcode et de ce mot de passe :
Ilsuffiraduncygne

Sur cette vidéo, **la bande-annonce est la partie qui va de 0"30 à 1"55.**

Ce n'est pas très long, n'est-ce pas ? Les 30 premières secondes ne sont qu'une mise en place. Il y a certaines utilisations du Swan où j'utilise ce ton, ce côté très familier, parce que cet abord ludique favorise une forme discrète de régression et donc participe d'un côté jeu, favorable à l'émerveillement que je compte implanter après.

De fait, je l'utilise chaque fois que la situation me le permet : je trouve que cela réduit énormément la distance avec le patient. Ce peut être quand on me demande de faire une démo (hors formation, lors d'une soirée ou d'un pique-nique) et que je n'ai pas envie de faire se rapprocher des mains. Ce peut être en fin de séance, quand je veux faire découvrir le Swan et qu'il me reste du temps (je pense à une session "douleur" où avec la patiente nous avions travaillé en nous servant de l'Elman. Elle m'avait dit trouver que cela manquait de "Magie" ;) En effet, fait fissa, le Swan en fit office.

Il arrive aussi que ce soit lors d'une deuxième ou troisième séance si la relation est déjà établie, ou encore avec un patient que je sens au contrôle, mais ne demande qu'à se relâcher, mais cela peut également se produire avec un sujet jeune, ou en tous cas suffisamment pour que très naturellement j'en sois venu à le tutoyer.

En l'occurrence, je vais juste profiter d'une forme de désordre ambiant (et qualifier ça d'utilisationnel serait totalement exagéré). Je fais se déplacer Caroline avec un prétexte simple, noyé dans la situation pour qu'il ne soit pas repéré. J'utilise mon déplacement pour me moquer de moi et de la position basse.

*E pur si muove…*

Au bout du compte, il y a probablement un peu de confusion, assez superficielle et que je n'ai même pas non plus trop volontairement cherchée : c'est légèrement "up tempo"[59] et le cadre est un peu imprévu tout en étant complètement informel. Tout le monde se détend, je laisse juste mon naturel s'exprimer et je suis dans cette ambiance comme un poisson dans l'eau. Je soupçonne que si Bob l'avait fait, cela aurait été un peu plus lent, à la fois jovial et bourru ; si cela avait été Romain, un peu plus contenu ; pour Nicolas, plus doux et même un peu plus en retrait… C'est avec ce genre d'exemples qu'il nous faut au moins aborder la variabilité absolue des opérateurs, comme de leurs interactions ; variabilité que j'ai essayé d'évoquer tant elle hurle son absence dans nos ouvrages, aspirés par la technique et qui restent trop souvent muets sur la relation et l'unicité individuelle de son expression.

Tout au long de cette minute et demi, beaucoup de choses vont se faire en parallèle, elles se feront toutes avec de la part de l'opérateur ce **naturel**, cette proximité physique et sociale afin de passer sous le radar et d'obtenir de la part du sujet plus que sa collaboration : **sa complicité.** Les fans de Yes set pourront décompter dix-huit acquiescements de la tête ou verbaux dans cette séquence pourtant brève ; autant de truismes à base de chaise et de dossier ou de semelles de chaussures, qui auront été épargnés au sujet, dont on va rechercher une participation qui pour en être inconsciente, se doit de rester active.

## DE 0"30 À 1"55 :

Ce n'est pas exactement un Pretalk. Parfois, il y en a un, et je reviendrai plus loin sur cela, mais le plus souvent, Pretalk et induction se chevauchent. C'est bien une suggestion. Elle est placée avant qu'on ne commence (ou plus exactement, avant que le sujet ne se dise que ça commence vraiment). On décrit exactement tout ce qu'on attend de lui, parfois avec deux options qui ne sont que des choix illusoires. On pourrait même parler d'instruction indirecte.

## 0"30 PRISE DE LEADING :

Je saisis la main, je la place, je joue sur l'homonymie cygne/signe, et je continue de parler, pendant qu'elle continue à acquiescer.

---

[59]  Up tempo : Sur un rythme soutenu.

### 0"35 FACILITATION :

Je présente cela comme un jeu, je vérifie que la main est naturellement mobile, et que les doigts sont relâchés. Dans le même temps, je fais déjà s'exécuter, comme une répétition, les mouvements dont j'attends qu'ils soient faits après.

En parallèle donc, on retrouve l'abord très ericksonien – on le trouve aussi dans la vidéo de Romain – de ce qu'on demande :

*« C'est simple. Vous savez faire. »*
*« Vous faites déjà. » (La tête)*
*« Vous faites plus compliqué. » (L'écriture)*
*« On va faire plus simple. » (Du morse)*

On définit le mouvement idéomoteur au travers de cela.
Et en sous-texte :
*« Vous les connaissez tous. »*

Toujours en parallèle, on retrouve les éléments vus avec le **PRESTO** :

• La "**P**ersonnalisation/**P**résentation" s'est faite en amont car nous sommes en formation, mais tout est fait pour augmenter la proximité sociale qui est un facteur d'influence : je ne suis pas loin ; le tutoiement est là.

• Le "**R**egard" ne la lâche quasiment jamais : les quelques secondes où cela se produit ont quelque chose d'une reprise du leading (puisqu'elle continue à me regarder) presque comme un fractionnement très naturel et m'assure toute son attention, comme elle est assurée de la mienne.

• Le "**T**ouché" : il est toujours léger, et exclut toute équivoque. Ce doit être légitimé par une vérification de la mobilité de sa main, ou l'indication que ses doigts pourraient bouger : ça ne doit pas être une instruction en soi ; tout au plus la vérification de son acceptation de ce qui pourrait émerger. Reste qu'il y a contact.

Donc il doit être délicat, sembler logique et spontané.

Dernier point, mais sur lequel il est inutile de s'attarder, leur présence à jet continu tient, il est vrai, à l'opérateur, sa culture et sa façon de s'exprimer *("J'ai des idées plein les doigts")*. Les suggestions non verbales sont là pour activer les neurones miroirs et préparer les réponses idéomotrices attendues.

Nous l'avons largement évoqué dans le chapitre « Le Swan Selon Bob ».

*E pur si muove...*

Pour répondre à une question qui m'est parfois posée : **la Proxémique.** Dans ce cas spécifique, certes nous sommes assez près, mais vu les circonstances (Caroline sait ce qu'est un Swan), à une distance tout à fait acceptable. Tout doit être confortable, les mouvements doivent être fluides.

Notez qu'elle se tient plus haut que moi, et qu'elle n'est pas vraiment assise dans ma direction. Rien dans son non verbal n'indique de gêne, qui de toute façon se serait sûrement traduite au moment où je vérifie la mobilité de sa main.

En revanche, cette proximité permet aux suggestions non verbales (où je mime le Swan ou des réponses de mes doigts) d'être à la limite de son champ de vision quand elle fixe sa propre main. Cela permet aussi, quand moi je me mets à fixer ou à parler à sa main, de concentrer son attention sur cette zone, comme on créerait un minuscule théâtre, où mes propres expressions passant sur mon visage vont considérablement influencer ses réponses, voire dicter ses émotions, là encore sans que rien n'apparaisse. Comme tout au théâtre, cette scène n'a pour objet que de créer du réel.

## 1"35 : BANDE-ANNONCE

Lancement dans la foulée de la bande annonce : toutes les explications sur ce que peut être un mouvement idéomoteur ont été données.

On peut considérer que c'est la fin du pretalk – si véritablement on veut morceler le plus possible l'induction – et débuter la bande-annonce effective.

On pourrait la définir comme un jeu "d'instructions indirectes" : l'opérateur indique exactement ce qui va se passer ensuite. Une prédiction. Mais cette prédiction ne doit apparaître que comme une description. C'est à partir de là qu'on commence à créer du réel.

La bande-annonce se termine donc à 1"57, avec une dernière question dont le but est de verrouiller l'engagement de Caroline, quand apparemment elle n'est là que pour s'assurer de sa compréhension : « C'est OK ? » Ce coup-ci la réponse est à la fois verbale (le « OK ») et non verbale (la tête une fois de plus signifie le "oui"). Les bandes-annonces ne sont **ni un caprice ni une facilité.**

Elles ont leurs "pourquoi".

Il y a sept ou huit ans, Antoine Garnier[60] en avait donné une démonstration très élégante, mais parce que le thème spécifique à cette journée n'était pas là, sans véritablement livrer d'explications sur le fonctionnement de ce type de suggestion.

---

[60]   Antoine Garnier est un hypnothérapeute et formateur que je ne saurai trop recommander.

Il m'en était resté que certaines suggestions avaient besoin d'un temps variable, en fonction de leur complexité, pour "imprégner" notre imaginaire et permettre la procédure, avant de se mettre en place et de déclencher les réponses qu'elles impliquaient. J'avais donc en tête l'image d'un liquide venant imbiber un tissu, ou de braises qui peu à peu enflammaient un foyer installé en amont, avec derrière cela une vision assez mécanique.

Ce n'est pas pour tout à fait celle-là dont j'ai pris l'habitude de me servir énormément, mais pour trois autres raisons :

• Puisqu'aux yeux du sujet rien n'a commencé, il n'y a pas encore de vraies résistances installées, et la suggestion – ou la liste de suggestions – peut "imbiber" son esprit. Un déclencheur comme « Dormez ! » ne serait alors que l'étincelle faite par deux silex allumant l'étoupe qui va embraser un foyer soigneusement préparé.

• La seconde raison c'est que, puisque rien n'a encore commencé, la pression sur l'opérateur – moi en l'occurrence, ou vous bientôt – est nulle. Je peux donc bien plus facilement paraitre calme et assertif, fournir le plus tranquillement du monde toutes les suggestions prévues, prêter une certaine attention à des détails de postures comme des suggestions non verbales, fixer le regard de mon patient, éventuellement le saturer un peu et dans tous les cas m'assurer d'une prise de leading des plus tranquille.

• Le troisième point est lié à mon "héritage" behaviouriste ;) Si le processus qui encadre l'hypnose tient du rôle social, il est très préférable que l'acteur principal le connaisse. Qu'il sache constamment ce qui va se passer juste après, qu'il soit **prêt à s'y conformer, qu'il ne soit pas perturbé par ses propres questions et son dialogue intérieur.** Que ce qu'il pense être une suggestion ne soit plus qu'un déclencheur. Un "réflexe cérébral". Le son d'une clochette. L'odeur d'une madeleine…

Puis est venu l'article de Sylvia Morar[61], paru dans le magazine "Transes", le N° 5 d'octobre 2018. Non seulement il m'éclairait sur la façon dont fonctionnaient les bandes annonces, mais également sur l'intérêt d'inverser la façon habituelle de ratifier et pourquoi le questionnement immersif fonctionnait si bien pour développer un phénomène ou gérer une douleur chronique… Mais aussi pourquoi les croyances du patient et la conviction de l'opérateur sont si importantes.

J'espère que Sylvia m'excusera si, en voulant résumer l'article, je suis conduit à laisser trop de choses de côté.

---

[61] Le docteur Sylvia Morar est neurochirurgienne et hypnothérapeute.

*E pur si muove…*

## 100 Milliards de Neurones - 160 Trillions de synapses

Je me sens incapable ne serait-ce que de me représenter ce nombre…

Et cet extraordinaire ensemble cérébral peut fonctionner en série comme en parallèle, tout en consommant 20% de notre énergie pour 2,5% de notre poids.

**C'est cela un cerveau. Le vôtre aussi.**

En toute logique, son incroyable complexité préfère anticiper que réagir car il est le garant de notre survie – survie qui s'est longtemps jouée sur le bruit d'un craquement de branche ou l'affleurement d'une odeur… Quelques centièmes séparaient le mort du vivant.

Son potentiel d'activation apparait au minimum 350ms **avant** la prise de décision consciente[62]. Cette partie consciente a 200ms pour se manifester et réfuter ce choix avant d'être outrepassée. « Des freins de vélo pour arrêter un camion » pour reprendre la jolie formule de Laurent Bertin.

**Nous sommes donc notre inconscient. Et le conscient une passoire à pâtes.**

Si vous vous adressez à un autre être humain, c'est à son inconscient que vous parlez. Tout le temps. Toujours.

Il n'y a d'ailleurs pas de séparation conscient/inconscient ou d'absolue localisation de l'un ou de l'autre : quand l'activité de certains circuits dépasse un certain seuil, cela ouvre la voie à l'espace conscient, sans véritable séparation ou indépendance de ce concert de modules (cf. les travaux de Libet dont nous avons déjà parlé mais aussi et surtout ceux de Stanislas Dehaene et Lionel Naccache). Si le menton posé sur le poing comme le penseur de Rodin, nous pouvions assister à cela, vraisemblablement, tout nous paraitrait trop souple, trop rapide, trop complexe, trop flou… Avec des sentiments partagés qui suivant nos besoins de contrôle ou notre passé, notre culture, pourraient aller de l'émerveillement à la terreur.

Maintenant que nous avons une idée, certes un peu schématique, de ce qu'est notre cerveau, notre inconscient (Nous), notre conscient (le Roi est nu… il n'est plus vu que comme le croisement entre une petite vitrine, un périscope embué et un écran de contrôle clignotant), intéressons-nous donc à son fonctionnement en rapport avec l'hypnose.

---

[62] Article "Unconscious determinants of free decisions in the human brain" par Chun Siong Soon, Marcel Brass, Hans-Jochen Heinze et John-Dylan Haynes, publié dans Nature Neuroscience en Juin 2008.

## L'Hypnose au bout des doigts

Il n'y a pas de "transe quotidienne" (comme quand vous lisez un livre, ou que vous ne voyez pas passer l'heure parce que vous rêvassez) qu'on puisse requalifier d'hypnose, ainsi que cela est encore souvent enseigné, ou comme cela a pu être mis en avant par Rossi[63] . Il y a un **"mode par défaut"**. Ce mode est actif, dirigé en interne, **non focalisé** et détaché de toute activité exécutive. On peut le qualifier **d'errance mentale.**

Les véritables transes spontanées, à contrario, sont rares et font instantanément cesser le mode par défaut...

Le "mode par défaut" est également détaché **des processus attentionnels** : pour porter son attention au monde il faut donc le quitter. Les processus attentionnels (réseau de saillance) se réactivant trois fois par minute, ils interrompent le mode par défaut afin de vérifier où en est le monde extérieur pour, éventuellement, se préparer à **une tâche exécutive.** On peut voir cela comme un élément destiné à assurer notre sécurité quelques soient les conditions et donc m'a permis d'être encore en vie pour écrire ce livre, et vous de l'être pour le lire.

**L'induction hypnotique** change le fonctionnement habituel du mode par défaut, pour **activer des processus attentionnels** normalement silencieux, ce qui altère la conscience de soi et peut expliquer les amnésies post-hypnotiques.

La pensée inconsciente est également différente de la pensée intuitive et a un caractère rationnel, tout en étant parfaitement capable de décoder des éléments ou valeurs émotionnels inaccessibles consciemment. Un passage sous les radars. C'est peut-être cela, cet aspect **"Stealth"**[64], qui fait toute la valeur du non verbal et des suggestions qu'il peut transmettre.

Nous en arrivons maintenant à **"Comment se crée notre réel".**

La création de l'expérience consciente dépend des mécanismes attentionnels en ce sens que l'expérience que peut vivre un individu correspond à ses attentes.
*« La réalité est sélectionnée, transformée et adaptée aux attentes conscientes et inconscientes de l'individu.*[65]*»*

On voit bien dans cette phrase, la correspondance avec les effets attendus par l'utilisation de la bande-annonce.

---

[63] Ernest Rossi : Psychologue très proche d'Erickson, avec qui il a co-écrit plusieurs ouvrages.
[64] Stealth : Furtif. Employé en aviation pour décrire une capacité à ne pas être visible pour les radars.
[65] Leonardo Chelazzi 2018.

*E pur si muove…*

Au-delà de cela, nous devons considérer que l'attention et la conscience sont des processus distincts et que la focalisation de l'attention, parce qu'elle est indépendante de la conscience, dispose de processus beaucoup plus rapides. Elle n'est d'ailleurs pas dirigée par des process **Top down** – ce que je prévois se confronte au monde extérieur, ou **Bottom up** – les informations extérieures me parviennent et me font réévaluer la situation.

L'attention est guidée par **des mécanismes de récompense**, des facteurs motivationnels ou **émotionnels**, des bribes de mémoire, des éléments du contexte et **des signaux** corporels. Je vous laisse réintégrer ces lignes dans votre réflexion sur l'induction comme sur l'accompagnement…

On considère donc actuellement le cerveau comme **un organe prédictif,** ce qui le conduit à **halluciner la réalité** pour **prévoir le futur.**

Techniquement, "prévoir un futur" serait sûrement une formulation plus adaptée. Tout au long du processus, l'information est triée et incroyablement simplifiée jusqu'à ce qu'on ne regarde qu'une minuscule fraction de la réalité, qui plus est, modifiée et retravaillée par nos structures inconscientes. Et il y a une comparaison constante entre ce qui est prévu (Top down) et ce qui se passe (Bottom up) avec des ajustements incessants.

C'est là que nous arrivons à la bascule qu'est une induction : en plus des milliers de scenarii constamment conçus parallèlement, nous allons en proposer un nouveau par l'intermédiaire de la bande-annonce :

*« Dans un instant mais pas tout de suite, vont se passer ceci et cela, qui vont faire que A, puis B, puis C vont se produire. »*

La confiance en l'opérateur, l'expression avec laquelle il est capable d'exprimer ce scénario, les croyances ou le désir du sujet de voir se réaliser ce scénario spécifique vont jouer pour le **"primer**[66]**"** c'est-à-dire renforcer sa crédibilité et donc de focaliser l'attention du sujet sur le fait qu'il se réalise.

Le moindre élément de ratification, le moindre mouvement d'un doigt qui puisse être perçu comme involontaire… Et voilà : **Ce qui a été dit sera.**

Des milliers de scenarii vont alors s'effondrer. Qu'un autre doigt sursaute, ou que la main bouge, et c'est toute la suite du scénario qui est avalisée. Et attachée à cela, l'acceptation d'une suggestion bien plus générale, qui va transformer tout le contexte *« Puis vous rentrerez dans un profond état d'hypnose. »*

---

[66]  Primer : Entre amorcer et hameçonner ou en favoriser le choix.

À nous opérateurs, de régulièrement y joindre les éléments de récompense, les facteurs émotionnels, les bribes de mémoire, les signaux corporels et assez de sécurité pour que notre sujet continue à créer une réalité largement proposée, dont lui comme nous avons besoin.

Sous un angle différent, c'est presque ironique qu'un processus proche de la démarche des behaviouristes et de la psychologie sociale fasse émerger un état dont ils déniaient l'existence... Décidément, l'univers finit toujours par se révéler taquin.

## 1"57 : L'INDUCTION

Elle ne va prendre que quelques secondes (vingt en fait), car tout a été mis en place bien avant. L'essentiel de ce que je fais est de ramener toute son attention vers sa main. Plusieurs choses y contribuent, et elles sont faites à peu près simultanément, ce qui les rend toutes plus discrètes, avec comme objet de laisser l'ensemble sembler se faire indépendamment de moi : nous sommes à l'opposé de l'hypnose de spectacle. Ce n'est pas moi qui la fais entrer en hypnose à l'aide d'un fluide, d'une voix, d'une technique, ou du pouvoir de ma volonté, encore moins de celui que j'ai sur elle.

C'est bien une partie d'Elle[67] qui, parce que ce cadre lui est offert, décide de se manifester. Nous assistons alors, Caroline comme moi, à cette prise de pouvoir, à son propre **"Empowering"**. Peut-on rêver mieux comme entrée en séance pour une thérapie ? Qui plus est quand le catalyseur de cette révélation sera votre thérapeute ?

Pendant ces vingt secondes, je vais à peine me déplacer et ne plus regarder Caroline, pour faire face à sa main, comme si je m'y adressais déjà, ce qui automatiquement va diriger son attention vers cette zone. Je vais également faire des mouvements avec les miennes pour clôturer l'espace autour d'elles, un peu comme on pouvait le faire à l'aide de passes magnétiques.  Et le plus simple de tout, je vais le lui demander.

C'est une instruction : *« Maintenant, tout ce que je te demanderai c'est de porter toute ton attention sur la main (que voilà un futur très indicatif) Puis, je te demande de porter toute cette attention sur les sensations »* (il m'est déjà arrivé de voir un sourire apparaître sur les lèvres du sujet alors qu'il fixe sa main parce que visiblement il a perçu quelque chose, alors que moi je n'ai rien vu : du coup je ratifie à l'aveugle). *« Parfait ! Très bien. »*

Mes propres mains vont fournir les dernières suggestions non verbales dont a besoin l'induction. Bref aparté : il est très préférable de ne pas donner comme suggestion *« Fixez votre main »* quand tout ce qu'on veut c'est qu'elle soit mobile...

---

[67]  Partie d'Elle : On est déjà plus près des États du Moi qu'on ne le serait des Parts Therapy.

*E pur si muove...*

## 2"10 : L'ENTREE EN TRANSE

Les tout premiers mouvements de doigts de Caroline sont là : je les ratifie en lui demandant si elle les perçoit, car c'est elle qui doit confirmer consciemment cet engagement inconscient. Dès son oui (de la tête) on peut considérer l'induction comme finie. L'approfondissement commence dans la continuité et de façon très fluide, comme si je continuais à découvrir avec elle ce qui est en train de se passer.

## 2"14 : L'APPROFONDISSEMENT

Il est surprenant de parler d'approfondissement quand on voit le sujet aussi alerte, et pourtant... Changer l'unité de mesure hypnotique du "sommeil" vers la dissociation (non que l'autre unité soit systématiquement négligeable) peut résoudre la quadrature du cercle d'un énoncé mal posé. C'est donc le bon moment pour que je vous dise que je pense que les transes partielles n'existent pas. ;)

On est en transe ou on n'y est pas. Que la forme soit particulière oui, bien sûr, mais ce que la manifestation de cette transe a de commun avec toutes les autres, c'est qu'elle correspond aux suggestions qu'on a données avant :

*« Vous verrez tout ; vous entendrez tout, vous vous rappellerez de tout. »*

À noter que même ce cadre est dissociatif.

*« On va simplement demander à votre inconscient, quoi que ça puisse être, de se manifester par l'intermédiaire de votre main. »*

La curiosité, les suggestions, le besoin, vont tous conduire à une absorption de l'attention si importante, qu'il y aura une inhibition du mode par défaut. Passé ce point, plus cette absorption se développera, plus le sujet en récoltera une impression d'indépendance (ce fameux sentiment d'involontarité dans les mouvements) de la main et des doigts, jusqu'au poignet et l'avant-bras ; plus il y a de dissociation... et d'indépendance perçue. Cette indépendance ira d'ailleurs au-delà de simples mouvements, pour aller jusqu'à l'expression d'une personnalité propre, marquée ce jour-là par un refus, rendant très clair le fait que chaque réponse est une occasion non seulement de stabiliser la transe, mais de l'approfondir, en soulignant d'autant les marquages dissociatifs.

Il serait bon que l'opérateur lui, ne se laisse pas prendre à la représentation de la pièce de théâtre dans laquelle il joue. Tout comme il n'est pas inutile de réassembler tout ça à un moment ou à un autre, et de créer des *« Vous êtes les deux faces d'une même pièce. »*

Nous en revenons à l'émergence d'un État du Moi, répondant à notre demande, qui nous conduit à préparer déjà l'obligatoire réassemblage de fin de séance.

*L'Hypnose au bout des doigts*

Le propos du Swan n'est d'ailleurs pas de faire bouger des doigts, ce qui isolément a autant d'intérêt qu'une clef sans serrure. Son propos est d'installer un cadre original qui puisse favoriser une communication inter comme intrapersonnelle, destinée à favoriser un changement.

### 2"19 : CREER LE REEL.

Parfois, et là c'était le cas, cela peut aller très vite : ses doigts se sont mis à bouger spontanément. L'approfondissement de départ (car il peut très bien y avoir d'autres séquences, plus tard, où la transe va s'approfondir d'elle-même) est terminé.

Les doigts ont non seulement bougé vite, mais beaucoup. Soit je laisse faire et je laisse passer une superbe porte d'entrée, soit je suis utilisationnel et tout simplement, je ratifie cette effervescence. En effet, Caroline peut ne pas vraiment savoir comment elle doit l'interpréter, il peut se produire une certaine confusion, ou encore peut-elle préférer se mettre en retrait, ou se lancer dans une forme de dialogue intérieur que je ne vais pas maitriser, voire s'interroger et rationaliser etc.

Soit j'utilise ce qui se passe et je contrôle la situation : je crée du réel. Je dicte ce qu'il est.

J'impose à Caroline l'interprétation de ce qu'elle voit comme étant ce qu'elle vit : son inconscient se manifeste joyeusement, trop heureux de pouvoir enfin être dans la lumière. Et tout cela sans que je paraisse lui parler, car bien évidemment c'est à elle que sont adressés mes propos, même s'il semble que je dialogue avec sa main. Je me mets sur le rythme de l'agitation de ses doigts.

J'en ris parce que c'est joyeux, presque enfantin. Et je parle **vraiment** à cette main.

Comme à une personne. Une personne que je connais et que j'apprécie. À qui je prête toute mon attention et dont je partage la joie. Et je récolte de la joie de la part de Caroline, encore plus de dissociation, un effondrement de la plupart des résistances qu'elle pouvait avoir, et probablement un peu de confusion.

À ce moment précis, pour elle, pour Caroline, il n'y a plus de dialogue intérieur, plus de questionnement critique mais le partage avec moi d'un joli moment.

**Ce qui induit plus de lien, donc plus d'Alliance, donc plus de suggestibilité.**

Cela va continuer pendant une minute : ça va toujours aussi vite sans pour autant en donner l'impression. Je poursuis sur le même le ton, toujours comme si je parlais à un ou des enfants et que Caroline n'était qu'un témoin. C'est juste ce que le moment où la situation demande et je fais ce que j'ai à faire. Je le fais d'ailleurs sincèrement et avec beaucoup de plaisir ;)

*E pur si muove…*

Parce que j'y prends un plaisir sincère, cette même expression à la fois joueuse et complice, me permet le plus facilement du monde, sans avoir l'air d'y toucher d'installer le code qui va délivrer **les réponses idéomotrices.** Si l'on y réfléchit comme le feraient les comportementalistes, c'est mon rôle et ma façon de l'interpréter.

À ce sujet, c'est étonnant que de Spanos à Kirsch, les socio-cognitivistes aient autant insisté sur l'adoption d'un rôle au sein d'un rapport social chez le sujet pour définir l'hypnose, et qu'ils ne l'aient, me semble-t-il, jamais évoqué au niveau de l'opérateur, alors que par suggestion cela va influer pour une bonne partie sur celui de mon sujet.

L'autre facette pour définir ou dessiner ce rôle chez l'opérateur et aussi de comment il doit être interprété, tient en un mot : **désarmant.** Ce n'est pas forcément celui qui vient en premier lorsqu'on regarde plusieurs fois cette minute en vidéo. Et pourtant…

Quand Carl Rogers parle de **bienveillance inconditionnelle**, cela signifie aussi qu'elle doit être perçue. Que le patient en soit le témoin. Cela doit aussi se traduire par une **complète et immédiate synchronisation avec cet "inconscient" qui se manifeste.** De nouveau on crée du réel et on crée du lien.

Le leading, pour en être discret, est bien présent et sans efforts. Comme le rapport qui l'accompagne. À intervalles irréguliers, j'en parle tout au long de ce livre : parfois j'utilise le terme "Relation", parfois "Alliance", parfois "Lien" alors qu'en matière d'hypnose, on considère parfois que le mot s'applique uniquement à l'aspect exclusif de cette relation, quand en phase somnambulique la voix de l'hypnotiseur soit tout ce qui reste du réel dans l'univers du sujet.

Je préfère le considérer tout au long de cette relation, qu'elle en soit sa qualité. La rupture de cette relation est la première cause d'interruption d'une thérapie ; sa qualité est la variable la plus importante de l'acceptation des suggestions et de la compliance aux traitements, quels qu'ils soient…

Je ne l'ai jamais vu ou lu, mieux décrit que dans un article de 1990 publié dans *Psychological Inquiry*[68]. Les deux auteurs dont le "père" de l'effet Pygmalion décrivent la nature du rapport comme une structure dynamique où interagissent trois composants, car le rapport n'existe que dans l'interaction entre individus.

- Attention constante et mutuelle.
- Implication dans la relation et Positivité.
- Coordination (C'est-à-dire équilibre au sein de la relation et harmonie).

---

[68] Linda Tickle-Degnen (Boston University) et Robert Rosenthal (Harvard University) : The nature of Rapport and its Nonverbal Correlates.

Cela se traduit par une signalétique non-verbale particulière, chez l'un comme chez l'autre en séance ; ou qui émerge avant qu'on ne perçoive la mise en place d'un esprit collectif dans une foule, au point que parfois cette coordination donne une impression de prédictibilité dans les comportements. C'est bien parce que ses "indices faibles"restent lisibles (probablement inconsciemment, éventuellement par l'intermédiaire des neurones miroirs pour certains d'entre eux) que cette coordination, pour autant que les autres éléments se maintiennent, se poursuit.

Si la structure du rapport consiste en ces mêmes éléments au fil du temps, leur importance relative évolue au sein d'une structure qui change en fonction de bases acquises et de contextes différents : l'évaluation de l'autre est de mise, systématiquement lors d'une première rencontre. Ce n'est plus le cas, ou de moins en moins, passé un point. Délaisser la zone marquée par des caractéristiques culturelles et des informations personnelles superficielles, dépourvues d'intimité, marque une autre étape. Étape sur laquelle il convient de s'interroger si on décide de l'initier.

Ce cap passé, cela sera la coordination qui sera le meilleur indicateur de la relation. Et c'est cette coordination que nous recherchons en cabinet. Et elle ne peut passer que par l'attention à l'autre qui, si elle peut être assez spontanée à l'amorce d'une relation, peut largement s'estomper une fois considérée comme acquise. Sur la durée, cet ensemble évoluera vers ce qu'Albert Mehrabian appelle des "formes abrégées" qui vont du regard au sourire, des acquiescements silencieux (mouvements de tête), l'orientation du corps, l'inclinaison du buste, mais l'attention restera la mesure la plus fiable sur la durée avec le "Timing" dans la coordination qui sera simplement plus lisible puisqu'il ne peut y avoir de timing corrélé sans attention.

Selon vous, si l'on reprend ses trois points,
- Attention constante et mutuelle
- Implication dans la relation et Positivité
- Coordination (Équilibre au sein de la relation et harmonie)

et que vous les évaluez dans le cadre de notre rapport avec Caroline, allez-vous percevoir du Mirroring type PNL dans nos positions physiques ?

Est-ce que je place des suggestions sur sa respiration ?

Est-ce que je répète ses mots, ou est-ce que je m'interroge sur le fait qu'elle soit "Visuelle" ? "Auditive" ? "Kinesthésique" ?

Est-ce que je suis en position basse ? Ou haute ?

Ou bien est-ce que je lui porte une attention intense, constante ?

Me perçoit-elle comme impliqué ? Positif ?

Est-ce que notre relation semble équilibrée ? Harmonieuse ?

Vous avez la vidéo, je vous laisse en juger. Et notez comment certains éléments de la structure de notre rapport évoluent : moins coordonnés pour toujours plus

*E pur si muove…*

d'attention et de positivité. L'étape d'après, est-elle le partage d'un moment ? (Je prête assez d'attention à le vivre après elle.) Ouvre-t-elle la voie à une forme de réciprocité ?

## 3"20 : LA RENCONTRE

Il arrive – et j'ai payé pour l'apprendre – que tout semble fonctionner. Tout ! Les doigts bougent, les "oui" et "non" émergent, s'agitent, prennent vie ; le problème est mis en évidence, je remercie la part agissante pour ce qu'elle fait depuis longtemps, etc. Tout fonctionne ! Mais en fait "Non"… Cela a quelques années maintenant : une vidéo sur le bruxisme qui était sur Utube m'avait valu quelques visites, dont une d'un patient descendu de Strasbourg.

Du jour au lendemain, la structure du Swan telle que je l'ai pratiqué, était assez proche de ce que m'avait montré Bob. La différence principale se résumant au fait que je me tiens déjà assez prêt physiquement, mais cela, j'en suis persuadé, tient surtout à mon "héritage" professionnel : plusieurs dizaines d'années à travailler à trente centimètres des patients ne s'effacent pas du jour en lendemain.

Je ne me "connecte" pas non plus en touchant le genou ou le poignet pour indiquer si je m'adresse au conscient ou au subconscient. J'ai déjà pris l'habitude de me tourner alternativement vers le visage du patient ou vers la main pour signifier plus naturellement à qui je m'adresse, avec pour effet de marquer bien plus évidemment, dans l'espace, la dissociation et de l'intensifier.

Revenons à mon bruxiste strasbourgeois. La séance continue donc, presque trop bien : je convoque les parties, la négociation se fait vite, très simplement… Les "oui" se succèdent, je fais confirmer le dernier, le patient (appelons-le Mark) semble content et s'en va. Nous étions restés sur l'idée de se recontacter à trois semaines. Mais…

D'abord, silence radio du sujet…

À un mois, j'envoie un mail. Mark (Je m'étais dit que ce serait intéressant de faire des stats) me répond que rien n'a changé. J'en discute un peu avec lui, sur comment il avait vécu la séance, ce genre de choses, qu'il avait été surpris de voir ces mouvements qu'il ne dirigeait pas, mais que cela n'avait rien changé : même crispations au réveil, même manque d'ouverture buccale que je lui avais demandé de surveiller…

Évidemment je suis déçu, mais j'ai le sentiment que mon bruxiste me décrit tout cela comme si c'était arrivé à quelqu'un d'autre… J'avais fait une vidéo un peu à l'arrache, donc mal cadrée et avec un son très insuffisant. Je commençais juste à en faire et je ne me servais pas du Swan depuis bien longtemps. En revanche, ce qui se voyait, c'était que Mark, la quarantaine, mince, cadre à responsabilités dans une grosse entreprise, se contentait d'assister à tout ça comme on regarde passer un train…

143

Complètement dissocié. Mais ailleurs. Et j'ai vu mon erreur.

À vouloir créer du réel, j'ai perdu le patient. Comme un crétin je n'ai parlé qu'à sa main. J'ai laissé filer le lien. Les suggestions passaient sans qu'il se sente concerné, simplement au spectacle, et sa compliance de surface, en me fournissant les réponses que j'attendais faisait le reste… Shame on me. Une partie de lui a bien répondu : *« Oui, c'est ce que je veux »*, et une autre que personne n'a invoquée, est restée dans l'ombre maugréant en silence *« Non, ce n'est pas ce que je ferais. »*

En fait, avec quelques années de recul je ne suis pas absolument sûr – je ne le serai jamais – que ce soit bien ce qui s'était passé. C'est le plus probable, mais pas plus. Ou bien une fuite pour conserver un bénéfice secondaire dont l'existence m'échapperait. Peut-être aussi de ne pas avoir travaillé au bon niveau si on y pense en fonction de la pyramide de Dilts… Avoir travaillé au niveau du symptôme et pas de l'identité…

No sé. Peut-être aurais-je dû, comme en Clean, demander : *« Y a-t-il autre chose dont on devrait parler ? »*

En tous cas, quelle qu'en soit la raison, Mark m'a probablement fourni un os à ronger pour pouvoir continuer à bruxer. Le grand intérêt, c'est que cela m'a obligé à chercher comment investir plus complètement le patient dans le Swan. Ce n'était pas le plus compliqué : je l'avais vécu avec Bob, je l'avais vu avec plusieurs patients.

Quand la main ou les doigts bougeaient bien, j'avais pris l'habitude de m'en passer. Il faut croire que les habitudes sont faites pour être changées…

Au départ, Bob ne faisait d'ailleurs se tourner la main que pour en faire un élément de preuve : le Turn. Un "convincer". Cela permettait aussi de vérifier sa mobilité et la qualité de réponse du sujet.

Dans mon cas, cela m'avait quand même troublé. Que la main tourne, OK. C'est le principe même de ce qu'on était venu tester. Que j'ai ce ressenti mal défini et qu'au début je qualifiais de bizarre ça, c'était inattendu et un peu déstabilisant. Quand je voyais mes patients vivre ce moment, celui ou la main semble vouloir continuer à tourner, saccade après saccade, comme si elle cherchait le regard de son propriétaire, je voyais les mêmes ombres passer sur le visage des sujets. Je savais déjà jouer de leurs émotions (merci Laurent[69]). Il ne me restait plus qu'à scénariser ces moments pour que les suggestions, verbales comme non verbales, m'assurent d'avoir ce que je voulais déclencher et comme d'habitude, sans que cela ne soit perçu.

Dans la continuité de "créer le réel" il était intéressant de donner plus de personnalité à cette main et plus encore à celui qui de fait la dirigeait,

---

[69]  Laurent Bertin : Formateur, hypnothérapeute qui dit ne pas faire d'hypnose ;) Souvent provocateur, travaille beaucoup sur l'émotion.

*E pur si muove...*

ce mystérieux Inconscient. La conséquence immédiate serait d'augmenter la dissociation et de prêter un pouvoir à cette personnalité autonome. Mais pour être honnête, ce sont les réactions des patients qui ont fait émerger la démarche. Je n'ai eu qu'à suivre. Avec un peu de réflexion, c'était parfois le patient d'après que je pouvais précéder.

Je me suis mis de plus en plus tôt à parler de cette **"Rencontre".** Le seul problème qui pouvait l'accompagner, c'était de déclencher une sainte trouille chez le sujet quand il finirait par faire face à cet "alien" qui venait d'émerger. Si je voulais qu'il ne puisse pas subir une fulgurante poussée d'anxiété à l'idée d'être enfermé dans le château du Comte Dracula, il fallait annoncer autre chose. Prédire autre chose. Et maintenant que nous savons que l'attention est guidée par la récompense, comme le disait Woody Allen pour réveiller un mort : « *Montre-lui son cadeau !* »[70]

Le Swan n'est pas une histoire de doigts qui bougent et de oui/oui/oui avant que comme par magie la personne ne change. Dans mes discussions avec mes collègues revient parfois un certain malaise, car la forme externe de ce qui se passe peut renvoyer aux planches de Oui-Jah et au spiritisme : l'esprit humain est ainsi fait que face à une chose nouvelle, il cherche en tout premier à se l'expliquer, en la rapprochant de quelque chose que déjà il connaît… Cela va vite, c'est simple et souvent assez vrai.

Mais là, il y a une différence énorme. Là où il y a spiritisme, on va chercher ces réponses et de la puissance à l'extérieur ; on va les chercher chez des entités surnaturelles : des Fantômes, des Anges, des âmes égarées, celles des morts ou l'Esprit de la forêt…

Le Swan permet de faire tout le contraire : aller chercher cela en chacun d'entre nous. Inutile de convoquer la grande tante morte en couche, ou la dernière fille inconnue des Romanov. Tout est là, chez le sujet. Ce n'est même pas en l'hypnotiseur. Tout appartient au sujet. Le rire et la tristesse ; l'espoir et la révolte, la constance comme l'abnégation, la rage face à la peur, jusqu'à l'ombre qui masque sa lumière et le courage après la chute…

Nous ne faisons que guider au travers de quelques signes.

Le premier objectif du Swan est que **le patient s'ouvre à sa propre altérité.** L'accueille et l'accepte. Les conflits intérieurs ne sont que des combats avec soi-même. Faire bouger des doigts n'est rien de plus que de jouer avec un trousseau de clefs.

---

[70]   Woody Allen : « Meurtre mystérieux à Manhattan ».

### 3"19 : LES PRÉSENTATIONS :
- Ma voix change. Plus lente, plus douce, plus grave.
- Ma gestuelle change. Plus lente, plus douce, plus délicate.

### 3"34. LA VÉRITABLE RENCONTRE :
Pour quasiment la première fois, je m'adresse à nouveau à Caroline et je lui pose une question dont la réponse, chez tous mes patients jusqu'à aujourd'hui, a toujours été "Oui". D'ailleurs elle manifeste clairement son enthousiasme.

*« Est-ce que tu voudrais avoir une rencontre avec toi-même ? »*

La question n'est pas totalement innocente. Sans même parler du monumental présupposé autour duquel elle est bâtie. Déjà, ça ne me paraît pas anormal, malgré ma quasi-certitude quant à la réponse qui va m'être donnée, de demander l'accord du sujet. Mais surtout, cela l'implique un peu plus et le maintient comme étant le participant actif de cette démarche.

Ceci dit, le truc étonnant, c'est que tout le monde accueille ça avec le même naturel, la même "foi", la même absence de surprise et le plus souvent la même impatience, quant au fait qu'on puisse – y compris à 83 ans – se rencontrer soi-même pour la première fois…

### 3"50 :
La main s'élève gracieusement, avec même une certaine majesté. C'est très joli, un peu comme un félin se redresse ou comme une fleur qui éclot. C'est probablement le moment ou dans l'esprit du patient son "inconscient" prend son indépendance et se révèle vraiment comme une personnalité qui a sa propre existence, avec évidemment la dissociation qui l'accompagne.

La proposition (et je m'adresse alors aux deux protagonistes) pour que ce mouvement aille jusqu'à **"échanger un regard"** est du même ordre. S'y ajoute une **déstabilisation** de Caroline, car c'est au moment précis de cet échange que non seulement :
- La dissociation est la plus forte.
- Que vient se greffer une certaine confusion (Comment est-ce possible ? Et pourtant c'est vrai…)
- L'émotion pré-suggérée s'installe.

Le tout me garantit que même un mouvement très lent sera favorablement interprété. L'affirmation « C'est bizarre… ! » est là autant pour ratifier que qualifier ce qui se passe et avoir un retour du sujet, qui dans ce cas nous est fourni par son non verbal.

*E pur si muove…*

Tout l'objet de cette partie est **"l'expérience patient"**, pas les phénomènes comme une performance. Ce n'est pas une lévitation, pas des doigts ou des paupières qui collent ; toutes choses qu'on peut renvoyer à un pouvoir ou une capacité de l'opérateur.

On vise une expérience intime, personnelle, liée à une émotion extraordinaire au sens littéral de ce terme.

Et c'est pour cela qu'il faut passer par une forme de reconnaissance de cette **altérité interne et une forme d'Alliance.**

D'où l'intérêt de faire cela en début de séance : il n'y a pas quelque chose en moi qui lutte contre moi. Il y a un allié, il y a moi. On est déjà, sous la forme la moins intellectuelle possible dans les **"Ego states".**

Cette forme très intuitive, très émotionnelle, instinctive, est presque un **recadrage.**

Un encouragement, une immersion, une motivation, un point d'appui à partir duquel on n'aura plus qu'à mettre en évidence des leviers de changements.

Tout cela, renvoyé à la séance de Mark, nous montre bien que ce n'est pas l'opérateur qui fait, quel que soit le rituel, quel que soit le protocole. Nous ne sommes pas des chirurgiens, même pas des chefs d'orchestre ; peut-être même pas des scénaristes, à peine des metteurs en scène. Ce peut être de façon excessivement minimaliste comme chez Roustang, très spectaculaire chez Mesmer ou Charcot, ou plus complexe chez Erickson qui pour filer la métaphore était un véritable auteur… Pour la plupart d'entre nous, soyons déjà satisfaits de réinterpréter les classiques pour leur donner l'apparence du neuf.

**Jusqu'à 5 minutes,** je me contente de continuer à maintenir ce haut niveau de dissociation, ce caractère léger et simplement de me laisser porter par ce qui se passe comme quand la main me regarde, moi.

## À 5"13 :

Mon non verbal change un peu quand je commence à jouer sur le paradoxe de leur différence et de leur unité, ce que je résume en général par :

*« Vous êtes les deux faces d'une même pièce. »*

Ou

*« Je sais bien que m'adresser à l'une, c'est m'adresser à l'autre. »*

Ces formules ont l'avantage d'être toutes simples et de résoudre l'ambivalence d'une situation, d'un doute ou d'une incompréhension qui intellectuellement pourrait bien durer. Il s'agit de transformer un conflit en alliance, un antagonisme en problème de communication… Ou bien faire de la thérapie de couple pour célibataire.

Il faudra directement ou indirectement, tôt ou tard passer par là, donc autant le faire clairement et dès que possible.

C'est le moment où l'on passe (en principe) à une phase thérapeutique.

Et à ma grande surprise, quelques questions simples plus tard… c'est un "Non". L'explication que je suggère très largement, bien que ce soit fait au travers d'un questionnement, nous est donnée rapidement.

**Pas l'endroit, pas le moment.**

Mon seul travail alors est d'organiser la suite, de bien présenter les choses comme une compétence acquise, qui n'aura besoin que d'une opportunité acceptable pour qu'un travail débute. La dernière chose à faire aurait été de présenter ce qui se passe comme une barrière et/ou un refus inconditionnel, d'autant qu'en reprenant le ton très léger du reste de la démo, on peut très facilement y arriver sans donner l'impression de vouloir convaincre.

Notre dernier échange, entre Caroline et moi correspond simplement au fait qu'elle voulait mieux appréhender ce qui se passait de A à Z, et dans quel ordre, sachant que toutes les vidéos prises en formation sont ensuite transmises aux stagiaires.

J'aime bien cette vidéo… Une des raisons tient au refus de la patiente d'aller plus loin. Parce que c'est intéressant à montrer : toute la facilité de tout le reste pourrait nous leurrer sur, au bout du compte, **qui décide de quoi…**

Là, on n'a plus à s'interroger : si quelle que soit sa tonalité, l'accompagnement offre assez de liberté, les réponses idéomotrices ont toutes les chances d'être fiables. Dans ce cas, l'opérateur, comme le sujet, a été surpris. « Non. »

Non veut dire non. On doit d'abord l'entendre et l'accepter **(Rejoindre)** puis l'accompagner. Cela fait, en séance il aurait sûrement été possible et intéressant, ensuite, d'explorer cette réponse.

À supposer (qu'en séance) elle se soit produite…

La fiabilité des réponses idéomotrices est régulièrement évoquée. Parfois on la met en doute, ou on la rejette en partant du principe qu'il n'y a pas un "inconscient" omnipotent ou omniscient, et effectivement, c'est très certainement le cas.

Si l'on inverse la proposition, il devient assez paradoxal de se fier à d'autres réponses que notre corps fournit au travers des micro expressions du visage, ou d'éléments de posture qui vont de la position des bras au recul du buste, plutôt qu'à ce qui est énoncé verbalement, parce qu'elles sont bien plus difficiles voire impossible à contrôler…

Alors à qui, ou quoi, se fier ?

Je ne crois pas non plus au fait que ce que des doigts indiquent soit une vérité gravée dans le marbre. Par contre, je pense que si l'on offre assez de latitude au patient, elles peuvent aisément être sincères.

*E pur si muove…*

Une façon simple de s'en approcher, surtout si on a des réponses assez faciles, est d'ajouter un doigt "je ne sais pas" ou un doigt "je ne veux pas répondre", comme dans la séance filmée de Romain. Une des caractéristiques nécessaires à un questionnement bien conduit, c'est qu'il s'accompagne d'assez de liberté au sein de la relation.

Ceci mis en place, les réponses pourront alors, plus facilement, être sincères. Et même **"inconsciemment sincères".**

L'exemple de Caroline et notre surprise à tous les deux, en est une bonne illustration. Au risque de me répéter, on n'en demanderait de toute façon pas plus à un patient qui, en transe, nous parlerait directement.

**La bienveillance inconditionnelle** de Rogers est le préalable à toute forme de communication en thérapie. Il ne s'agit en aucune façon d'être un bisounours, de considérer à priori les patients comme des choses fragiles : comment va-t-on les aider à changer si l'on croit ou laisse transparaître qu'un rien peut les briser ? Ou que ce qui se passe en séance peut se défaire tout aussi vite qu'on l'a fait émerger ? Ce caractère inconditionnel s'attache aussi à transmettre comme une évidence qu'on le pense capable et en droit de changer ; que la confiance qu'on lui porte en ce domaine est, elle aussi, inconditionnelle et qu'on accepte comme une chose naturelle que cela peut ne pas être le moment, que la décision lui revient non seulement du "quand", mais du "où", voire du "avec qui".

Mais que quel que soit son choix, nous serons là, à marcher à son pas :

**Rejoindre, Accompagner, Conduire.**
**Dans n'importe quel ordre qui puisse lui convenir…**

# 11

# WITH A TWIST

La nouvelle séance à regarder s'intitule « **4. Hello it's me.** »
Mais ne regardez pas cette vidéo ! ;)
Du moins, pas encore…

https://hypnose.pm/auboutdesdoigts/

Même QRcode et même mot de passe :
Ilsuffiraduncygne

Il y a quelques années, ce livre se serait probablement fini à peu près ici. Nous sommes même (Merci à Romain par exemple) allés un peu au-delà du Swan "traditionnel".
Cela reste une magnifique entrée en contact avec la plupart des patients, et je continue régulièrement à le pratiquer sous cette forme. On peut s'en servir comme entrée, comme plat ou comme dessert. Mais… Deux choses se sont ajoutées, la première donnant accès à la seconde :
Passé un point, il y a des limitations aux signaux idéomoteurs. Parfois même, cela finit par être confus. Romain Pellegrinelli a évoqué son embarras quand il s'est retrouvé à gérer **sept parties différentes** dont certaines ne répondaient pas à chaque fois de la même façon : suivant la partie qui s'exprimait, les mêmes doigts pouvaient vouloir dire alternativement "oui" ou "non"… ou "rien du tout".

*L'Hypnose au bout des doigts*

À ce niveau de dissociation et de dispersion, il est à la fois préférable et facile de passer en transe plus classique, ce qui de plus conduit sans efforts à un approfondissement.

Par nature, je ne suis pas un fan exclusif de transes profondes.

Par expérience, sans toutefois en faire une recherche systématique, je veille à m'en servir bien plus souvent qu'auparavant, spécialement quand certains éléments semblent la faire s'offrir presque à la demande.

On ne trouve que ce qu'on cherche dit-on ; alors disons que je la cherche beaucoup plus souvent. À tout le moins, que je surveille les opportunités d'y accéder comme s'il était tout naturel de l'obtenir. Pour certains sujets c'est une difficulté. Le Swan peut (peut) l'effacer.

Je travaille souvent en transe partielle, tout au moins en début de séance, tout comme je travaille assez souvent par questionnement immersif (que parfois on appelle hypnose symbolique ou conversationnelle). Par contre, j'y adjoins toujours, a minima, la recherche d'une transe stable et la vérification qu'il y a bien une réponse automatique aux suggestions, de même que son association à un phénomène simple qui, plus tard, va éventuellement me servir d'ancrage. Sans compter les fois où je travaille comme le patient veut bien nous laisser travailler... ;) Un des avantages du Swan, c'est qu'il peut être en fonction des séances, entrée, plat ou dessert. Et que cela peut se décider en cours de repas, en fonction de l'invité.

Il me parait indéniable que l'hypnose profonde a ses avantages et ses indications. La douleur ou l'anxiété majeure face à un acte chirurgical par exemple, où le patient désirerait avant tout être "absent". Certaines formes d'exploration personnelle comme cela pourrait être mon cas. Répondre à des croyances, comme celles de patients qui estiment qu'en dehors d'un accès à certaines conditions, un changement spécifique ne peut pas s'opérer... Il y en a d'autres, évidemment.

L'apport des neurosciences nous fait aussi considérer, qu'au-delà d'un gain marginal en suggestibilité (« Dans ce cadre, tout est possible ») la capacité des réseaux de neurones à se réorganiser soit plus élevée[71], tout comme il est probable que de faire vivre l'expérience de la profondeur à l'hypnotisé fasse bénéficier l'hypnotiseur d'un supplément d'autorité, ou même d'une forme de réciprocité de la part du sujet.

Reste le problème du temps car souvent, obtenir une véritable réponse au travers d'une hypnose profonde peut en demander. Pour beaucoup d'entre nous, c'est à la fois une découverte et un apprentissage. Selon Milton Erickson, cela peut prendre

---

[71]  Prisca Bauer Cecile Sabourdy : Neural dynamics of mindfullness and Hypnosis. 2022

huit heures, seize heures… Et là, merci Milton, ce sont les dires de quelqu'un qui pense que tout le monde est hypnotisable. Braid donne des chiffres comparables ; Esdaile parle de jours… Erickson avait déjà inclus les contraintes de temps dans son exercice alors même qu'il était étudiant – ce qui l'a conduit en début de carrière vers le signaling – et c'est encore plus perceptible dans « Practical application of Dental and Medical Hypnosis ».

Mais grâce à Dieu cela peut aussi – pas toujours – aller beaucoup plus vite… Conservons à l'esprit que la base, c'est à tout le moins de **ne pas ralentir le patient tout en proposant le plus possible.** Et de voir de temps en temps, ce qui peut bien se passer quand on le demande. Souvent des prémices l'auront annoncé. À partir de là, cela relève du choix et de la responsabilité unique de l'opérateur.

C'est exactement ce qui se passe dans la vidéo que nous allons regarder. Cela va même un peu plus loin : le sujet va beaucoup plus vite que moi et sa main l'exprime très bien. Rester sur la démarche classique serait l'assurance de perdre le rapport avec un patient qu'on restreint.

Parmi les différents avantages du Swan se trouve cette **très grande facilité à passer de "partielle" à "habituelle".** Vu le niveau de dissociation déjà le plus souvent obtenu, une simple manœuvre peut conduire à la profondeur. Greffez-y un brin de fractionnement, vous baignez déjà dans la perte d'agentivité[72]. Il ne restera qu'à vérifier que le conscient ne peut s'y opposer pour être assuré que l'on est bien dans une phase somnambulique. Dans le cas d'Audrey que nous allons voir, ce n'est pas nécessaire.

Au vu de la vitesse avec laquelle tout cela se produit, vérifier n'est pas une bonne idée : « The only winning mouvement, is not to move.[73] ». A ce moment-là, le rôle de l'opérateur est de se tenir à l'écart.

Je ne crois pas qu'il puisse d'ailleurs y avoir de manœuvre plus simple. Et quand je parle de cette bascule, c'est de ce qu'un observateur extérieur et naïf pourrait en percevoir.

Principalement parce que de fait, il n'existe pas de transe partielle.

- On commence par une fixation du regard.
- Nous avons une dissociation importante.
- Une réponse automatique aux suggestions.
- Des phénomènes hypnotiques.
- Le couple confusion/émotion.

---

[72] Agentivité : Concept de Albert Bandura, psychologue, sur le contrôle et la régulation de nos actes.
[73] Joshua 1983.

Il n'y a de transe partielle que parce qu'on l'étiquette comme cela pour des raisons stratégiques. Stéphane, le partenaire de Romain dans la deuxième vidéo est complétement en état d'hypnose, sans même qu'on le lui ait demandé. Mais si l'on prête attention au visage des patients quand on procède à un Swan, il y en a un grand nombre sur qui il suffirait de souffler pour que la bascule se fasse... Ceux-là d'ailleurs ne font que répondre aux suggestions « vous verrez tout, vous vous rappellerez tout ». Leur transe ne fait que ressembler à ce qu'on leur demande.

Dans le cas d'Audrey, ce qui se passe n'était pas prévu. Juste l'évolution de la séance qui est partie dans ce sens-là...

De toute façon, quand cela peut sembler intéressant ou nécessaire, je vous recommande de vraiment suggérer un glissement vers l'hypnose profonde. Le changement d'état est chez certains patients déjà bien suffisamment marqué pour qu'on ne se prive pas de cette suggestion quand elle nous tend les doigts, et qui de facto, dans ce cas-là, tient bien plus de la requalification.

C'est le patient lui-même qui devra formuler la suggestion : par l'intermédiaire de la partie déjà en hypnose, à la suite d'un mouvement que la personnalité ordinaire va percevoir comme involontaire, tout en répondant à une décision personnelle. Dans la vidéo, c'est exactement ce qui se produit.

Il suffisait d'être assez attentif ou présent (définissez-le comme vous le voulez), pour que les informations fournies par le rythme du patient me poussent dans cette direction...

Le fait qu'au départ ce n'était pas dans mes objectifs n'est pas une bonne raison pour l'écarter... De plus, cela ne présente aucune difficulté.

Maintenant, vous pouvez lancer la vidéo.


**0"13 :**

La première chose à savoir, c'est que Audrey sait ce qu'est le Swan et nous l'avons pratiqué ensemble, il y a déjà quelques années.

Pour les besoins de la démonstration, parce que nous avons devant nous à peine quinze minutes et sommes entourés de stagiaires, je le lui présente juste comme je le fais habituellement, c'est à dire de la façon la plus naturelle qui soit, tout en commençant à empiler les présupposés, en même temps que j'écarte tout ce qui peut faire peur, en lui assurant que ce dont elle a besoin pour pouvoir contrôler la situation, reste à sa disposition : « *On parle de transe partielle. Cela va te permettre de tout voir, tout contrôler, de tout entendre, de tout te rappeler etc.* »

*Whit a twist*

C'est en voyant et en revoyant cette vidéo, que je me suis rendu compte que j'avais rajouté au traditionnel : Voir/entendre/rappeler le terme contrôler. Alors bien sûr, même si c'est parfaitement inutile pour quelqu'un comme Audrey, ça reste plutôt une bonne idée.

Passons à la phase où je mets le bras en place, tout en prêtant beaucoup d'attention à la façon dont chaque contact s'effectue : ils doivent être légers et délicats, mais ils doivent également marquer une prise de lead, tandis que ma main gauche se replace très vite en miroir.

À vous donc de trouver l'équilibre nécessaire.

### 0"48 :

Par contre la suite était parfaitement imprévue. Cela faisait quatre ans, je crois, que la précédente séance avait eu lieu… Que tout se réactive aussi vite est un peu inattendu. Je vais donc à la fois ratifier et maintenir la conduite de la séance en reprenant le pretalk et en empilant des oui, alors que, tourné vers elle, je m'adresse exclusivement à Audrey, avant ensuite de pivoter mon buste et de revenir vers sa main.

Ce qui est une façon à la fois discrète et non verbale de marquer la dissociation.

### Jusqu'à 2"00 :

En dehors de conserver un lead très souple et de revenir sur le principe « *Tu sais déjà faire, et même faire des choses plus compliquées* », tout mon corps est en mouvement.

Pas uniquement mes mains, même si ce sont elles qui, principalement, se déplacent et donnent la mesure. L'espace est occupé, l'assertivité bien présente.

À partir de là, pour moi, ce sont des allers-retours entre "les deux faces de la pièce" : je finis de poser le cadre, je laisse les phénomènes s'accentuer, et je vérifie qu'Audrey est maintenant focalisée sur sa main.

### À 2"45 :

Il est temps pour une petite piqûre de rappel sur l'unité et le paradoxe que j'inclus dans la dissociation :

« *Fondamentalement, c'est à toi que je m'adresse. Simplement il y a cette partie qui d'habitude est plus intériorisée, plus discrète…* »

### De 2"50 à 3"50 :

La main s'agite, les doigts volent…

C'est à la fois facile, car tout est mobile, et un peu compliqué pour cadrer le "oui" et le "non" : des doigts au départ, puis des mouvements de main (que j'ai d'ailleurs peut-être initiés moi-même secondairement) s'imposent pour le Oui et le Non… Il y a à la fois une forme d'effervescence (c'est bon pour moi opérateur) et une perte discrète de rapport… Ce qui émerge semble prendre le Lead… Quel que soit l'État du Moi qui émerge, il sait ce qu'est le Swan, il connait le cadre et la situation, il a déjà son objectif. Le fait de voir plusieurs réponses surgir aussi spontanément, d'une façon presque désorganisée, me fait me demander si ce ne sont pas plusieurs États du Moi qui, en même temps, cherchent à passer en position exécutive…

## 3"50 :

Là, je commence à avoir l'impression que c'est presque moi qui suis de trop, que j'ai un temps de retard ; comme s'il y avait une demande en interne, longtemps mise en sourdine, et qui voit surgir l'occasion que quelque chose se passe, là, tout de suite, entre conscient et inconscient, voire différentes parties et dont je n'ai aucune idée. Je ne suis plus qu'un flic au carrefour qui ralentit la circulation et dont on aimerait se débarrasser. Cela me laisse le choix entre deux stratégies :

- Un questionnement pour savoir où "cela" veut bien vouloir aller et qui mène la danse.
- Rejoindre, accompagner et laisser ces "parties émergentes" prendre le volant pour leur abandonner la conduite.

En gros, il faut choisir entre un brouillon touffu ou s'effacer. D'une certaine façon, j'ai bien l'impression de ne plus vraiment avoir le lead… Fugitivement j'ai l'idée que puisque la main et les doigts semblent si mobiles, il serait probablement assez facile de glisser sans effort vers de l'écriture automatique, mais il y a toujours cette impression que c'est la main qui donne le tempo et que là, je ne ferais qu'être un boulet à qui on doit expliquer les choses, au risque de le/les ralentir.

Le temps de me dire que c'est une belle projection de ma façon de vivre parfois mes transes accompagnées ; et va pour l'option B…

Dès lors, mon personnage d'opérateur ne peut plus guère que s'offrir puis délivrer une illusion de contrôle : je vais donc suggérer ce qui est déjà en train de se produire (le terme « utiliser » dans un cas comme celui-là, est presque présomptueux).

De plus en laissant la place et en sollicitant l'émergence de toutes les parties, je vais sûrement approfondir la transe et j'aurai toujours la possibilité, après, d'avoir du feedback et de travailler plus spécifiquement sur ceci ou cela… Vu la virtuosité de ce qui s'exprime, voir où peut nous emmener un exercice d'écriture automatique, vaudrait le coup d'être filmé.

*« Vous n'avez pas forcément besoin de moi »* est d'ailleurs accueilli par un "Non" de la main. C'est tout dire… Il ne me reste plus qu'à redéfinir un cadre autonome et laisser faire.

## 4"50 :

À peine la proposition sur la table, que la main s'en saisit… Elle se tourne vers Audrey. Il ne me reste plus qu'à proposer une transe profonde, puis encore plus profonde, puis une suggestion sur la sécurité : je ne tiens pas à la voir tomber de sa chaise.

## À 5"50 :

Je considère que c'est acquis. Par contre, à moi de respecter le cadre que j'ai installé.

Depuis le début, je me suis toujours adressé à Audrey. Je me suis, suivant les moments, orienté vers son visage ou vers sa main ; mais depuis le début c'est à Elle que je parle. Quelles que soient les apparences. L'un ou l'autre de ces choix n'est qu'une question de timing ou de stratégie, mais je suis dans un cadre dont je veux maintenir l'équilibre comme la cohérence.

Donc, puisque "Audrey dort", il faut que je demande à sa main de se tourner vers moi pour lui parler. Et certes, il semble que ce soit à sa main que je parle quand ce n'est qu'un classique revisité… Un **"Homme de Paille",** on ne peut plus ericksonien… C'est un moment tranquille, facile, où je peux, au calme, mêler une réassociation avant de redissocier, puis donner de l'autonomie en jouant sur une suggestion d'amnésie dont je laisse au patient la décision, mais dans des conditions proches d'une soumission librement consentie. Après, il ne reste plus qu'à proposer un ensemble assez large, pour que de toute façon tout puisse y correspondre.

## 7"40 :

Pour moi la séance est terminée. Je n'ai plus qu'à m'écarter, et laisser faire ce qui doit être fait.

## 10"17 :

La main se retourne vers moi. Audrey (et ne confondons pas le doigt et la Lune : j'ai bien dit **Audrey**) même si elle est toujours en hypnose, m'annonce ainsi que le travail, quel qu'il soit, est fait. Je viens boucler la séance en proposant une bribe de pont vers le futur, et dès qu'Audrey doit retravailler, je prends soin de physiquement lui laisser de l'espace pour que d'une certaine façon, ce soit seule, de façon autonome, qu'elle boucle tout cela.

*L'Hypnose au bout des doigts*

Sur la fin juste un **"ceinture et bretelles"** : le rappel que ce qui s'est passé n'est pas gravé dans le marbre et qu'on peut, plus tard, faire le contraire ou tout autre chose… Pour en avoir discuté un moment avec un ami qui s'en était étonné, considérant qu'éventuellement, j'avais affaibli la position qui avait été obtenue dans la séance ; je n'ai pas d'explication absolue à donner sur ce choix…

Je peux le rationaliser a posteriori en disant que c'est une façon de plus de renforcer l'autonomie du patient… Je peux tenter de faire croire que c'est extrêmement malin, car je lui indique implicitement une capacité à changer qui va au-delà de cette séance. (Mais je ne crois pas trop à tout ça. Un peu à l'autonomie. Un peu.) Je crois tout simplement que parfois le niveau de changement fait que la longueur du saut peut être un frein. Et que de ne pas faire du changement un absolu quasi minéral peut au bout du compte le faciliter. On peut avoir peur, même d'un pont trop long.

Est-ce que ne sachant absolument pas sur quoi la patiente a pu travailler, il y a une part de projection ? Oui. Sûrement. Est-ce que je pense que le changement est l'œuvre du patient et non celle de l'opérateur ? Ce sont les ressources et l'autonomie du patient qui, quelle que soit la manière, doivent être encouragées ou préservées ? Oui, sûrement aussi. Pour avoir vu et revu cette vidéo, je crois que la patiente a toujours eu le "lead".

Elle m'a laissé l'accompagner parce que c'était plus simple. Ou plus poli.

**Une illusion de Lead… ;)** Je suis même arrivé à ne pas proposer d'écriture automatique pour ne pas essayer de le reprendre et y mettre mon nez. Et pourtant ce n'est pas l'envie qui m'en manquait.

Elle m'a juste laissé l'emmener au départ de la course parce qu'elle pensait en avoir besoin. Et après… D'ailleurs, à 12"15, toujours poliment, c'est exactement ce qu'elle me dit.

Je pense sincèrement, que si je conduisais ainsi toutes les séances, ce serait très bien. J'aurais bien travaillé.

L'hypnose profonde n'était pas visée. Elle s'est offerte. Si la séance n'avait pas évolué d'elle-même vers une séance "sèche" (effacement de l'opérateur et travail en solo du sujet), s'il ne m'avait pas paru intéressant de proposer une amnésie, si j'avais disposé de plus de quinze minutes… ça fait beaucoup de si… ;)

J'ai un petit regret pour cette histoire d'écriture automatique. En même temps, Audrey n'en avait pas besoin et je croiserai d'autres occasions. Mais la virtuosité de "cette main" semblait telle, que cela appelait cette transition.

Non que je sois un fan absolu de ce phénomène – ou de cette manifestation – mais on doit lui accorder un certain nombre d'avantages :
- Approfondissement +++
- Absolue sincérité des réponses

*Whit a twist*

- Expérimentation presque "mythique" pour le patient, suivant jusqu'où cela va et, ne nous cachons pas derrière notre petit doigt, pour l'opérateur. On baigne dans la forme externe de la "vraie" hypnose, un peu mythique, celle du XIX$^{ème}$, celle des possibilités d'émergence d'États du Moi multiples, et de visites au Havre de la Lucie de Janet.

- Facilité d'une dernière transition vers un somnambulisme profond, où on quitte l'idéomoteur, pour parler directement si l'écriture ne répond qu'à un besoin d'approfondissement quand la communication par ce biais n'est pas satisfaisante.

Aurait-ce été mieux pour Audrey ? No sé. Je ne crois pas…

Par contre il est intéressant pour l'opérateur de nous rappeler que le Swan n'est qu'une porte d'entrée, un cadre dont la versatilité quant à là où il peut nous conduire tient autant au sujet qu'aux circonstances et aux choix stratégiques de l'opérateur. Ce n'est pas une boite fermée, ce n'est pas un dogme, c'est tout un jeu de clefs dont on peut même se débarrasser quand les portes sont ouvertes.

Ce sera pour une autre vidéo peut-être…

# 12

# TWIST AND SHOUT

Au commencement était le verbe. Ce devait sûrement être celui de l'opérateur ;) On parle toujours trop.

J'ai commencé à quitter le cadre originel, celui du Swan "Classic", pour faire de toutes petites séances en fin de rendez-vous. Une séance se passe bien, on a un peu d'avance… Pourquoi ne pas offrir des goodies[74] ? Un truc fun et sympa. Sans enjeu et (presque) sans objet. Si la séance a été chargée, cela permet de l'alléger. Si cela n'a pas été tout à fait ce que moi ou le patient espérait, cela permet discrètement de réinstaller une certaine dynamique qui s'était égarée…

Ce que vous avez vu avec la vidéo d'Audrey n'est qu'une extension de ce genre de choses. Avec elle, c'est allé plus loin, jusqu'à cette séance qui tenait assez de l'auto-hypnose. Par contre, j'aurais vraiment dû faire un rituel et placer un ancrage sur tout cela, pour être réellement didactique face au groupe et lui assurer le dernier outil dont elle avait besoin… Mais bon, visiblement je ne suis pas malin tout le temps… Le Verbe disais-je… **Il vient.**

Voilà encore une séance, une autre, à classer en "Goodies"… Finalement quand on ne veut rien, quand on n'implante rien, il se passe des choses qu'on n'attend pas et on s'y adapte parce que c'est tout ce qu'il y a à faire. Les objectifs rendent myopes et nous poussent à penser "Inside the Box". Du coup, on peut juste être surpris, ou encore se demander pourquoi on ne l'a pas fait avant…

Le patient, Vincent, est venu pour des douleurs à la hanche, douleurs qu'il gère à peu près dans la journée, mais moins bien le soir, l'empêchant de s'endormir comme il le voudrait. Je vais donc choisir de travailler avec quelque chose qui corresponde au moment où la douleur l'interpelle. C'est un homme âgé avec des problèmes d'arthrose, il est suivi médicalement, l'induction d'Elman est simple, à la limite de l'autohypnose et bien indiquée pour ce genre de symptôme, comme pour le sommeil d'ailleurs.

---

[74] Goodies : Petit cadeau, bonbons, surprise.

*L'Hypnose au bout des doigts*

Nous voilà donc partis pour une quarantaine de minutes sur les traces de Dave Elman, conclues par un ancrage sur les paupières de Vincent pour qu'il puisse à volonté, retrouver calme, indifférence à la douleur et un sommeil reposant.

En fin de séance, Vincent va sortir d'hypnose un peu péniblement et assez cotonneux. Le fractionnement propre à l'induction d'Elman ainsi que son approfondissement, plus celui qui intervient avec l'ancrage, ont largement fait leur effet. Puisqu'il reste un bon quart d'heure, le Swan est une occasion de le réveiller et de voir en peu de temps s'il y a quelque chose sur lequel revenir, ou à défaut, à rendre plus tonique. « Va pour un Swan », me dis-je !

À peine le temps que le second doigt soit mis en place pour indiquer un Non, que je vois la tête se mettre à plonger et les yeux se fermer… La main se tourne assez facilement sur demande, mais mon Dieu, comme il est difficile de faire se rencontrer des regards quand les paupières sont closes ! Me voilà donc en train de soliloquer comme quoi le fait de dormir n'empêche pas de rêver tandis que les doigts de Vincent s'agitent tous seuls, alors que la main est toujours tournée vers son visage. Par contre la tête se redresse, suivie ou précédée par la main qui effectue le même mouvement, pendant que je poursuis mon monologue qui tient plus ou moins largement de la machine à phrase, si ce n'est que je vise un rêve plus éveillé.

*« Un rêve dans lequel on peut respirer, réfléchir, se mouvoir, se parler, laisser notre corps dormir, indifférent à la douleur, confortable » etc.*

À ce moment-là, je vois Vincent essayer – il me semble – de parler, tandis que ses doigts s'agitent toujours autant. Je vais donc accompagner ce qui est déjà en place ou presque : que l'inconscient passe de la main aux lèvres, à la langue puis à la gorge, tout en s'assurant que tout ce qui peut être fait pour la douleur le soit et alors, qu'il me dise si quoi que ce soit d'autre est nécessaire.

La main s'est retournée vers moi, laissant Vincent parler. C'est resté un peu pâteux quand même. Cela semblait demander un effort comme cela arrive en hypnose profonde. Un effort et un délai.

Il y a eu quelques phrases ébréchées si j'ose dire : de mémoire, quelque chose comme *« je ne crois pas / je vais faire/ indifférent… »*. Et l'impression que je l'embêtais plus qu'autre chose… Nous ne sommes pas allés beaucoup plus loin. D'une part, je n'en avais pas le temps, d'autre part, hormis lui dire que l'ancrage installé pourrait le ramener à ça, le travail prévu pour la séance était fait.

J'ai donc annoncé à Vincent qu'il allait pouvoir encore en profiter une à deux minutes, puis que spontanément la main s'abaisserait, les yeux viendraient se rouvrir ; qu'il y aurait une grande inspiration et qu'enfin, quand la main toucherait la table, cela serait la fin de la séance, mais que tout ce qui s'était passé resterait facile à revivre, accessible et le serait à chaque fois un peu plus. **Que du classique.**

*Twist and shout*

J'ai donc eu trois à quatre minutes – le réveil n'a pas été si facile que ça – pour me dire que la transition du Swan vers l'hypnose profonde, et des signaux idéomoteurs vers la verbalisation pouvait être facile. Aisée, serait plus juste. Ce versant stuporeux vers lequel elle avait dérapé ne l'avait pas rendue si utilisable. Je me suis aussi rappelé que, déjà à Londres, Bob Burns s'était retrouvé avec un sujet particulièrement coopérant (Steve ?) et qu'il avait entamé une conversation avec une personnalité seconde.

**C'est parfois étonnant comme le cadre nous enferme, si on n'y prend pas garde…**

Nous avons refait une autre séance quelques mois plus tard, plutôt brève. Pas de Swan, juste en repartant de l'ancrage comme s'il avait fallu le réactiver : les résultats de la première avaient été assez bons. Après, nous nous sommes perdus de vue quand Vincent a pris sa retraite en Dordogne.

Sans que je puisse dire s'il y a synchronicité ou si c'est juste Bob qui s'est mis à l'évoquer plus facilement, mais Mister Burns a commencé à poster à peu près à ce moment sur le thème du "Swan speaks". Je suppose qu'il était arrivé bien plus vite que moi aux limites du modèle classique. Ce qui nous conduit à la suite.

Vous allez donc voir deux vidéos dans lesquelles le **Swan parle** : parce que cela élargit sa fonction d'une part, et parce que cela "colore" la transe puisque nous ne partons plus d'un point zéro. Du coup, on peut donc considérer le Swan en soi comme **un ensemble suggestif avec des caractéristiques particulières.**

Vous trouverez la première sous l'intitulé « **5. Le Swan Parle** » alias « **Le Chant du Swan** », avec Caroline B. pour sujet. Je vous invite à la visionner derechef. ;)

Pour les navigateurs fermés entre deux chapitres :

https://hypnose.pm/auboutdesdoigts/

Même QRcode et même mot de passe :
Ilsuffiraduncygne

Comme d'habitude, vous pourrez, avec ce lien, suivre la vidéo sur l'écran de votre ordi ou de votre téléphone vidéo, tout en ayant accès à ses commentaires dans l'ouvrage que vous tenez entre vos mains.

### Jusqu'à 0"35 :

C'est juste une réponse après que les stagiaires aient vu la vidéo précédente, sur l'importance, et plus exactement la mise en place de tous les éléments d'influence que contient le pretalk, et le fait que je puisse avoir mes doutes, pour autant qu'ils n'apparaissent pas quand je travaille.

### 0"35 :

Le pretalk va être réduit à minima : il y a déjà eu deux vidéos du Swan vues lors de cette formation (plus une envoyée en amont de l'atelier) ainsi que deux démonstrations. J'en conserve les vérifications physiques dont la façon de procéder dans la légèreté du contact et son acceptation : elles m'informent de la disposition du sujet et l'informe, elle, de l'attention et de la délicatesse avec laquelle j'envisage de procéder.

J'obtiens alors ce que James Tripp appelle des Drapeaux Verts (Green Flags) ; je peux continuer sur le même rythme, sans multiplier les suggestions préalables de tout ordre.

La suite est très classique, vous êtes habitués maintenant à voir les mêmes suggestions se succéder, qu'elles soient verbales ou non verbales. Les seules différences avec les inductions classiques tiennent au fait que, d'une part, nous n'avons pas recours à l'imagination – ce qui doit se produire est présenté comme acquis, un fait, une évidence – donc la demande est forte, et que d'autre part, ce qui est demandé est minime – un sursaut de n'importe quel doigt, un quelconque mouvement de main – donc une concrétisation faible. Il y a donc une inversion de la mécanique habituelle où une manifestation importante est soutenue par la mise en œuvre d'un artifice imaginaire (ballons/aimants etc.). On peut considérer, puisque l'on s'exprime en termes de mécanique, que le moindre mouvement en sera le point d'appui. Ce point étant défini par une réponse faible, il faudra lui appliquer un levier fort.

### 1"15 :

Un doigt bouge. L'important est de, tout de suite, le faire ratifier par Caroline et qu'immédiatement ma position change pour pouvoir m'adresser à la main, comme à un personnage existant, et que je "sépare" Caroline de tout cela, pour que dès lors, elle ne soit plus qu'une spectatrice conduite à la dissociation.

À la seconde où j'aurais une nouvelle manifestation d'un doigt, c'est que l'intégralité du processus sera acceptée.

## 1"24 :

Réponse très nette. Bingo. Le levier a fonctionné.

## 1"39 :

J'ai trouvé un "Non". Je le fais ratifier de nouveau par Caroline, et en même temps sous le radar d'une avancée très conviviale, je vais évaluer où nous en sommes. Si elle semble curieuse et amusée, si les réponses sont vives, si elle vit tout cela de façon clairement dissociée ; elle me semble très "présente" bien qu'en attente de la suite.

C'est cette impression qu'elle est en attente, et de façon très positive – même si c'est moins marqué dans son cas que pour Audrey, qui va me faire raccourcir le processus. Conservez toujours cette idée que notre attention est guidée – entre autres – par les circuits liés à la récompense.

## 2"00 :

Tout se passe bien, mais j'aimerais bien la déstabiliser un peu… Il y a cette impression que quoi qu'il se passe, Caroline sera compliante, joviale et même sûrement heureuse de ce qu'elle vit, mais sans toutefois se départir d'une certaine contenance. Cela ne devait pas être un si mauvais diagnostic, sachant qu'après elle nous confiera son inconfort quand elle fait face à un public.

Je vais donc pousser un peu plus qu'à l'habitude sur ce moment qu'est la "rencontre" en appuyant sur le versant impressionnant du scénario que je délivre en principe systématiquement. Qualifier (ou étiqueter) n'est rien d'autre qu'une suggestion : on voit ce qu'on attend.

## 2"35 :

*« C'est vraiment un animal ! » / « Ne l'écoute pas… »*
Toujours créer du réel, ce qui me permet de rapprocher de façon très légère, presque humoristique, ce qu'elle mettait à distance, et toujours sous le radar. La dissociation augmente encore probablement mais je n'ai pas eu ma bascule.

Je décide donc de passer à une transe plus habituelle (usuelle ?). Comme vous le voyez, techniquement la transition est toute simple : on fait à peu près la même chose que ce que l'on a fait pour que le premier doigt bouge, c'est-à-dire personnalisation (on crée du réel) et conviction… Une fois de plus, s'adresser à cette main alors qu'en fait on s'adresse à la personne, n'est rien d'autre que d'utiliser un levier pour augmenter la puissance de la suggestion. Tout comme la faire se tourner vers le visage n'est qu'une course d'élan. Donc mes suggestions continuent d'appuyer ce que le mouvement de la main a déclenché…

La demande d'amnésie n'est là que pour approfondir et éventuellement jouer avec à la sortie… Fondamentalement, je m'en fiche plus ou moins qu'elle ait ou non une amnésie. C'est juste un hameçon et un appât plus qu'une bouteille à la mer, pour voir. Une relance pour faire sérieux. Ensuite, elle s'en saisira (ou pas) suivant ses envies, ses besoins, ses croyances, sa capacité dans ce domaine ou simplement sa curiosité…

Il y a bien assez de suggestions qui sont passées, pour qu'une de plus ou de moins ne se voit pas vraiment. Par contre, délivrer des suggestions en cascade laisse toujours la possibilité qu'elles prennent, ou tout au moins que sur l'ensemble, sous l'effet du nombre, l'une d'entre elles passe mieux, avec l'approfondissement que cela entraine.

### 4"20 :

Et quand ça traîne, on redemande. Et pas en indirect. Pas en montant le ton non plus. Mais on redemande. On ne donne pas les clefs de l'auto à la main : la main est l'auto, quoi que puisse en croire le sujet. Tout comme la carte n'est pas le territoire, la main n'est pas l'inconscient. Elle n'en est qu'une représentation. Plus qu'une image en 3D, elle en est le symbole incarné.

### 4"35 :

Dernière étape du transfert du mode "hypnose partielle" à hypnose profonde : on passe du morse à la radio.
*« De la même façon que tu as su t'exprimer avec les doigts, pour pouvoir me répondre, occupe-toi des lèvres, de la langue, des cordes vocales… »* (Tu sais faire, tu as déjà fait.)

C'est une instruction simple, claire et détaillée. Rappelez-vous simplement qu'elle ne s'adresse qu'à l'inconscient que l'on a dissocié/personnifié, et pas à la personne dans son intégralité. Un État du Moi qui tient dans une main, hors de portée d'un quelconque droit de veto de tout ce qui se situe au-delà du bras.

Comme toujours, j'y joins une question pour valider le résultat.

### 4"58 :

Arrive un "OK". Juste ce "OK", un peu ensommeillé.

D'ailleurs, cette transe me semble avoir une orientation bien plus stuporeuse que somnambulique : les réponses verbales sont plutôt des monosyllabes qui tombent des lèvres, alors qu'au milieu on a encore, mais par moments, les doigts qui au travers de l'idéomotricité, continuent de fournir des réponses. L'Homonculus de Penfield dans toute sa splendeur. Peut-être est-ce que la représentation de l'hypnose profonde, pour beaucoup de sujets, est une transe stuporeuse. … Peut-être…

### 5"30 :

Demande de l'amnésie : on a une réponse par le doigt puis la voix et "Oui" par deux fois. Puis je demande si le conscient sera d'accord (mais je le demande à l'inconscient et pas à la personne dans son intégralité).

### 6"20 :

De nouveau, j'ai une réponse idéomotrice quand j'interroge Caroline, et de nouveau, je lui demande de me parler directement.

### 6"49 :

Je la préviens qu'à partir de ce point, je ne vais maintenant plus interrompre le travail qu'elle va lancer… Et d'ailleurs, jusqu'à 8"45, de l'extérieur on ne sait rien, juste un sourire discret qui apparaît, suivi d'un petit bruit amusé…

Quelques mouvements des doigts sont ensuite un peu plus signifiés et accompagnés d'une oscillation du bras.

Encore quelques secondes et j'annonce la fin de séance avec les éléments classiques : une demande de mouvement de tête pour voir si la suggestion est suivie ; une vérification que tout ce qui devait être fait l'a été ; un accord du conscient comme du subconscient ; un pont vers le futur pour laisser à Caroline le temps de se projeter et d'avoir une idée un peu plus précise (ou une autosuggestion sur de possibles conséquences avec plus de recul).

### 10"00 :

La sortie de transe commence à laisser filtrer ses premiers signes.

*L'Hypnose au bout des doigts*

J'en profite pour poser deux dernières questions pour lesquelles je tiens à avoir une réponse verbalisée afin de m'assurer de son engagement : d'abord que ce changement lui convient à long terme, et ensuite si elle préfère ou non conserver l'amnésie. Ce sera "oui" dans les deux cas...

Au fur et à mesure de la sortie de transe, l'expression d'amusement s'amplifie de plus en plus, jusqu'à aller à un éclat de rire dont les raisons resteront dans la tête de Caroline. Enfin, jusqu'à plus ample informé ;)

******

### L'HOMONCULUS DE PENFIELD :

Après quelques hésitations, j'ai finalement décidé d'aborder le sujet dans cette partie du Swan où l'idéomoteur laisse la place à la parole. Ça aurait pu être plus tôt, mais il m'a semblé préférable d'aborder le sujet quand vous auriez eu le temps de vous familiariser avec bon nombre d'éléments. Et je trouvais que cela assurait une forme de transition...

Présenté comme cela, cela ressemble à un personnage non retenu par Peter Jackson pour le Seigneur des Anneaux. En fait cette "représentation" est due à un neurochirurgien canadien, le Dr. Wilder Penfield, qui de 1940 à 1950 a eu l'idée de localiser les zones cérébrales de connexions sensorielles et motrices du reste du corps humain. Difficile pour un scientifique qui dispose d'une anesthésie locale et d'électrodes, de ne pas profiter d'un cerveau exposé sans sa calotte osseuse et faire preuve d'une indomptable curiosité.

Plus sérieusement, son travail portait sur des patients épileptiques, et a permis entre autres de mieux comprendre certaines choses comme les douleurs des membres fantômes. Il se trouve que par rebond, ce cher Wilder nous a fourni de précieuses indications sur les réponses idéomotrices.

Penfield a donc étudié le cortex moteur, mais aussi notre cortex sensoriel et les a cartographiés : ce cortex est la bande de notre cerveau d'où partent les commandes qui ordonnent à nos muscles de bouger. Sur la cartographie de Penfield chaque partie du cortex moteur correspond à une partie du corps. On peut immédiatement noter que sa surface allouée n'est pas proportionnelle à la taille de la partie du corps, mais à la complexité des mouvements que celle-ci peut effectuer.

Ainsi, les surfaces occupées par la main — et surtout le pouce — ou la bouche présentent une taille disproportionnée par rapport aux jambes, par exemple.
Voyez-vous où je veux en venir ?

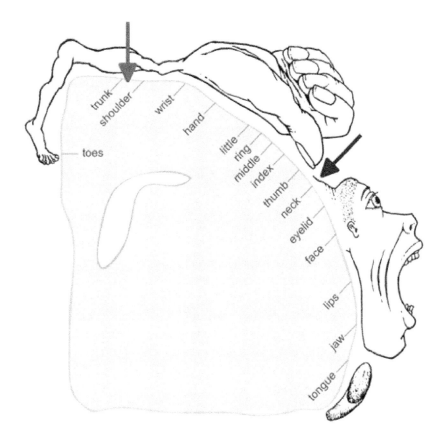

Notez la taille énorme dévolue aux doigts et aux lèvres. Et c'est identique sous l'angle moteur comme pour l'aspect sensoriel. Sur le précédent dessin, on voit aussi toute l'importance de la langue. La flèche indique l'emplacement effectif et le dimensionnement de ce qui est alloué au cou (neck) après des études plus récentes ; la flèche noire indiquant le positionnement que les premières études avaient fourni.

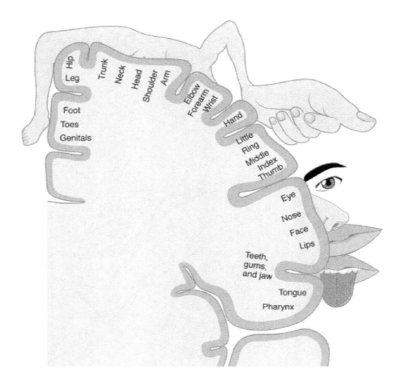

Ce schéma est assez similaire au premier (moteur) mais la cartographie sensorielle, où la distribution pour les doigts et la langue est bien mieux mise en évidence.

Mais revenons au sujet qui vous a fait acheter ce livre : historiquement Leslie LeCron a commencé à s'intéresser aux réponses idéomotrices comme moyen de communication inconscient par le pendule. Et la logique voulait cela : tout le travail de Chevreul, deux siècles plus tôt, conduisait à ce choix…

Mais… Il y a toujours un mais. ;)
D'une part, cela renvoyait l'hypnose à l'image du spiritisme dont tout le monde médical cherchait à se débarrasser. D'autre part, on se trouvait limité par le nombre de réponses possibles : à peine deux, quand les mains peuvent, elles, en offrir beaucoup plus. Mais surtout, comme le laisse clairement comprendre Erickson, dans le tout premier article sur l'idéomoteur publié en 1923, le mouvement des doigts, ce geste si simple à obtenir est la plus minime de toutes les portes d'entrées qui peuvent conduire à l'hypnose. Et cette série de minuscules lévitations n'est pas possible avec un pendule… Tout comme elles semblent difficiles à concevoir avec la tête.

Alors bien sûr on pouvait, malgré cela, se rabattre sur les mouvements de la tête qui sont inscrits si naturellement dans notre vie de tous les jours, et donc faciles à implanter. C'est même un des points qui, en congrès, avait attiré l'attention d'Erickson. Mais justement leur point faible est là : ils sont si implantés comme un moyen de communication "externe" qu'il ne sera pas très simple de différencier une gestuelle habituelle, d'une expression de compliance ou encore d'une forme de code, d'un langage à destination de l'autre, exactement comme le fait de soulever les sourcils en conservant un visage "Poker face" comme j'ai été amené à le pratiquer un an et demi en Polynésie, signifie "Oui". Et il m'a bien fallu une ou deux semaines pour m'en défaire, une fois rentré à Marseille à mon grand regret, devant l'incompréhension absolue que cela entrainait chez mes contemporains…

Nous voyons surtout par l'intermédiaire des travaux de Penfield, pourquoi il semble, dès que le rapport est établi, si facile d'obtenir un "finger signaling" pour reprendre la terminologie de David B. Cheek qui l'a popularisé ; pourquoi surtout il peut s'adapter à un nombre de situations bien plus considérable que le pendule ou des acquiescements de la tête. Cheek était gynécologue et quelque chose d'aussi simple et discret, utilisable au bloc, lui était par ailleurs parfaitement adapté, ce qui a grandement participé au fait qu'il l'ait autant utilisé.

Il y a d'ailleurs une thèse (en allemand) de 2006 sur cela, de Anne Häberle : "Social Cognition and ideomotor Movements" (pas sur le "Oui" formulé juste en soulevant les sourcils, mais sur le fait que les réponses idéomotrices au travers des doigts sont largement préférables à celles au travers des mouvements de tête). Elle vient confirmer les travaux de Kuft[75] et son équipe à l'institut Planck de neurosciences en 2001 : le corps et la tête d'un côté, et les mains de l'autre sont gérés par des systèmes automatiques dont **les fonctions diffèrent.**

Les uns sont orientés vers l'extérieur pour récolter de l'information.

Les mains sont dévolues à la réalisation de tâches et visent un but à atteindre.

Il y a donc des automatismes dissemblables, non psychologiques, neurologiquement câblés différemment.

Avec les réponses idéomotrices, il y a une tâche à accomplir suivant un modèle que fournit l'opérateur pour transférer une information. Les mains y sont donc plus adaptées quand il s'agit de non verbal, sans implication de l'empathie et où le rôle des neurones miroirs, s'ils interviennent, se limite à l'absorption du modèle.

---

[75] An Analysis of Ideomotor Action Lothar Knuf, Gisa Aschersleben, and Wolfgang Prinz - Max Planck Institute for Psychological Research. 2001. Merci Christophe Dufour !

Personne ne bouge le pouce pour dire "non", ou l'annulaire pour dire *« je ne veux pas répondre »*. Jamais. Sauf en hypnose.

Dans la mesure où les mains sont innervées par des réseaux neurologiques dédiés au mouvement et non à la pensée : le décalage est plus intéressant. Si la main « parle » ce n'est que parce qu'on lui a confié une tâche et que cette tâche est celle dont l'opérateur fournit le modèle pour réaliser sa communication. De fait, c'est un leurre.

Elles ne parlent pas : elles transmettent.

Par contre, la sensation d'involontarité, qui change d'ailleurs de niveau au moment de la "Rencontre", sera bien plus grande, car de plus, il s'agit bien de l'expression volontaire d'une partie de nous, jusque là étrangère de notre personnalité.

Tout le contraste de la "rencontre" y est lié. La main n'est plus dans son rôle. Elle fait autre chose que ce pourquoi elle est prévue : elle change de statut et cesse d'être un simple instrument pour sembler être indépendante et/ou au service de quelqu'un d'autre ; autre qui ne serait jamais que nous même.

Confusion assurée.

De plus, si le nombre de connexions est tout aussi important avec la bouche et la langue ; tout comme la tête, le verbal peut pêcher par le fait qu'il peut être employé consciemment comme inconsciemment, alors qu'un seul canal est généralement (hors langue des signes pour les malentendants) ouvert aux doigts comme aux mains.

Rappelez-vous l'expérience de Hilgard où son patient, rendu sourd, ne s'était rendu compte que quelque chose se passait, uniquement parce que sans qu'il sache pourquoi, un de ses doigts avait bougé.

Consciemment ou non, la transition sous hypnose ne sera pas d'une grande difficulté.

Twist and shout (asleep).

# 13

# SWAN SWINGS

*Drive it like you stole it !*

Donc le cygne parle… En tous cas le patient le peut. À partir de là pour l'opérateur, c'est une question à réponses multiples.

Nous avons quelqu'un de dissocié, habitué au questionnement, et suivant le stade de la séance, des parties ont déjà émergé. On a peut-être entamé un recadrage en six points. Pour une raison ou une autre (On tourne en rond ? Trop de parties invoquées et ça devient compliqué ? Un patient parti tout seul complètement ? Un besoin de profondeur ? Ou a contrario malgré les réponses idéomotrices, un patient qui semble décidé à rester présent), on décide alors de quitter le cadre d'une transe partielle.

Même si la seule règle, c'est : "Pas de règles !", le plus simple généralement, est de continuer de façon raisonnablement cohérente ce qu'on a entamé dans les deux axes déjà mis en place.

## LES ÉTATS DU MOI :

Nous allons en parler beaucoup et longuement, plus précisément aussi, un peu plus loin. Pour l'instant, considérons que c'est un terme global, utilisé de façon générique pour des choses aux caractéristiques de base proches mais qui me semblent relever de niveaux de dissociation différents.

Vous ne retrouverez cela probablement nulle part dans la littérature, c'est juste un point de vue personnel, parce que je trouve facile et pratique de concevoir une abstraction qui en relie d'autres (j'en ai même une image) plutôt que de les concevoir comme séparées et imperméables les unes aux autres.

### 1. Les Parts Therapy :

Elles morcellent un seul individu sans atteintes à sa globalité. Une partie de Martin fait ceci, une autre fait cela ; l'une est un embrayage l'autre la carrosserie.

### 2. L'analyse transactionnelle :

Nous avons toujours la même personne, mais dans des âges ou rôles différents : Enfant /Adulte /Parent. Mais dans l'ensemble c'est toujours Martin (encore que pour le Parent, il puisse être la représentation symbolique d'un proche ou de quelqu'un d'important pour le patient.)

### 3. Les États du Moi :

À leurs extrêmes, ce sont des personnalités séparées qui s'ignorent ou éventuellement se croisent et se succèdent : à ce stade on peut parler de personnalités multiples. Mais plus généralement, on peut également les trouver beaucoup plus proches, avec des frontières bien plus perméables ou indécises, en conflit d'intérêt ou en alliance, et dont on peut s'interroger sur leur réalité.

Entre les trois, la voie d'abord sera souvent presque désignée par le patient en fonction de ce qu'il avance et rien n'empêche d'en changer : ce ne sont que des stratégies qu'au cas par cas on propose, sachant que très humblement et vu mon type d'exercice, je vais probablement croiser extrêmement peu de personnalités multiples.

Passons maintenant au second axe.

## LE QUESTIONNEMENT

C'est il y a une dizaine d'années, quand j'ai commencé à voir passer des articles sur le Clean Language que j'en suis venu à m'y intéresser. Mais c'est vingt à trente ans plus tôt que David Grove a commencé à développer cette pratique, sans toutefois la codifier précisément. Cette partie-là sera réalisée plus tard par un couple : James Lawley et Penny Tompkins[76], qui après des centaines d'heures de visionnage, extrairons des séances de Grove des éléments, essentiellement des questions, qui reviennent constamment et qu'ils classeront en différents groupes.

Si je devais être fidèle à la plupart de ce qui est publié sur le sujet, la description – un peu abrupte - que je pourrais en faire donnerait une impression marquée de formalisme terriblement ritualisé, principalement parce que le "Langage propre" est comme ça.

Mais au-delà de ce rituel, se trouvent des objectifs qui incluent une foule de choses intéressantes, depuis une focalisation de l'attention du sujet en interne (donc l'essence

---

[76] Des Métaphores dans la Tête - Transformation par la Modélisation Symbolique et le Clean Language.

de la mise en hypnose), à une absence de projection de l'opérateur au travers d'un discours volontairement aseptisé. Le but premier du Clean Language est de conduire pas par pas le patient à faire émerger des représentations symboliques qui lui sont "propres", et c'est pour qu'il en soit le seul auteur que le Langage du "Facilitateur" – c'est ainsi qu'est désigné l'opérateur dans cette pratique – doit être parfaitement "Clean".

Dans un second temps, cette modélisation symbolique sera utilisée pour en explorer les attributs et la relation entre différents symboles. On veillera à faire d'abord émerger des ressources déjà présentes ou cachées, et à s'appuyer sur celles-ci pour modifier soit les relations entre symboles, soit le symbole primaire lui-même, afin d'assurer un changement. Ceci, comme précédemment, toujours à l'aide d'un questionnement "propre" visant une expansion ou une clarification de la réponse précédente, en l'absence de tout présupposé que pourrait fournir volontairement ou non le Facilitateur.

Si tout cela est si intéressant (et il n'y a pas de doutes, ça l'est !) pourquoi alors ne pas suivre les recommandations de Lawley et Tompkins à la lettre ?

Parce que dans sa forme la plus stricte, je ne suis pas totalement à l'aise avec la procédure. Un peu plus maintenant. Je me soigne ;)

Parce que la première fois où j'ai vu quelque chose qui y ressemblait c'est, avant d'entendre parler du Clean, sur un forum US où quelqu'un travaillait sur la douleur en modifiant les "attributs" d'un symbole qui la représentait.

À l'époque, j'avais surtout retenu qu'il travaillait sur les "sous-modalités" (en Language PNL) que quand ça patinait un peu, il posait des questions. Et lui ne démarrait cela qu'après le binôme induction/approfondissement. Était-il ou non influencé par Grove ? Je ne sais pas…

Moi, en revanche, je l'ai beaucoup été par le courant Sociocognitif ou Behaviouriste (je vous laisse choisir l'étiquette) Spanos/Gorassini/Kirsch et Lynn. Et dans cette mouvance, se trouvait Norman William Katz[77] qui, cherchant à voir comment obtenir le plus de suggestibilité chez ses sujets lors des inductions, ne faisait plus que leur demander comment ils s'y prendraient. Il ne plaçait plus d'aimants ou de ballons, il leur demandait ce qui pourrait faire se rapprocher leurs mains ou monter leur bras.

Il posait une question. Un symbole émergeait. Il en posait une autre pour obtenir plus de détails. Puis une autre encore. Et encore après cela, j'ai croisé l'Entretien Motivationnel.

---

[77] Comparative Efficacy of Behavioral Training, Training Plus Relaxation, and a Sleep/Trance Hypnotic Induction in Increasing Hypnotic Susceptibility. 1979

*L'Hypnose au bout des doigts*

Prenez l'Admin U.S. de Hypnothoughts, rajoutez Katz, saupoudrez d'écoute réflexive et de questionnement directement issu de l'Entretien Motivationnel et vous obtiendrez quelque chose de raisonnablement proche du Clean Language, bien que principalement en surface. Mais avec une variété de questions bien plus grande. Une posture beaucoup plus relaxée de l'opérateur. Vous pouvez décider d'en faire quelque chose de 100% "propre" ou de vous offrir certaines libertés. Ce que j'ai fait. Non par caprice ni par désir de singularité. Sur le fond, il m'arrive d'être plus que propre.

Mais : si le Clean est pour moi un outil parmi d'autres et pas l'axe central de ma pratique, malgré le temps, je ne suis pas toujours à l'aise avec l'inébranlable répétition de chaque mot, de chaque conjonction de coordination, alors que l'écoute réflexive est quelque chose que je fais sans même ne plus réfléchir depuis longtemps. Je l'ai vu être pratiqué avec assez de talent pour se permettre un peu moins de rigueur sur la forme sans le moindre écart sur les principes. Le genre d'écart qu'on doit s'interdire quand on est débutant ; mais qui m'a évité de désespérer m'y faire.

En termes plus généraux, je n'écarte pas l'idée que le plus difficile pour les hypnothérapeutes, ces forcenés du langage comme de la relation, n'est pas l'esprit du Clean ou ses objectifs ou même ses principes : les trois sont une bénédiction ;) J'ai beaucoup hésité sur le mot à utiliser. Et j'ai été surpris de celui qui a émergé. Pour moi, le problème du Clean aura été son esthétique.

J'utilise le questionnement pour beaucoup de choses, dès l'induction et souvent dans l'anamnèse. C'est un de mes deux chevaux de bataille quand je travaille sur la douleur. Je sais à quel point, tel que je l'utilise, le questionnement favorise la qualité du rapport et le rapport comme l'Alliance sont des sine qua non dans ma façon d'envisager l'hypnothérapie, mais…

La syntaxe Clean originale me prive d'une partie de ce que le non verbal permet d'exprimer et transmettre : l'intensité, l'attention exclusive, l'unicité de la relation ; la légère pression qui caractérise l'importance que j'attache à la moindre réponse que le patient peut me fournir ; orienter les questions ponctuellement vers les à-côtés de ce qui est exprimé directement par le patient ou simplement jouer sur les présupposés, peut-être la forme la plus élégante de la suggestion…

Et en terme général, s'écarter suffisamment de cet anonymat mécaniste pour laisser percer plus d'intérêt et de chaleur humaine pour celui ou celle que je reçois.

Ce caractère automatique justement conviendra sûrement à une bonne partie et peut-être à une majorité, et c'est tant mieux pour certains. Quant à moi c'est un poids qui me prive d'un large et délicat espace d'expression, même si pour d'autres il les libèrera, paradoxalement en leur fournissant une approche très encadrée. L'absence d'intervention poussée au bord du sacrilège, même si je peux en comprendre les raisons suivant les circonstances se ressent comme un frein à la lecture de certains cas…Et la meilleure voie possible pour d'autres.

Voilà pour ce qu'il en est de ma subjectivité et de mes penchants, et si la suite s'écarte de ses origines on ne peut pas pour autant faire autre chose que saluer le travail de Grove, Lawley et Tompkins. Ils ont eux-mêmes publié une version plus simplifiée de leur travail.

Exemple :

En utilisant la **Figure ci-dessous** comme guide, nous partons d'une phrase prononcée par un client et nous montrons comment chacune des "9+3 questions" invite le client à diriger son attention vers une sphère différente de son expérience.

**Question d'ouverture :**

**Facilitateur :** « *Et qu'est-ce que tu aimerais qu'il se passe ?* »
**Client :** « *Je voudrais me sentir fort et tenir tête aux autres.* »

**Question d'ouverture :**

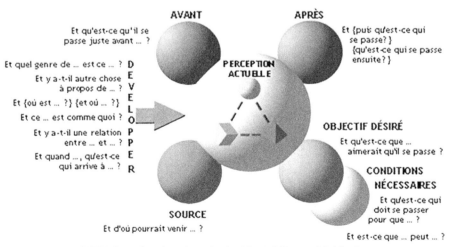

**Facilitateur :**     *« Et qu'est-ce que tu aimerais qu'il se passe ? »*
**Client :**       *« Je voudrais me sentir fort et tenir tête aux autres. »*

À ce moment, en tant que Facilitateur, nous disposons de nombreuses directions vers lesquelles nous pouvons souhaiter diriger l'attention de notre client. Nous rangeons ces directions en deux grandes familles selon qu'elles sont tournées : **vers l'intérieur** de la perception actuelle du client (dans la sphère centrale de la **Figure**) ; **vers l'extérieur** de la perception actuelle du client (vers l'une des sphères périphériques). Dans la liste ci-dessous, les questions Clean sont listées selon la sphère de l'expérience vers laquelle le facilitateur souhaite diriger l'attention du client :

## VERS L'INTERIEUR DE LA PERCEPTION ACTUELLE

| | |
|---|---|
| **Attributs** | Et y a-t-il autre chose à propos de "tenir tête aux autres" ? Et "quel genre de fort est ce fort-là ? " |
| **Localisation** | Et où est "te sentir fort" ? |
| **Relation** | Et y a-t-il une relation entre te sentir fort" et "tenir tête aux autres ? " Et quand , "qu'est-ce qui se passe avec les autres ?" |
| **Métaphore** | "Et c'est fort comme quoi ?" |

## VERS L'EXTERIEUR DE LA PERCEPTION ACTUELLE

| | |
|---|---|
| **Avant** | Et qu'est-ce qui se passe juste avant te sentir fort ? |
| **Après** | Et qu'est-ce qui se passe ensuite ? |
| **Source** | Et d'où est-ce que te sentir fort pourrait venir ? |
| **Résultat désiré** | Et quand tu voudrais te sentir fort et tenir tête aux autres, qu'aimerais-tu qu'il se passe maintenant ? |
| **Condition nécessaire** | Et qu'est-ce qui doit se passer pour te sentir fort ? Et est-ce que tu peux te sentir fort ? |

## TRAVAILLER DE MANIERE SYSTEMIQUE :

En Modélisation Symbolique, le Clean Language est appliqué de manière systémique, c'est-à-dire avec une conscience que l'on est en train de travailler d'une façon non linéaire et avec des propriétés qui émergent d'un système humain. Le fait que le Clean Language puisse être utilisé ainsi tient aux raisons suivantes :

La simplicité des questions permet à la complexité d'un système d'émerger sans que celle-ci soit contaminée par les métaphores, les a priori et les présuppositions du facilitateur.

Il suscite la tendance naturelle d'un système à manifester une orientation idiosyncrasique, c'est-à-dire à suivre un chemin de développement qui lui est particulier.

Il peut fonctionner à plusieurs niveaux d'organisation : composant, relation, motif et schéma d'organisation.

En permettant à un individu ou à un groupe de repérer un réseau de relations, ceux-ci peuvent découvrir "la sagesse de leur propre système", laquelle n'est contenue dans aucune des parties mais émerge de la configuration de l'ensemble. Lorsqu'un facilitateur utilise la Modélisation Symbolique dans un contexte thérapeutique, son rôle est d'utiliser le Clean Language pour inviter le client à découvrir divers aspects de sa perception et à les modéliser lui-même. Le rôle du client est de comprendre comment ses perceptions fonctionnent ensemble en tant que système et, ce faisant, agissent comme une source de feed-back qui lui permet de continuer à apprendre au travers de ses propres expériences.

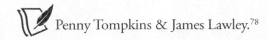 Penny Tompkins & James Lawley.[78]

Le Clean Language est un ensemble qui est supposé s'utiliser de façon complète, isolément, sous une forme très protocolaire. On voit bien le recours à une activité propre au patient et l'autonomie dans la résolution que cela permet.

---

[78] « Le Clean Language revisité : L'évolution d'un modèle » – article publié dans Rapport, journal of the Association of NLP (UK), 2004.

J'ai personnellement plutôt tendance à le morceler, à l'insérer au sein d'autres procédures, dans différents cadres pour les enrichir et les compléter, comme la réification pour la douleur ; ou tout simplement parce que ce qui émerge intuitivement d'un patient, à un moment donné s'y prête, quitte à y revenir plus loin dans la séance. Cela n'exclut pas de généralement en respecter l'esprit, tout en m'écartant de sa forme et de sa rigidité d'origine ; ce qui pour beaucoup parait être impossible…

Il y a des raisons simples à cela : le bouquin de Lawley et Tompkins est une merveille.

C'est un éléphant aussi, et comme tous les éléphants, il ne vous laisse guère de choix : il se mange lentement (très lentement…) du fait de la quantité d'information déversée au final d'une part, et de ce que cela demande pour l'intégrer. Sauf que je ne suis pas loin d'être incapable de prononcer une phrase comme cela et de le réitérer tout au long d'un entretien : « *Et quand crispation de la tête, là ; cette crispation autour de la tête c'est comme quoi ?* »

Celle-ci est déjà mieux : « *Et vous ne voulez plus avoir mal. Et quand vous ne voulez plus avoir mal quel genre de mal est ce mal que vous ne pouvez plus avoir ?* »

Si c'est votre première rencontre avec Lawley et Penny Tompkins, cette première impression est clairement rébarbative mais le Clean Language conduit implacablement à une introjection du patient sans laisser à l'opérateur la possibilité de réaliser une quelconque projection. Dans des cas de traumas ou quand se révèle un besoin d'affirmation, d'indépendance chez le sujet, le caractère heuristique confié et restreint au patient qu'implique cette démarche est loin d'être à négliger.

Reste que les dogmes ne sont faits pour être respectés qu'autant que les patients les laissent se dérouler. Même si on se déleste d'une bonne part de la rigidité du Clean, on peut pour autant s'approprier sa progression et son classement d'une vingtaine de questions en différentes catégories.

### Deux questions d'ouverture :

**Commencer :** « *Et qu'est-ce que vous aimeriez qu'il se passe ?* »

J'aurais tendance à commencer par : « *Et vous, que voudriez-vous / aimeriez-vous qu'il se passe ?* » La différence n'est pas considérable, mais indique que cela écarte l'avis de toute autre personne, et invite à une plus grande sincérité, qui va impliquer une plus grande intimité. Sans compter qu'elle implique, plus que la précédente, une focalisation interne écartant d'autant une réponse préétablie. On va tout le temps viser un questionnement immersif. En évitant une éventuelle perturbation par une syntaxe trop inhabituelle.

On voit bien que cela peut se déclencher à différents moments, et plus ou moins tôt dans la séance de la fin de l'anamnèse à après l'induction.

*« Je ne veux plus avoir peur »* : voilà un reflet Clean.

Un reflet type Entretien Motivationnel ou écoute réflexive serait plutôt :

*« Vous ne voulez plus avoir peur.»* Je vous ai entendu, je vous ai compris. Pour nous hypnothérapeutes cela serait une forme de ratification. Pour le patient cela sonne déjà beaucoup plus comme une conversation habituelle et on peut espérer que cela diminue la distance sociale.

La question Clean complète d'après pourrait être du type :

*« Je ne veux plus avoir peur. Et quand "je ne veux plus avoir peur" quel genre de peur est-ce ? »*

Cette **question de continuation** reprend la toute première réponse et vient s'intéresser aux "attributs" de la réponse.

### Attributs :

Cela commence en invitant le patient à une **formulation métaphorique.**

*« Et ... ceļça "X" est comme quoi ? »*

Habituellement, je vais systématiquement beaucoup plus loin : je suis bien plus précis dans ma demande de façon à avoir une représentation symbolique que je puisse qualifier de **"réification"**[79]. À ce stade, il arrive que je ne déroule pas un set complet de questions, mais je vais bien plus loin dans ce que le Clean appelle les "attributs" pour leur donner déjà une certaine réalité et entamer une large procédure d'engagement.

C'est à ce stade que je récupère à minima des informations sur la taille, la forme, le matériau et la localisation du symbole.

*« Et... Y a-t-il autre chose à propos de... ? »*

C'est une question vraiment intéressante. D'abord, elle laisse de l'espace au patient pour s'exprimer encore plus librement, mais elle vient compléter tout ce qu'on a pu demander… et oublier de demander. Il m'arrive d'ailleurs de répéter cette même question plus tard comme un récapitulatif de fin, pour les mêmes raisons, ne pas passer à côté de quelque chose. Mais ce n'est pas systématique. Par contre, s'il y a bien une question que j'ai récupérée et que j'utilise " Hors Clean" c'est bien celle-là.

---

[79]  Reification : En faire une chose.

### Localiser le temps :

4.a : *« Et qu'est-ce qui se passe ensuite ? »*
4.b : *« Et qu'est-ce qui se passe juste avant ? »*
Son Origine : *« Et d'où pourrait venir… ? »*

Ces questions-là non plus, je ne les posais pas à l'origine. Je ne les systématise pas d'ailleurs, mais elles peuvent se révéler extrêmement utiles, notamment quand on travaille sur des procédures ou des déclencheurs. Avec le temps, d'autres questions sont venues se greffer, dont deux avec un aspect **systémique** : ces questions sont directes, minimalistes, et visent à rendre – au moins en apparence – concrètes les réponses, qu'il s'agisse indifféremment de phrases, de mots, de mouvements ou même d'expressions du visage.

*« Y a-t-il un rapport entre "X" et "Y" ? »*
*« Et quand "X", que se passe-t-il pour Y ? »*
Et d'autres **solutionnistes** :
*« Qu'est-ce que "X" aimerait qu'il arrive ? »*
*« Est-ce que "X" le peut ? »*
*« Et qu'est-ce qui doit se passer pour "X" pour que… ? »*

Ce qu'il peut y avoir d'étonnant avec le Clean Language, c'est que **les symboles fonctionnent comme des parties.** Si une clef et une serrure ont émergé comme symboles, ce seront-elles, directement, qui seront animées d'envies ou de désirs :
*« Et quand la serrure est verrouillée, qu'est-ce qu'aimerait faire la clef ? »*
*« Est-ce que clef serait intéressée par le fait d'aller vers serrure verrouillée ? »*
Alors que classiquement, le questionnement serait :
*« Voudriez-vous ouvrir / essayer d'ouvrir cette porte avec cette clef ? »*

Et là, on peut voir l'intérêt du Clean : **en énonciation "normale", il est à peu près impossible de refuser d'essayer.** Là, une forme de libre arbitre est volontairement concédée au patient. D'autre part, faire d'un élément un personnage comme "clef rouillée" ou "mur de pierres" et animer ce personnage d'une volonté propre est très dissociatif.

Au-delà de la dizaine de questions que nous avons présentée, existe une autre série, dite complémentaire, dont un des avantages et non le moindre, est de donner un aspect moins aride à ce questionnement.

### Questions d'entrée :

*« Et comment sais-tu que… (Face à une abstraction) ? »*
*« Et où vas-tu quand tu vas là… (Face à un geste) ? »*

### Définir les attributs :

*« Combien de "X" peut-il y avoir ? »*

Pour tout ce qui a trait à la définition des attributs, je vais souvent beaucoup plus loin : couleur/forme/état de surface/température /taille/matériau et en gros tout ce qui peut bien me passer par la tête, pour obtenir dans une seule procédure :

- Plus de focalisation immersive
- Plus de réification
- Plus de réel
- Plus d'engagement (c'est un énorme Yes Set)
- Plus de lien et plus de réalité.

Toutes ces choses ne sont pour moi que des représentations mentales projetées sur des surfaces réflexives. Si donc je veux les modifier (c'est une bonne partie de ce que je fais avec les douleurs chroniques, mais pas seulement, j'ai tout intérêt à les avoir rendues le plus précises possible, pour que la lecture de la carte fasse qu'en bout de piste on ne reconnaisse pas le territoire. Soyons clairs sur ce point : c'est d'une absolue subjectivité, l'expression d'une pratique et pas forcement une recommandation.

### Personnifier le symbole :

*« Comment "X" peut–il être habillé ? » « Quel âge peut-il avoir ? »*

Et là je n'utilise pas le conditionnel. On crée du réel, cela existe donc au présent de l'indicatif.

### Le localiser :

*« Et à quelle distance est "X" ? »*
*« Et dans quelle direction va "X" ? » « Est-ce qu'il est dedans ou dehors ? »*

### Ses relations :

*« Quelle est la relation entre "X" et "Y" ? »*
*« Est-ce que "X" est pareil ou différent de "Y" ? »*
*« Est-ce que "X" serait intéressé à rejoindre "Y" ? »*

De facto, la séance vous conduira à devoir en trouver d'autres, mais généralement elles vous seront presque offertes par le patient. Et quand vous semblez ne plus rien savoir ou ne plus rien comprendre il est toujours possible de demander :

*« Et quand/tandis que… Qu'est-ce qui se passe ? »*
*« Et quoi d'autre ? Y a-t-il autre chose à propos de… ? »*

Celle-là est particulière : c'est la question qui, quand vous penserez avoir fait le tour, va permettre d'aller chercher l'imprévisible, ce que parfois vous n'imagineriez même pas.

L'opérateur, Clean ou pas, peut se servir de son intuition, non seulement sur la question à poser, mais rappelons le, sur l'orientation de l'attention : il est tout à fait possible et autorisé de rapprocher des symboles pour étudier leurs relations. La formulation sera un peu plus lente en Clean (« *X est-il mobile ? Serait-il intéressé par un rapprochement avec Y ? »*). Cette décomposition en pas parfois millimétrés pour avoir une intervention sans projection, est aussi assez éducative pour l'opérateur : le temps que l'on s'accorde et celui que l'on donne au sujet se perçoivent différemment.

L'idée que le nombre de séances n'est pas non plus un impératif absolu modifie la posture et intervient ne serait-ce que par rebond dans la stratégie comme dans la relation.

Revenons vers notre trousse à outils : De façon très ericksonienne, il faut se pencher sur **les Exceptions.** Cela va nous permettre d'aborder les présupposés, et moins ils sont visibles, mieux c'est : « *Y a-t-il des exceptions* » est une question Clean.
« *Quelles sont les exceptions* » ne l'est pas et contient définitivement un présupposé : il y a des exceptions.

Les exceptions, tout comme les Échelles d'évaluation, sont des marquages, des outils intéressants, car elles doivent être interposées très vite dans les cas qui se décrivent de façon catastrophiste : un patient ambulatoire qui décrit sa douleur à 10, doit être recadré. Pour le faire on passera plus par une forme de légèreté transmise en non verbal, même si le message est « *à 10, vous seriez dans une chambre d'hôpital sous morphine et tellement chargé que vous ne reconnaitriez pas la pièce. Là tout de suite, ça serait 6 ? 8 ? »*

Clean ou pas, l'opérateur dirige l'attention du patient, et dispose de six axes vers où il pourra stratégiquement orienter le questionnement :

1 • Fixer et restreindre l'attention à un point, une zone, une chose, une barrière, un coin.
2 • Faire porter l'attention sur les ensembles et leurs relations.
3 • Offrir un point de vue élargi à d'autres contextes, à ce qui manque ou ne se voit pas.
4 • Prolonger l'attention vers les origines ou les conséquences, l'avant, l'après.
5 • Identifier les conditions nécessaires.
6 • Faire émerger et introduire des ressources.

*Swan swings*

Ce que ne fait guère tout ce que nous avons évoqué jusqu'à présent, c'est de revenir **questionner les sentiments**. Ils sont une des clefs dont on peut se servir quand les symboles semblent nous avoir bloqués. Une fois qu'une émotion a émergé, à son tour, il devient possible de la questionner, la symboliser, en faire une ressource, en modifier les attributs, s'intéresser à son passé, ses origines, et éventuellement la pousser toujours par questionnement jusqu'à une régression.

Si cela ne passe pas d'une certaine façon, pourquoi ne pas en changer ? Qu'est-ce qui nous empêche de continuer avec des Egos states :
*« Et ce mur que vous ne pouvez pas franchir, est-ce parce qu'il est trop haut, ou parce qu'une partie de vous vous en empêche ? »*

Ou se décaler du dogme Clean :
*« Et ce mur que vous ne pouvez pas franchir, si vous marchez sur son faîte, que pouvez-vous voir de l'autre côté ? »*

Si l'on veut parler du questionnement sous un aspect stratégique, son rôle sera :

1 • D'être immersif en visant une **focalisation interne.**
2 • **Faire émerger** certains éléments le plus naturellement possible, c'est à dire d'autres questions, des représentations, des symboles, des ressources, des relations, mais aussi des points de vue, des souvenirs, des parties, des États du Moi.
3 • **Modifier** leurs relations ou leurs représentations, jusqu'à ce que des ruptures d'inerties apparaissent et **conduisent à un changement.**
4 • S'assurer de la qualité et de **l'appropriation du changement** par le sujet.
5 • S'assurer de sa **pérennité.**

Et pour mémoire : rien n'est gravé dans le marbre, le questionnement pas plus que le reste. L'utiliser n'interdit pas d'inclure des instructions, des phénomènes hypnotiques, ou quoi que ce soit d'autre. C'est un outil pratique, remarquable par l'autonomie qu'il confère, l'absence de projections qu'il permet le plus souvent, la subtilité des suggestions qu'il autorise le reste du temps.

Ce n'est pourtant qu'une pièce éventuellement interchangeable au service d'une stratégie qui elle-même peut être amenée à changer.

Comme n'importe quel outil, son utilisation s'affine avec l'expérience et peut parfois aller jusqu'au dépassement de fonction. Il ne vaut que par la main qui le porte, la tête qui le pense et par la réponse du patient.

Ne laissez de côté aucun des trois.

- Conservez l'idée que l'immersion vers l'intérieur et la focalisation de l'attention conduisent à la transe.
- Surveillez les réponses idéomotrices spontanées.
- Jouez avec la dissociation. Pour cela, considérez les symboles comme des personnages équivalant à des parties ; adressez-vous à elles comme à des États du Moi et voyez où cela peut vous mener.

**Pour conclure :**

Nous avons là un outil magnifique, qui utilisé isolément peut très bien faire accéder le patient à une transe.

Sa syntaxe est particulière ; l'adopter et la manipuler avec aisance est rarement immédiat. Elle va de pair avec une posture. On sera strictement non interventionniste.

L'accompagnement que cela implique n'est pas si facile. Au-delà de l'ouverture que ce chapitre peut vous fournir, et de la simplification maximale que j'ai pu essayer de réaliser sur ce thème, je vais vous redonner sous forme de listing, l'ensemble des questions, mais si vous voulez maîtriser le Clean, ne vous épargnez pas une formation. Tôt ou tard, la circonstance idéale ou la nécessité vous rappellerait que vous auriez dû le faire.

## LISTE DES QUESTIONS CLEAN

*N'oubliez pas qu'il y en a forcément d'autres et que celles-là ne constituent qu'un aide-mémoire.*

### Deux questions d'ouverture :
- *« Et qu'est-ce que vous aimeriez qu'il se passe »*
- *« Et comment sais-tu que… ?»*

### Définir les attributs :
- *« Et X est comme quoi ? »*
- *« Et quel genre de X est-ce ? »*
- *« Et Y a-t-il autre chose à propos de X ? »*

### La localisation :
- *« Et quand X, où est-ce que ça se passe dans le corps ? »*
- *« Et quand X se passe là, où se passe précisément X ? »*

*Swan swings*

**Le timing :**
- « *Et qu'est-ce qui se passe juste avant X ? »*
- « *Et qu'est-ce qui se passe juste après ? »*

**Approche solutioniste :**
- « *Et qu'est-ce qu'il faudrait qu'il se passe pour X ? »*
- « *Est-ce que X le peut ?"*
- « *Qu'est-ce qu'il faudrait pour que X le puisse ? »*

**Approche systémique :**
- « *Y a-t-il un rapport enter X et Y ? »*
- « *Et quand X, que se passe-t-il pour Y ?" »*

**Autres questions:**
- « *Et d'où X pourrait venir ? »*

Vous ne trouverez pas de liens vidéos ici, car il y en a beaucoup sur Utube, en tous cas largement assez pour que vous puissiez vous élargir l'esprit, auprès de gens qui ne font que ça ;) Conservez seulement à l'esprit que c'est une pratique. Comme toute pratique, elle demande de s'y consacrer et de le faire assez longtemps pour qu'elle devienne une culture.

Et maintenant, passons à la suite.

# 14

# KNOCKING ON HEAVEN'S DOOR

Certains thérapeutes vont plus loin que Freud : pour eux, ce qui se passe à l'intérieur de nous est comme une scène où se situent différents personnages... Une scène où c'est le Moi que vous connaissez qui serait l'auteur et le metteur en scène, et qu'il peut se mettre d'accord avec les acteurs intérieurs sur la façon dont ils ont un rôle à jouer.[80]

Ce n'est pas la seule chose qu'Olivier Piedfort-Marin dit en parlant des **"États du Moi".** Il met également en avant l'humilité de l'opérateur et va au-delà de l'empathie : sa propension à la compassion hors de son expression religieuse, ou alors sur un versant bien plus oriental que l'on perçoit en toile de fond chez Roustang, pour pouvoir la transmettre au patient comme une valeur et une richesse à exercer sur lui-même.

Par quoi cela se traduit-il ? Acceptation inconditionnelle comme chez Rogers ? Oui, bien sûr, mais pas sous la forme d'un cadre qui pourrait tout aussi bien être très intellectuel. C'est d'une relation profondément humaine, où l'attention, l'acceptation, l'ouverture à l'autre n'ont rien de stratégique. Ce sont les éléments perceptibles, imbibés de chaleur humaine qui sans le moindre mot assurent l'absolue sécurité émotionnelle de l'accompagné.

Piedfort-Marin aborde aussi le rythme au sein d'une séance, mais également tout au long d'une thérapie qui est définie par les capacités d'un patient unique à se stabiliser avant de se confronter aux versants de lui-même les plus acérés ; démarche qu'on retrouve déjà chez Janet. Changer un comportement peut faire sourdre beaucoup de choses d'une personnalité donnée.

Il peut donc parfois être bon de se rappeler de notre rôle **de garde-fou** ; de commencer par une recherche de sécurité (safe place/lieu sûr ?) ou **une équilibration différente de l'ortho et du para sympathique,** comme le faisait Maggie Phillips avec un début de séance qui s'ouvre sur de la cohérence cardiaque : il y a là le double

---

[80]  Olivier Piedfort-Marin : Psychothérapie des traumatismes complexes ; page 155

avantage d'une forme très discrète de "Yes Set"[81] tout au long de sa mise en place, quand le patient suit les instructions de l'opérateur. Cela s'accompagne alors d'une variation des relargages hormonaux en faveur du couple Dopamine/Sérotonine au dépend d'adrénaline/cortisol, mais aussi d'une plus grande plasticité des réseaux cérébraux.

Dès que l'on travaille sur des traumatismes ou des personnalités complexes, plus encore que d'habitude, la personnalité de l'opérateur doit s'effacer au profit de la sécurité. **Primum non nocere : en premier ne pas nuire.** Alors bien sûr on n'est pas toujours prévenu, mais il est nécessaire de le garder à l'esprit. Le patient n'est pas là pour mettre l'opérateur en valeur. Certains n'ont jamais connu la sécurité ; comment les laisser entrevoir autonomie ou liberté, quand on ne leur propose que de changer de maitre ? Notez comment nous en sommes revenus à certains des intérêts qui poussent au Clean.

Toujours comme le dit Piedfort-Marin, « On ne commence pas quelque chose qu'on n'est pas sûr de maitriser. » La capacité à créer de rapides dissociations, - une des caractéristiques particulières du Swan - s'accompagne le plus souvent de la création d'un lien important avec l'opérateur ; tout comme il concède au sujet une forme, ou une apparence de distance dans un essai thérapeutique qu'il peut suivre, à l'abri, de l'autre côté de la vitre du laboratoire, le processus de changement pouvant laisser croire qu'il s'effectue à distance.

Il sera pourtant judicieux de l'accompagner aussi d'un minimum de maitrise de l'EMDR, ou de n'importe quel système de stimulations alternées bilatérales, suivant l'utilisation que l'on en fait et la personnalité du patient avec qui l'on travaille. C'est un peu cela, aussi, que nous allons aborder dans ce chapitre.

Pour revenir en quelques lignes sur **la posture de l'opérateur**, son empathie, la "bienveillance inconditionnelle", sa compassion, l'absence de projection, l'attention absolue portée à l'autre et son acceptation totale, mais aussi son identité, ses motivations internes, ses élans cachés, remontons le temps d'une poignée d'années.

L'une des conversations les plus intéressantes que j'aie jamais eue sur ce thème se trouve avoir été partagée, au détour de ma curiosité, avec un de mes stagiaires, un dimanche à Annecy.

Un prêtre qui suit une formation en soutane et qui s'est formé à l'hypnose n'est pas une rencontre anodine. Qu'il pratique – évidemment gratuitement – pour soutenir les plus pauvres, les délaissés, les SDF et qu'il le fasse dans une petite pièce

---

[81]  Yes Set : Série d'acceptation destinée à installer une forme d'influence.

d'un club de strip-tease, parce que c'est le seul endroit où l'on a accepté de ne pas le faire payer, (les divins enfants ont les étables qu'ils peuvent) n'est finalement que dans la logique des choses : tout le monde a des fautes à racheter... Et si cela semble extrait de l'imagination de Cendrars[82], cela n'en fait pas moins un instant de poésie si inattendu, quasi surréaliste, qu'il l'aurait volontiers accueilli dans un des wagons de son Transsibérien...

Appelons-le Père Blaise, ce qui nous vaudra deux clins d'œil en un.

Après l'avoir vu travailler (et il travaillait bien), la question que je me suis posée portait sur la différence qu'il faisait, ou qu'il percevait en termes de posture, entre celle du confesseur et celle de l'hypnothérapeute. Qu'avaient-elles de commun, qu'avaient-elles de différentes ? Était-il influencé par l'une vers l'autre ? Sous quelle forme, dans quel sens ?

Il a eu ce moment de réflexion très intime, où la tête se dresse, s'incline un peu puis toujours penchée, oscille légèrement car elle pèse les mots et hésite, non par pudeur, mais parce qu'il faut être délicatement précis si l'on veut retranscrire un écart subtil.

*« Il y a la compassion. Toujours et différemment. Plus présente quand je ne dois qu'écouter et transmettre, quand je suis "Son" pardon incarné. Il y a l'écoute toujours, avec une attention plus aiguisée en hypnose, car là c'est moi qui interviens, avec prudence et humilité. Là, je suis un homme, avec mes faiblesses. Ce ne sont que quelques heures, alors que je suis prêtre tout le temps. Même si aider, sous toutes les différentes formes que cela peut entraîner, est une mission qui m'est confiée. En dehors des messes et du confessionnal, ce n'est peut-être pas si différent. »*

J'étais en train de me demander comment il avait présenté cette idée, et comment il l'avait fait passer auprès de sa hiérarchie, tant elle semblait à la fois une évidence moderne et en même temps, assez éloignée de ce que l'on imagine de l'église catholique, quand Blaise m'a, à son tour, posé une question toute simple :

- *« Et vous ? Qu'y a-t-il de différent quand vous devenez opérateur ? »*

Ouch... !

Je ne crois pas y avoir jamais vraiment pensé. Je dirais qu'il a bien fallu que je m'interroge, sûrement même, mais la réponse, après quelques secondes, est arrivée plus vite que la réflexion. Un bel insight en fait, auquel je n'aurais donc réfléchi... qu'après son éclosion...    Et en même temps que je ressentais ma poitrine se

---

[82]  Blaise Cendrars : En entendant cette histoire, je n'ai pas pu m'empêcher de penser aux premières pages de « Emmène-moi au bout du monde ».

serrer, je me suis entendu parler. C'était à la fois évident et un peu triste. Avec une trace de colère ou de rage. Une trace, et peut-être même un certain dépit, mais aussi sûrement la réponse à :

- *« Pourquoi fais-tu de l'hypnose, Philippe ? »*

C'est évidemment autant à moi qu'à lui que j'ai répondu. Cela m'a permis d'oublier la salle et les vingt-cinq stagiaires qui religieusement m'entendaient penser à voix haute.

- *« Parce que c'est le moment où je suis la meilleure personne dont je suis capable. Où je m'oublie en entier, parce que toute mon attention est sur l'autre, pas sur moi. Le truc de Rogers. Avec quelque chose de plus : cela serait vrai avec n'importe quel être humain… Absolument n'importe qui se tenant en face de moi. …Ce qui me peine tant, c'est que je n'en suis pas capable en dehors. Pas à ce point-là, pas autant, pas avec mes amis, pas avec ma femme. Pas même mes enfants… Et c'est bien triste. »*

La tête du prêtre s'est de nouveau un peu penchée, son regard restait posé sur moi, accompagné d'une discrète moue gênée et d'un bref pincement des lèvres ; signes échoués entre thérapie et confessionnal, ou entre impuissance et accompagnement. Délicatement, la tête de côté, sans me regarder mais sans pour autant m'éviter, il a ajouté : *« Les enjeux sont différents… »*

Après un temps, j'ai répondu : *« C'est vrai… aussi. »*

Parce que c'est vrai, parce ce qu'on ne peut pas y échapper, mais qu'on ne peut pas non plus vraiment en faire une excuse…

On était en pleine formation, et même plutôt un peu en retard… Il y avait vingt-cinq stagiaires dans une petite salle et moi qui devisais avec un prêtre… En ce moment je suis en train – pour la première fois – de faire une relecture complète, accompagnée des premières corrections. Je relie ce moment avec mes réponses à Laurent Bertin dont je parle dans le prologue, juste avant de me mettre à écrire ce bouquin…

Non, je ne pratique pas le Swan uniquement parce que c'est trop stylé. Ou parce que c'est un superbe jouet qui me met souvent de bonne humeur et même parfois en joie. Je le fais aussi pour ce que ça fait de moi en tant qu'opérateur et comme personne, même si ce n'est que pour quelques heures qui, peut-être – je n'en sais rien- perdurent au-delà des séances…

Et aussi bien sûr, parce que c'est une superbe machine à hypnotiser, facile à pousser jusqu'à des états de transe bien plus profonds et – dernier point – l'introduction rêvée en termes d'hypnose vers les Ego States. Mais ce n'est pas l'essentiel. Je n'ai pas non plus besoin d'argent. Un des derniers étages de Dilts peut-être... Sûrement.

Et vous, au fait ? Qu'y a-t-il de différent en vous quand vous devenez l'opérateur ?

Il est maintenant temps d'en revenir aux vidéos. Celle-là a été particulière pour moi. Chers lecteurs, venez rencontrer Aldric ! ;) « **6. Le Swan : Qui est Laurent ?** ».

https://hypnose.pm/auboutdesdoigts/

Même QRcode et même mot de passe :
Ilsuffiraduncygne

Comme d'habitude, visionnez la vidéo tranquillement une première fois, puis lisez les commentaires et décortiquez-la en fonction d'eux.

Au moment où la vidéo est tournée, je connais déjà Aldric. Pas très bien, mais il y a des gens avec qui le contact passe tout de suite. Cette formation est la première fois que l'on se rencontre dans la vraie vie. Il n'a jamais été mon sujet, mais depuis deux jours on trempe dans la transe : on commence tôt, on finit tard, il n'y a pour ainsi dire aucune pause et à Marseille, qui s'y prête le plus, on déjeune tous ensemble en une heure.

Pour leur assurer un maximum de pratique, il y a dix à douze exercices par stagiaires par weekend. Là, c'est le dernier : j'ai envie de partager ça avec lui, d'en faire un truc léger et marrant, ce qui est souvent, au moins sur l'induction, ce que je fais en formation. Cependant, je sais qu'Aldric est un sujet un peu à part et qu'éventuellement, il faudra que je marche sur des œufs.

Comme souvent en démo, pour gagner un peu de temps en ne déplaçant pas une chaise, je me retrouve à genoux. À la longue, c'est presque devenu une de mes marques de fabrique, comme de m'allonger par terre ou sur une table pour filmer, souvent pour reposer mon dos pendant que je décrypte une vidéo, et parfois, quand je laisse quelques minutes à un stagiaire pour qu'en transe, il développe et explore ce qui peut bien lui faire envie. Là, cette proximité est augmentée car en l'absence d'accoudoirs et pour qu'Aldric soit facilement visible, je dois simplement soutenir son coude, afin qu'il n'y ait pas de contraction ou de bascule vers une catalepsie, ni de son bras, ni de sa main.

Il y a déjà eu une première démo de Swan 3/4 d'heure plus tôt ; on a déjà décodé une vidéo ; tous les stagiaires ont reçu la totalité du cours et au moins deux vidéos spécifiquement sur le Swan, une semaine auparavant. Aldric est curieux d'expérimenter cela et avec moi : tous les feux sont au vert, et effectivement cela va aller vite.

Quand le sujet sait comment se comporter, que finalement la plupart des suggestions ont été placées très en amont (c'est toujours le principe de la bande annonce) et qu'il veut le faire, cela peut ne prendre, comme dans notre cas, que cinq secondes. Largement de quoi parler d'hypnose rapide. Encore faut-il que le sujet en ait le désir et les capacités, et que l'opérateur ne le ralentisse pas, tout en lui laissant tout l'espace pour s'exprimer.

## 0"08 :

Un doigt bouge, je ratifie. Soyons ericksoniens et utilisationnels. Dans le vrai sens du mot. Donc, quelques secondes plus tard, je demande confirmation et je l'obtiens. Autant continuer sur le même rythme, puisqu'en tout juste quinze secondes, j'ai des réponses idéomotrices installées…

## 0"22 :

Je suggère que la main – à qui je m'adresse comme à une personne existante et présente (le désormais familier "créer du réel") - se tourne vers son visage, ce qui me laisse à penser qu'il est en train de glisser vers une transe on ne peut plus classique. Et donc bientôt une très forte dissociation. Par prudence j'évoque donc le fait que cette dissociation est pour partie artificielle et qu'elle est autant une représentation qu'une réalité. La main continue de se tourner, puis vers 0"30, ça bloque… Je ne sais pas très bien vers quoi cela se dirige…

Je me dis qu'Aldric peut tout aussi bien émerger que plonger d'un coup. Et dans les deux cas je me trompe.

## 0"50 :

La main se remet en mouvement et accélère, quelque chose dont je n'ai pas la moindre idée se passe et Aldric rit. Nous voilà face à un état assez paradoxal, comme quoi une partie en retrait, quasi-consciente, refait surface, mais tout en communiquant et en recevant des informations de l'autre, qui est active et transmet a minima des émotions… J'en conclus que même si la forme est paradoxale (plus d'éveil apparent), la transe s'approfondit avec plus de dissociation et une partie interne agissante (exécutive) qui prend la main (sans jeu de mots) sur ce qui se passe.

Il faut absolument qu'à défaut de conduire, j'accompagne et que nous soyons, opérateur comme sujet, sur le même timing : mon commentaire ratifie deux choses à la fois, son humeur que je partage, et d'une façon assez évasive le fait que leur "rencontre" est en train de se produire, le[83] tout dans le langage le plus naturel possible afin d'être, même dans ce qui pour moi est l'inconnu, au plus proche de lui. Et quand on ne sait pas, on demande, ce qui est exactement ce que je fais…

J'apprendrais plus tard, après la séance qu'Aldric – qui me prête sûrement trop de talent – perçoit cela comme une suggestion. Le plus drôle, c'est bien que la "non suggestion" soit passée. ;)

Comme tout semble tranquillement se dérouler – et toujours pour à la fois avoir une communication plus claire et réifier un peu plus – je demande à Aldric si la partie qui a émergé a un nom, ou si lui, lui en a donné un.

J'avoue qu'avec le temps, "inconscient de Machin Truc", comme désignation, ça me lasse un peu. Mais la réponse est "Non".


## 1"30 :

Si ça ne passe pas dans un sens, essayons donc de passer dans l'autre, histoire de donner l'impression qu'on gère : si Aldric ne sait pas, peut-être que l'autre saura.

Et jusqu'à 2"30, je vais me prendre une série de râteaux que **je dois accepter** et surtout dans la plus grande bonne humeur pour m'accorder avec celle d'Aldric et toujours continuer à conférer à la partie agissante la plus grande autonomie, tout en lui témoignant, même de la façon la plus légère, mon plus grand respect. Aldric lui, est toujours aussi apparemment "éveillé" bien que clairement de plus en plus dissocié, mais cette brève séquence contribue à forger notre lien.

---

[83] Je ne le fais plus. C'est un encouragement à la dissociation qui sous cette forme, à force d'être réitéré, finira un jour par poser problème.

### 2"35 :

Il ne me reste plus qu'à proposer à la partie exécutive de faire basculer Aldric en hypnose profonde, pour qu'elle s'installe plus complètement et le remplace vocalement dans sa communication extérieure.

Cela se fait quasiment sans que je n'aie eu le temps de finir de le demander. Certes, les conditions ne sont pas les plus standard, mais c'est presque incroyable de voir où on en est en si peu de temps avec un tel niveau de permissivité.

### 3"05 :

Toujours dans l'idée de ne pas aller trop loin dans la dissociation, je propose en usant d'une théorie exposée la veille sur "l'observateur caché" de simplement **"déplacer"** le conscient, en lui laissant toute liberté d'intervenir ou pas – comme un Jiminy Cricket assurant la protection de l'autre partie de lui-même.

Encore, cette simple proposition, qu'elle soit acceptée ou non, confère au sujet de l'autonomie, une plus grande confiance en l'opérateur et favorise là encore, une plus grande dissociation et donc plus de stabilité et de profondeur hypnotique.

### 3"30 :

Les premiers mots arrivent, un peu pâteux, m'assurant, si j'en avais encore besoin, de la profondeur de sa transe. Je sens le visage changé ; non que je sois un spécialiste des micro-expressions faciales, mais je connais un peu Aldric : c'est un garçon d'une extrême gentillesse qui traversait comme cela nous arrive à tous un mauvais moment.

Rapidement, j'essaye d'évaluer vers quoi cela peut nous entraîner, le temps qu'il nous reste pour finir la formation, ce qui peut se passer, le fait de le laisser seul, s'il doit conduire, à quelle heure est mon train, qui peut prendre la suite…

### 4"00 :

Je ne sais toujours pas, je joue pour voir quitte à tout interrompre, mais afin d'avoir quand même montrer comment s'engage la suite aux trente autres stagiaires, ou au pire leur montrer comment avoir une sortie "safe "en respectant le **Primum non nocere.**

### 4"20 :

Je pense à une ligne glissée dans le Piedfort-Marin et à ses consignes répétées pleines

de prudence : « *Si vous ne savez pas comment ça peut finir, ne le commencez pas.* »[84]
J'attaque en douceur le rétropédalage : cela sera sûrement, même un peu bizarrement, intéressant pour les stagiaires, et **plus safe** pour Aldric. Je sais à qui le confier et j'aurais drôlement été embêté sans…

Peut-être même que je ne lui aurais pas demandé de venir au centre de la pièce, faire ce court exercice sous le regard de trente personnes… Mais je ne m'attendais pas non plus à ce qu'en une poignée de minutes on se retrouve si loin.

En une trentaine de secondes, je prépare le lien et la suite avec une consœur qui le connais personnellement et que j'apprécie pour conserver autour de tout cela un fort **sentiment de sécurité** autour d'une séance, qui pourra être mieux conduite et donc plus intéressante pour lui ; toutes choses qui ne peuvent être entendues que si je soigne chaque mot, chaque intonation…

Je marque d'ailleurs également notre proximité par un lien purement physique, en posant ma main sur son épaule aussi doucement et chaleureusement que possible.


### 5"10 :

La sortie maintenant, qui elle aussi est assez jolie, surprenante, rieuse et me rassure énormément. Elle se fait d'ailleurs en deux temps et il faut y prêter attention pour bien s'assurer que tout reprend sa place et qu'on ne laisse pas partir le sujet en pleine (même si elle se faisait discrète) dissociation.

À bien y regarder, on voit qu'Aldric repasse **d'abord en hypnose partielle**, reprend contact avec la salle comme avec la situation, et rit une première fois.

Puis, après les dernières phrases de réassemblage, il sort complétement de cette transe, retrouve la situation "normale" avec les repères qui l'accompagnent, et rit une deuxième fois. Le groupe rit chaleureusement à son tour, soulagé lui aussi.

Parfois on en fait des choses en 6 minutes… Et en fin de séance, je ne suis pas très content de moi. Je n'aurai pas du la faire, et une fois entamée, je n'aurais pas dû la pousser.

Pour Aldric, disons seulement – et clairement, cette bribe de séance, si elle a pu être un déclencheur, n'a pas tout fait, très loin de là – qu'il a retrouvé un poste à responsabilités élevées, et qu'il peut désormais être entouré de toute sa famille pour, comme il le voulait, lui apporter la sécurité et partager leur affection.

Tant mieux pour lui, heureusement pour moi.

---

[84]    https://tinyurl.com/PiedFort

# 15

# QUADROPHENIA 5.15

*Inside outside, leave me alone…*

Après vous avoir vanté les capacités d'adaptation du Swan à bien des situations, et avant de discuter de ses échecs ou en tous cas de comment les prévenir et parfois les contourner, je vais rapidement aborder une partie de ses limites. Plus précisément des cas où je ne l'utilise pas, à tort ou à raison : mon petit camarade grec, semble-t-il n'utilise que cela.

Le propos de ce livre est de vous conduire en se servant de moi et/ou/comme du Swan, à découvrir ou approfondir votre connaissance de différents éléments, parfois assez périphériques, de l'hypnose. Que ce soit de son histoire, de ses bases ou de ses controverses. Tout ne sera pas exposé, tout comme on peut tout à fait ne pas être d'accord sur bien des points.

Il m'était possible d'être très restrictif ou à contrario de mettre le nez par-dessus une clôture d'un naturel déjà perméable. Au bout du compte, si c'est intéressant autant l'écrire… et c'est intéressant. Bien que je n'aie jamais eu comme ambition de couvrir la complète étendue de l'hypnose ; bien que je n'aie jamais voulu limiter trop strictement ce que vous alliez lier au Swan (au point en partie d'écarter ce terme du titre du livre), il s'avérait un magnifique fil rouge dans la conduite comme dans le choix de ce que je pouvais donner à lire dans « L'Hypnose au bout des doigts ».

Un certain sacrifice pour une plus grande liberté : l'oiseau conservera peut-être la photo de couverture, ou tout au moins apparaitra en logo sur la tranche, et il y aura toujours un lien, parfois ténu, parfois évident, entre le Swan et ce qui sera abordé, tout au moins dans le cadre de ma pratique.

Pour autant, je ne m'en sers pas pour tout. Son utilisation quand je travaille sur la douleur arrive toujours, et encore quand elle arrive, en deuxième intention. Il peut se produire que presque d'entrée de jeu, le Swan ne me paraisse pas le plus adapté, voire pas adapté du tout (ce sera le premier cas dont je vais parler) ou encore que, une fois la procédure engagée, elle me paraisse atteindre une limite et que je doive passer à autre chose.

Donc, et je ne me lasserai pas de le répéter : ne cessez jamais d'ajouter des cordes à vos arcs. Et une arbalète en sus ne sera pas de trop. Il arrive que ce soit plutôt les cibles qu'il faille réduire.

## 1 : "Life is what happens when you are too busy making other plans."

Je me préparais tranquillement à Swaner : depuis que cette vidéo avec Jérémy sur le Bruxisme était sur le net, à intervalles irréguliers des gens venus de loin passaient me consulter pour cela (et j'ai beaucoup appris de mes plantages…). Toujours est-il que ce jour-là, j'ai commencé l'entretien de façon très classique : « Bonjour / votre nom / d'où venez-vous / qu'est-ce qui vous amène » etc. mais plus comme une forme de chit-chat selon l'expression anglo-saxonne, comme parfois on dit small talk : une conversation à bâtons rompus. Et j'attends simplement que la patiente venue de Suisse (appelons la Mme Brux) ait reçu les questions auxquelles elle s'attendait pour que l'on passe aux choses qui me paraissent sérieuses : **le Swan.**

Cela a commencé à ne plus tout à fait être à l'ordre du jour quand j'ai demandé :

**P.M :** - *Y a-t-il des choses qui le font augmenter ou faiblir ? Vous grincez des dents depuis longtemps ?*

**BRUX :** - *Je pense que c'est depuis petite, ma mère me disait toujours : quand quelque chose ne va pas, serre les dents !! Mais depuis quelques années cela a beaucoup empiré.*

**P.M :** - *Et depuis quelques années, qu'est-ce qui vous a fait serrer les dents encore plus ?*

**BRUX :** - *Mon fils est mort brulé dans sa voiture après un accident.*

Là, c'est moi qui ai pris un crochet au foie.

C'était la période où je commençais à régulièrement faire du Swan, et toujours avec une forme de légèreté, d'engouement et un joli succès. Les Parts Therapy y étaient tout fait adaptées, je ne visais qu'un changement de comportement. J'ai eu besoin d'un peu de temps, la mise en place de mouvements idéomoteurs me l'a donné. Rien de bien extraordinaire, juste des mains qu'on fait se rapprocher à l'aide d'un questionnement immersif… Une fois obtenu, le mouvement est inversé sur un claquement de doigts afin de vérifier qu'on est bien passé de l'idéomoteur à l'automatisme, puis à ce stade faire monter et descendre les mains. L'entrée en transe est facile, l'émotion est toujours là, les yeux s'agitent sous les paupières…

J'ai parlé sans m'interrompre pendant une heure, tandis que la pauvre femme avait les bras qui n'ont cessé de monter et de descendre automatiquement, un peu, mais plus lentement, comme un skieur de fond… Et cela en pleurant sans discontinuer.

Je ne me rappelle que peu de choses : lui avoir demandé de laisser ses dents ouvertes et d'avoir les lèvres posées (c'est ce qu'on recommande pour ne pas grincer) et tout le reste je n'en sais plus trop rien… Elle a pleuré lentement, sans arrêt, en bougeant les bras continuellement et moi je parlais… d'acceptation, du temps qui passe, du prix qu'elle avait déjà payé, de son droit à un peu plus de paix, aux larmes, à l'oubli, à faire ce que son fils voudrait…

Je ne me souviens que d'une phrase, sur le fait que les morts aussi ont le droit à l'oubli, quelque chose comme le fait qu'ils ne soient pas obligés de porter notre tristesse depuis leur tombe. Je m'en rappelle, parce que je me suis demandé pourquoi j'avais pu dire ça. Et comment l'idée avait bien pu m'en venir.

Il n'y avait pas de place pour le Swan. En tous cas, à l'époque j'aurais été bien en peine d'en trouver. Et puis il y a les fois où le Swan décide de fiche le camp. Le lac est vide. L'œil est dans son ombre et ne regarde plus la main. ;)

## 2 : « Dieu merci, les patients n'ont aucune idée de ce qu'on fait »

**Mme R. La peur**, et « *Pourquoi ça devient toujours un plan B ???!!!* »

Deux de mes confrères m'adressent régulièrement des patients, essentiellement - pas toujours et que Dieu leur en rende grâce ;) – des patients "compliqués". Ils sont chirurgiens, pratiquent des intervention assez lourdes, et même si par nature ce sont de très gentils garçons, le poids du plateau technique, de l'encadrement et des structures à l'autre bout du spectre de mon exercice, font qu'ils peuvent avoir besoin de moi. Peut-être plus pour mes éventuelles qualités de communiquant que celles dont je dispose en chirurgie dentaire.

Mme R. a presque la soixantaine, des traitements conséquents à venir, de la chirurgie à la pose d'implants en passant par du laser, des extractions multiples etc…

Et phobique, évidemment, sur ce qu'on me transmet comme information. Assez en tous cas pour que les interventions soient prévues sous sédation consciente. Cela signifie qu'en plus de l'anesthésie locale qui usuellement accompagne ces traitements, la patiente sera traitée sous anxiolytiques et divers produits, au maximum de ce qui peut lui être administré, hors hospitalisation, par voie veineuse.

Avant l'intervention R. doit passer me voir pour une simple prise d'empreinte, afin qu'un élément prothétique soit fabriqué en amont de ses interventions chirurgicales. Je n'ai aucune consigne ou demande pour faire de l'hypnose.

Lors de son rendez-vous, j'apprends que mon confrère et correspondant lui a dit que je pratiquais l'hypnose, mais je pense qu'il voulait surtout la rassurer sur ma façon de travailler et de traiter mes patients. Pour autant, cela intervient dans la discussion et R. m'indique qu'elle a déjà fait de l'hypnose et qu'il lui semble même qu'elle est un très bon sujet. Encore quelques minutes de discussion pour que j'aie un tableau complet de la situation : le budget d'ensemble, pour nécessaire que soient les interventions, est déjà élevé, et de plus légèrement amplifié par la sédation consciente ; sédation qui pour autant lui semble absolument nécessaire et la rassure par la certitude qu'elle fonctionnera.

L'hypnose l'intéresse, mais R. ne tient pas à encore augmenter son budget avec quelque chose qui lui semble faire double emploi.

De mon côté je n'ai donc, ni demande véritablement formulée par le confrère qui m'adresse la patiente, ni par la patiente elle-même. Mais ce qu'on m'a annoncé comme une phobie me semble plus se rapprocher d'une **anxiété majeure**…

Comme je suis quand même curieux de ce qu'on pourrait obtenir, d'autant qu'en second temps je vais devoir intervenir, je lui propose donc, à titre gracieux (c'est typiquement un cas où la moindre proposition financière conduirait à une rupture d'Alliance thérapeutique) de venir une heure à mon cabinet pour voir ce que cela peut donner. Par simple curiosité.

Et c'est accepté.

Le jour du rendez-vous, il s'agit surtout entre nous de réassurance et de relation. De nouveau on parle un peu de tout et de rien. Émerge, dans le cours de la conversation, que même enfant, R. avait peur de tout, de faire de la bicyclette, de grimper aux arbres etc. et donc évidemment du dentiste, qui quand elle était petite n'utilisait pas d'anesthésie et criait très fort.

Le plan de départ est assez simple : lui assurer le plus de confort (anesthésie) et de contrôle (arrêt total au premier geste de la main) possible. Pour le contrôle, il faudra que je voie sa main, donc en posture "Swan" d'où l'on fera partir l'induction.

« *Au départ, vous verrez tout, vous entendrez tout, vous vous souviendrez de tout. Après, avec votre main, vous contrôlerez tout.* »

Du pur Cheek et LeCron pour contourner les résistances, mais aussi créer du lien en lui laissant une forme, au moins apparente, de contrôle.

Si effectivement elle est très suggestible, passer d'une transe partielle à une transe profonde, tout en confiant à son "Observateur Caché" (qu'il existe ou non, il est bien pratique à utiliser et très facile à implanter) la capacité de tout arrêter.

**Contrôler pour diminuer l'anxiété** devrait marcher. Si tout cela fonctionne, ne restera plus qu'à installer un ancrage pour qu'elle puisse en toute autonomie gérer cela, même en mon absence.

Tout commence classiquement : le bras gauche, le plus loin de moi et qui servira au contrôle est à l'équerre. Je me tourne vers sa main pour vérifier le relâchement des doigts et du poignet. Pas de problème de ce côté. Je me retourne vers R., elle a les yeux fermés… Le visage est lisse, la tête est comme légèrement penchée… Et à la voir, elle me semble déjà complétement partie…

Je me souviens alors qu'elle m'ait dit avoir de gros problèmes d'audition, sans pour autant avoir d'appareillage… Et qu'il est bien possible qu'elle n'ait fait que ce qu'elle s'attendait à entendre… Les yeux bougent sous les paupières… Bien…

Fin de l'option Swan qui ne semble plus du tout adapté. Ça arrive, tout couteau suisse que cela puisse être… Autant utiliser ce qu'on a.

On passe au Plan B :

*« Vos paupières sont lourdes, si totalement, parfaitement détendues, aussi lourdes que si vous tombiez de sommeil, qu'il va vous être impossible de les ouvrir. Quand vous serez sûre qu'il vous est impossible de les ouvrir, que chaque souffle que vous lâchez, chaque inspiration prise, vous fait glisser de plus en plus dans un profond sommeil hypnotique, testez-les : essayez de les ouvrir, et plus vous essayez, plus elles sont si lourdes, si endormies, que vous ne pouvez pas les ouvrir. ..................... Dormez ! »*

(Les connaisseurs auront reconnu une variation d'Elman.)

Sauf que pas un cil ne bouge. Je ne vois rien qui laisse à penser que le moindre test a été effectué… Je ne sais même pas si elle m'entend parler… De plus, elle semble déjà dans une vraie transe bien stuporeuse… Hors d'atteinte. Autant arrêter l'Elman, et directement approfondir et dissocier.

*« Partez, glissez aussi loin que possible dans l'espace et dans le temps. Laissez votre corps dans cette chaise pour qu'il soit soigné, et vous, restez absente, indifférente à tout ce qui se passe ici. Les bruits, les contacts, tout ce que vous entendrez, tout ce que vous sentirez vous emmènera dans un toujours plus agréable état d'hypnose… Tout votre visage est endormi, anesthésié. Il ne répond plus qu'à ma voix. Vous ne respirez plus que par le nez, et votre mâchoire s'ouvre automatiquement, sans effort, pour être soignée et vous dormez toujours plus profondément. »*

Après Elman, du pur Erickson, à la virgule près.

À ce stade, de l'extérieur R. se trouve toujours dans un état stuporeux, mais sa respiration a basculé vers le nez et elle a arrêté d'avaler toutes les vingt secondes. J'installe la pompe à salive, puis je décroche ensuite l'aspiration chirurgicale, ce qui déclenche son bruit de Dyson caractéristique. Et tout est toujours OK.

Quand je mets en marche le détartreur avec sa sonorité si particulière, proche d'une version métallique de ce que peut faire une craie sur un tableau, il asperge d'eau toute la zone, et je sais que dans quelques secondes je saurai si elle est anesthésiée ou pas.

Je commence à nettoyer les dents et les gencives. Et on est toujours OK. ;)

Dernière suggestion d'anesthésie des dents, des lèvres et d'une indifférence totale à ce que je fais, tandis que je continue à travailler, sans même faire d'anesthésie locale tellement je suis content et curieux d'évaluer ce que je fais. Au bout d'une trentaine de secondes pendant lesquelles la patiente reste absolument impavide, je commence à me dire que, même si le sujet a éventuellement tout fait sans avoir entendu la moindre consigne, malgré tout, on a le droit d'apprécier nos petites victoires : sur une patiente aux dents largement déchaussées et à la fréquence maximale du détartreur, elle n'aurait pas dû tenir deux secondes, mais rien ne se passe. Youpi ! ;)

Au bout de deux ou trois minutes, un léger tressaillement de sa mâchoire me fait m'interrompre pour récupérer de l'eau au fond de sa gorge, et je reprends. Aucune signalétique d'alerte sur le visage… Deux dents, trois dents… R. est parfaitement anesthésiée. Trois et demi bientôt quatre… Jusqu'à ce que sa main bouge : son Cygne s'est réveillé. Je l'avais oublié celui-là. J'arrête tout comme annoncé et je lui demande ce qu'il y a : « Peur… » Je lui avais dit que tout s'arrêterait et je ne reprends pas, bien qu'elle n'ait en aucune façon évoqué la douleur… Tous les instruments sont raccrochés, la pièce redevient calme et silencieuse… R. est toujours en transe. Et peut m'entendre puisqu'elle m'a répondu « Peur. »

Le seul élément que j'ai, est cette évocation d'enfance, quand tout lui faisait peur. Je n'ai donc pas d'élément particulier. Je n'ai pas une pièce unique à remplacer. C'est R. qu'il faut que j'aide à changer. Comme un changement d'identité. Un changement de Niveau 2.

Au sens strict, on quitte les Parts Therapy. Je doute qu'il y ait un élément déclenchant en rapport avec la dentisterie et peut-être même en rapport avec quoi que ce soit de particulier… On va donc chercher à travailler en partant d'une situation générale où elle sera incluse, et puisque ses peurs étaient déjà là, de quand elle était enfant, avec assez d'imprécision pour qu'R. puisse dessiner les vides.

*« De la même façon que tout à l'heure je vous ai demandé de voyager dans l'espace et dans le temps, je vais vous le redemander maintenant. Je voudrais que vous retrouviez votre école de quand vous étiez petite. Puis votre salle de classe avec son grand tableau noir. La salle est vide, il n'y a pas d'autres élèves, et pas la maitresse. Vous êtes au premier rang. Bien au milieu. Vous y êtes ? »*

Impossible d'avoir la moindre réponse, le moindre mouvement sur le visage ou les doigts. Je vais devoir continuer à l'aveugle…

*« Vous êtes la petite R. et sur le tableau en grosses lettres, il y a marqué en majuscules, à la craie PEUR ! Comment tu te sens-là, dans cette classe, à ce bureau ? »*

Pas l'ombre d'une réponse ou d'un mouvement. Il ne reste qu'à espérer que malgré tout, elle m'entende et que les suggestions passent …

*« La grande R. vient d'ouvrir la porte, elle te voit, elle voit le tableau. Elle prend une brosse et efface tranquillement le mot "PEUR", puis La grande R. descend de l'estrade, elle vient te chercher et te tend la main. Tu prends sa main, elle te fait te lever et vous sortez de la salle… C'est le dernier jour d'école, vous êtes en vacances ensemble. L'année d'après, tu seras même dans une autre salle. Mais maintenant vous serez toujours toutes les deux… Ensemble, comme Une… »*

Fin du scénario réparateur et réintégration des deux États du Moi en une seule personnalité. Mais comme je ne veux pas rendre "l'Enfant" inutile, je vais réassigner des fonctions et des rôles adaptés à chacune d'entre elles, espérant par là même lui fournir une personnalité plus forte, mieux équilibrée, moins retenue et à l'identité plus affirmée.

*« Ce n'est pas aux enfants de protéger les grands, de leur dire quand il faut avoir peur, c'est les grands qui doivent protéger les enfants, s'assurer qu'ils sont en sécurité, et parce qu'ils font attention à eux, les enfants peuvent rire et jouer, découvrir des choses, en apprendre d'autres, grandir, se reposer, rejoindre les autres… Mais ils ont leur rôle aussi : c'est eux qui doivent apporter de la joie, des rires, de la curiosité aux grands, leur montrer les choses jolies et comment s'amuser, pas toujours travailler et être sérieux ou en train de surveiller ; il faut que vous jouiez toutes les deux et que quand tu dors, elle fasse ses choses de grande, pour elle… On est plus fort et plus heureux à deux. Comme quand on se tient la main. Je vais vous laisser un peu ensemble comme on peut l'être chaque fois qu'on se met à l'abri de ses paupières, puis dans un moment les paupières se rouvriront, le fauteuil se redressera et tu reviendras ici et maintenant. »*

Deux à trois minutes plus tard, les paupières ont commencé à trembler, j'ai pu voir le visage se réanimer et des micromouvements des doigts et du visage. J'ai redressé le fauteuil. Une fois assise, R. s'est mise à pleurer…

- *"Je ne sais pas ce que j'ai … Je ne me souviens de rien…"*
- *"Ça va ?"*
- *"Oui, ça va bien… Qu'est-ce que vous m'avez fait ? J'ai la moitié de mes dents comme toutes petites."*
- *"Je vous ai soignée. ;) Vous êtes une patiente très facile !"*

Off : « Je me demande seulement si vous le serez avec mon confrère aussi… »

*L'Hypnose au bout des doigts*

Voilà comment les choses glissent. Voilà comment partant d'un Swan, il n'en restera qu'un signal d'alerte qui ressurgira à la fin ; et comment de classiques Parts Therapy on glisse vers une des variantes des Ego States, parce qu'on ne doit plus s'adresser à un morceau/ une fonction de R., mais à **une autre représentation de R. elle-même.**

Et une parfaite transition pour le chapitre d'après.

PS : Je l'ai revue évidemment **après** l'intervention chirurgicale. L'adaptation de l'appareil s'est faite très simplement. La qualité de la relation était parfaite. Pour la suite, on verra éventuellement à quelques mois.

Ceci pour vous dire que rien n'est l'Alpha et l'Omega. Pas plus le Swan que le reste, le cas et le moment décident toujours. Et même si c'est la procédure qui m'agrée le plus, je reste prêt à changer de voie ou d'y greffer tout ce qui me viendra à l'esprit à tout moment.

*Le bazar et la cathédrale*

# 16

# LE BAZAR ET LA CATHÉDRALE

Plus l'écriture de ce livre avance, et plus j'ai conscience de rédiger un ouvrage où la notion de "collectif" intervient. Parfois très directement, quand Isabelle Andrivet m'accompagne en tant qu'éditrice ; quand Christophe Dufour ou Franck Mahia m'indiquent des articles. Réflexion faite, je ne dirais pas "indirectement": accepter de voir des vidéos publiées, fournir des pages entières comme Romain, des morceaux de séances pour d'autres ; pointer du doigt mes phrases trop longues, mes tics d'écriture ou ma typographie approximative, n'a rien d'indirect. Cela a même valu à quelques pages d'être purement et simplement effacées, comme il y a eu des chapitres en partie réécrits, des points techniques précisés, mais aussi certains apports issus de leur pratique qui sont venus s'installer.

Et on en arrive (ou en revient) au Bazar et à la Cathédrale, dont il me semble bien avoir parlé au début du bouquin. Quitte à faire une redite, cette désignation différencie deux façons de procéder/travailler ou d'élaborer quelque chose, et est apparue pour designer ou définir deux modes de création et d'évolution, parfois sur des dizaines d'années, de logiciels complexes réalisés par de très grosses équipes. Sans aller jusqu'aux prodiges collaboratifs de Linus Torvalds[85], il est certain que cet ouvrage serait allé bien moins loin sans l'aide de beaucoup de gens. C'est un peu où j'en arrive, alors que les deux tiers de ce livre sont écrits (lisibles serait le mot le plus juste, tant je m'attends à procéder à plusieurs longues réécritures) et je me surprends à sourire en voyant certains éléments de ma façon de faire s'être déjà modifiés en à peine quelques mois. Tout au long du présent chapitre, tout comme au cours d'une partie de ce qui le précède, et surtout comme une partie de ce qui va suivre, j'ai bien souvent eu l'impression de plutôt travailler sur un énorme article ou un mémoire, en récoltant les données de travaux connexes mais qui n'étaient pas les miens, que sur un manuel dédié à une

---

[85]  Linus Torvalds : Le créateur à la base du noyau de Linux et de Git. Probablement l'informaticien ayant eu le plus d'influence sur notre monde ces 30 dernières années.

*L'Hypnose au bout des doigts*

pratique particulière dont je puisse me déclarer l'auteur. J'ai donc remodelé la construction et les séquences pour qu'y soient regroupées et mises en évidence le plus possible ces approches différentes, ces apports parfois inattendus et que je tenais à partager en rendant à César mais aussi à Bob, Bruno, Audrey, Karine, les deux Caroline, Jenna, Jimmy, Guillaume, Aurore, Éric, Franck, Jean, Aldric, Nicolas, Christophe, Remy (et cette liste pourrait bien s'allonger sans même tenir compte des oublis dont je suis tristement capable[86]), ce qui appartient à chacun.

Un bazar vous disais-je... Un bazar où j'ai beaucoup appris, notamment à me débarrasser de morceaux de la vraie croix. Tout comme demander de l'aide quand je ne savais pas.

Bien que la plupart de leurs noms apparaissent dès que je cite leurs apports ou approches, leurs variations ou leurs interprétations, certains, pourtant aussi adorables qu'utiles, sont resté dans l'ombre. Je tenais à les mettre en avant, et le faire avant que ne se développe ce chapitre, car c'est bien là où certains m'ont été le plus précieux et par-delà, sur certaines extensions de la pratique du Swan classique, sur laquelle il est bien plus facile de disserter à ce point de votre lecture. C'est sur ce même modèle, que ceux qui ont accepté que l'on diffuse leur vidéos, ont fait que l'on puisse avec ce livre fournir en plus, une quasi formation en ligne.

Voilà, on s'est tous félicité, je voudrais aussi remercier David Cheek et John Watkins qui ont plus récemment décalés quelques carrés de couleur sur mon Rubik's cube...

Maintenant, on peut parler des échecs. Parce qu'il y en a...

Parfois le Swan reste le bec dans l'eau. ;)

Cet adorable couteau suisse, dont la pratique n'a de cesse de m'émerveiller, n'a rien d'une baguette magique. Les variations que certains de mes collègues en font, comme les surprises qui accompagnent son exercice, me laissent encore parfois comme un enfant face à un sapin de Noël... Si on voulait vraiment le décrire, plus que cette baguette, c'est un tour de carte qu'on fait l'été aux terrasses de café, les manches remontées bien haut, avec juste une chemise blanche, parfois même un débardeur et un grand sourire... Nous manions des illusions... qui de temps en temps ne fonctionnent pas. Ou pas comme on le voudrait... Mais pas souvent.

D'ailleurs les vidéos que nous avons décryptées n'aident pas. Tout à l'air facile, immédiat. Si simple... Et cela peut souvent être le cas : c'était une première fois avec les deux Caroline comme avec Aldric. Pas des réinductions, ni même des gens avec qui j'avais déjà travaillé.

---

[86] Ana, Delphine, qui ont participé aux derniers sprints par exemple.

Son extrême simplicité apparente en devient presque un problème, car si cela donne l'impression d'un tour de magie, c'est en bonne partie parce que c'est exactement à cela qu'on essaye de le faire ressembler. C'est un travail, c'est un des objectifs. J'ai cassé les oreilles sur ce point – et j'espère bien qu'ils l'ont entendu – au millier de stagiaires que j'ai déjà formés.

Heureusement (si je puis dire) que pour une des Caroline, j'ai pris un gros "NON" quand on s'est approché de la partie thérapeutique. Heureusement aussi que quand Bob travaille sur moi, la séance révèle qu'il peut falloir sept minutes pour me faire à peine bouger deux doigts et faire parcourir un peu moins d'un demi-tour à une main… Cela redonne une certaine mesure à ce qui est proposé. Les vidéos présentées ont toutes été choisies de façon très spécifique, car sur des points particuliers, elles étaient les plus didactiques. (Et que je les avais. C'est tout bête, mais je tenais à ce que rien ne soit fait spécifiquement pour cet ouvrage. Il y en aura une finalement, où je ne suis pas particulièrement impressionnant ;)

Donc parfois ça marche moins bien. Parfois ça plante. Je ne m'attarderai pas sur les réponses "*Je ne sais pas*" qui, quand elle se répètent, nous donnent envie de creuser un trou au milieu du désert.

Et ça peut planter de différentes façons. Ou à différents niveaux. Parfois aussi le patient vous plante, et on n'y peut rien. L'idée est alors principalement de voir quand nous en sommes le responsable et dans ce cas ce qu'il est possible de faire. Et quand nous ne le sommes pas – ou en tous cas quand cela ne semble pas être de notre fait – de l'admettre, je dirais "paisiblement" – en sachant adresser, si nécessaire, le patient à quelqu'un d'autre qu'on soupçonne de pouvoir faire différemment.

En attendant, il y a presque toujours une leçon à tirer des échecs. Ce n'est pas l'idéal, mais c'est déjà bien. Commençons par le plus simple.

Pour David B. Cheek, qui est sûrement le praticien qui a le plus travaillé sur le "finger signaling", c'est essentiellement un problème de rapport. Cela réglé car nous en avons déjà beaucoup parlé, gardons en tête que Cheek était un opérateur de haut vol, très expérimenté, souvent en chirurgie, médecin gynécologue, et donc jouissant souvent de l'influence d'un cadre de travail comme d'un titre conférant une autorité naturelle considérable. En premier, Cheek recommande de surveiller, quand les doigts ne bougent pas, les trémulations sur le dos de la main, mais personnellement j'ai, le plus souvent, bien du mal à les voir.

Le second point mis en avant est de questionner le patient, non pas sur **l'idéomotricité**, mais sur l'idéosensorialité : rappelons-nous la quasi superposition des deux homoncules de Penfield. Pour certains sujets, la sensorialité peut préjuger du mouvement. De plus, elle bien plus difficile à contrôler, alors qu'elle est très facile à masquer. De l'extérieur, elle n'est ni visible ni perceptible : la questionner, comme la mettre en évidence au travers du sujet peut conduire à ce que la motricité soit engagée : Cheek demande s'il y aurait un doigt qui serait prêt ou **aurait "envie" de bouger.** Nous avons tous perçu cela, enfants, quand en classe notre bras n'avait qu'une envie, s'était de se lever pour répondre et que nous le retenions par peur de l'erreur.

Qui n'a pas ressenti cela dans tout le corps, hésitant à se mouvoir, agité d'une vague de l'avant à l'arrière, déjà prêt à se dresser quand une autre partie de nous s'y refuse, alors que l'Autre, à quelques mètres et qui ne nous regarde pas nous a déjà séduit…

Cette variante de "L'homme tranquille" qui fera tendre à John Wayne de l'eau bénite, écraser des cigarettes, courir à cheval, briser un lit, se battre avec le frère de l'élue pour enfin faire pousser des roses – ce qui fait quand même beaucoup d'idéomoteur au service de son idéosensorialité - indique bien que l'idée s'exprime comme l'eau : à moins qu'elle ne se brise ou s'évapore, elle finit toujours, obstinément, par trouver son chemin. Notre job n'est là que pour le faciliter. Donc faire porter l'attention et la focaliser (ce n'est jamais que la base de la conduite vers l'hypnose) non pas seulement vers le mouvement et sa visualisation, **mais sur les sensations** dans les doigts et la main et leurs perceptions par le sujet, est un premier pas : NOUS voyons, ILS voient et ressentent. Cela s'applique au Swan bien sûr, mais aussi aux paupières d'Elman, comme à toute forme d'induction dont la base serait liée à une forme d'idéomotricité.

Mais Cheek va plus loin, et dans les deux sens : avec un sujet totalement résistant, incapable d'entrer en hypnose du tout, c'est l'utilisation du Pendule de Chevreul selon la méthode décrite par LeCron[87] qu'il recommande.

L'organisation des réponses Oui/Non est toute simple : on pose une question comme *"Philippe est-il bien votre prénom ?"* et si c'est à moi qu'on la pose, le mouvement qui apparaitra avec le pendule sera un Oui. Le même genre de procédure nous permettra d'obtenir un Non.

On pourra indiquer que le pendule tournera en rond dans le sens horaire pour dire *"Je ne sais pas"* et contra horaire pour *"Je ne veux pas répondre."* À noter qu'avoir un pendule finit toujours par être utile, soit en fonction des circonstances, soit du fait des croyances du patient. Ayez un patient qui est sourcier et vous aurez votre confirmation. Ou juste de la curiosité et l'envie de s'amuser ;)

Voilà pour Cheek et la Cathédrale.

Mais comment s'y prend le Bazar ? Qu'est-ce que ce moderne téléphone arabe que sont les réseaux sociaux a à nous dire ? Comment chacun fait dans sa cuisine ? Qu'est-ce qu'on fait en fond de soute pour que ça marche ? Qu'est-ce qu'on fait quand

---

[87]   A hypnotic technique for uncovering unconscious material. J. clin. exp. Hypnosis, 1954, 2, 76-79.

ça ne marche pas ? Quand on est pas universitaire, que nos recherches à Harvard ou ailleurs, ne nous oblige pas à quasiment ne travailler qu'avec des super-suggestibles ?

Allons rendre visite à la plèbe.

Qu'est-ce qu'on fait quand ça ne marche pas ?

Le plus raisonnable, c'est de s'y préparer en amont. Pour l'éviter.

Je suis intimement persuadé que l'état interne de l'opérateur, sa conviction (ou son assurance, ou son assertivité, choisissez votre étiquette) peut être plus ou moins établie, plus ou moins manifeste, mais qu'elle est une des clefs principales d'une suggestion qui passe. Certains portent toujours cette assurance avec eux, ce qui peut également conduire à son cortège d'erreurs, mais ils sont une minorité.

Si on y réfléchit en termes d'hypnose "classique", quels seraient les **"convincers"** du Swan, ses Doigts Aimantés ? Difficile de glisser dans la liste un phénomène privatif comme les paupières d'Elman… Il serait par contre intéressant d'avoir une réponse idéomotrice, dont on puisse aisément transposer les vertus.

Ce pourrait être la bascule arrière où l'idée se retrouve en mouvement, mais qui plus est, où le mouvement peut indiquer soit un Oui soit un Non.

Ce pourrait être le 360, dont l'objet est l'augmentation de la suggestibilité, tout simplement en élargissant la zone d'acceptabilité de ce qui peut se passer.


## LE 360° :

Je ne sais pas à qui j'ai bien pu le piquer ;) mais j'ai trouvé ça malin… C'est quelque chose que l'on peut tranquillement utiliser après l'anamnèse, ou avant le pretalk, encore que cela puisse faire partie de celui-ci. C'est une démonstration en fait du décalage que peut autoriser l'imagination et donc l'hypnose, avec comme avantage considérable que ce n'est pas une suggestion de notre part à laquelle le sujet répond, mais un changement matériellement mesurable, directement par le patient, sur ce qu'une idée change lors de la réalisation d'un mouvement, sans que cette modification ait été décidée consciemment. Comme automatiquement.

Et cela ne rate jamais pour peu que l'on surveille (et parfois oublie) un ou deux éléments. C'est une des façons les plus rapides, les plus manifestes, de démontrer que notre esprit fixe certaines limites (vraisemblablement pour établir une zone sans risques, et tout aussi vraisemblablement de façon automatique en fonction d'expériences précédentes) et qu'on peut les décaler. Ce qui est sûrement plus exact que "les dépasser". Elles sont juste plus loin. Accessibles mais ignorées. Quand la nouvelle est rendue publique l'ancienne limite ne s'affiche plus. C'est très connu en sport : il y a eu la barrière des 4 minutes au Mile (Roger Bannister), celle de la minute au 100 m en natation (Johnny Weissmuller), celle des 100 mètres plat (Jimmy Hines).

*L'Hypnose au bout des doigts*

Celle qui nous préoccupe a l'avantage de pouvoir être battue en brèche dans votre appartement.

Il est d'ailleurs peut-être temps de vous la décrire :
- Faites se mettre debout votre patient.
- Demandez-lui de se placer les bras en croix, tendus, poings fermés, pouces vers le plafond (il est plus simple pendant qu'il suit vos directives – Yes set for ever ! – de le faire vous aussi pour qu'il le voie).
- Demandez-lui de tourner la tête d'un côté pour regarder fixement l'ongle de son pouce.
- Puis de fixer le point sur le mur juste au-dessus de son pouce.
- Puis, en prenant soin de bloquer ses hanches, de tourner son buste et de suivre ce point sur le mur pour voir jusqu'où il peut se tourner.
- Et de noter soigneusement où se trouve ce point sur le mur, puis de se détendre, de relâcher les bras et de se retourner vers vous.

Vient alors la deuxième phase :
- Simplement demander au sujet de fermer les yeux.
- Puis dans sa tête d'imaginer que son regard se porte sur le mur, mais qu'il est capable de faire un tour complet. Sans se presser. Et de voir les éléments de la pièce défiler jusqu'à ce qu'il revienne à son point de départ.
- Et à ce moment-là de rouvrir les yeux.

Nous n'annonçons toujours rien. Le but est que le sujet tire les conclusions de lui-même. Il est donc important de ne pas trainer à ce stade.

Cette troisième phase reproduit la première : les mêmes instructions sont fournies, simplifiées, presque scandées. On prendra simplement soin de ne pas rappeler de bloquer les hanches.

- Les bras en croix
- Les pouces au plafond
- Tourner la tête
- Fixer votre ongle
- Fermez les yeux
- Tournez

Voilà ; très bien … Continuez à tourner jusqu'à ne pas pouvoir aller plus loin.

- À ce moment-là, rouvrez les yeux et comparez.

212

Systématiquement la rotation a été augmentée. Alors qu'aucune instruction n'a été donnée. C'est tout l'intérêt de la chose (sans compter un énorme Yes Set). Certains auront pivoté les hanches mais tout le monde est allé plus loin : une idée a bien permis de faire émerger, comme spontanément, une capacité ignorée qui nous est communiquée au travers d'un mouvement. Ce qui est en fond, le ressort qui projette nos patients vers nos cabinets, mais sous une forme différente. On ne vient pas nous voir pour expérimenter de l'idéomoteur, mais pour qu'une partie de nous qu'on ne connaissait pas ou qu'on ne sait pas contrôler nous amène plus loin, en tous cas suffisamment pour que ce soit en territoire espéré.

Sur ce coup-là, pour être capable de regarder un doigt ou une main et être capable de croire, qu'il peut sans qu'on le lui demande, bouger.

## LA BASCULE ARRIÈRE :

Ce n'est pas si enseigné que ça dans un bon nombre des écoles… Peut-être parce que c'est assez proche des tests de suggestibilité… Peut-être parce que c'est assez simple et compliqué à la fois (des fois que ça ne marche pas) ou pas assez "hypnose". Ou déjà trop "spectacle", ou bien trop "cour d'école"… Et pourtant il y aurait beaucoup à gagner à maitriser différents exercices simples de cet ordre… À gagner en posture, à gagner en élocution ; à dire et à s'attendre à être écouté. À mettre un pied dans la porte en somme. D'autant qu'il n'est pas très difficile de faire passer le patient d'une réponse de notre imaginaire à nos suggestions, à une première expérience de signaling.

Si on devait ramener cette réponse idéomotrice à sa plus simple expression, cela ressemblerait à ça :

- « *Bonjour ;) Tenez, placez-vous comme ceci devant moi. Les pieds joints. Les bras relâchés le long du corps. Fermez les yeux. Je pose mes mains sur vos omoplates pour vous retenir.* » (Appliquez une très légère pression vers l'avant)

- « *Sentez comment le corps est attiré vers l'arrière. Irrésistiblement attiré vers l'arrière…* » (en réduisant très légèrement la pression des mains sur les omoplates).

- « *Parfait, très bien… ! C'est cela une réponse idéomotrice : une idée s'exprime en mouvement. C'est comme cela que fonctionne un pendule : ce ne sont pas les Astres ou l'Énergie qui parcourt l'Univers qui le font bouger : juste de micromouvements involontaires que l'on fait ; trop petits pour qu'on les note, mais que le pendule, en les amplifiant, nous permet de visualiser…* »

- « *Vous venez ; votre corps, vient de faire le pendule ;) Concentrez-vous et laissez votre corps de nouveau vous balancer… Vers l'avant ou l'arrière ; vers la droite ou la gauche… et quand vous commencerez à très légèrement vous balancer d'un côté ou d'un autre, selon vous, lequel exprimerait un "Oui" ? Lequel exprimerait un "Non", si vous laissiez votre corps parler ?* »

Rien de très compliqué : un jeu que l'on maitrise avec un peu d'entraînement, le temps nécessaire à émettre ces suggestions avec fluidité et les exprimer avec la dose nécessaire d'assertivité.

À ce stade, le Yes Set est en place, les premières réponses idéomotrices testées : L'hypnose au Bout des Doigts…

- « *Voilà ; vous savez le faire en grand, on va le refaire en petit, et bien plus confortablement installés : il ne reste plus qu'à le transposer de tout le corps vers vos mains… Et les mains sont la partie du corps qui neurologiquement est pour ces choses, la plus adaptée… »*

On peut pousser l'affaire jusqu'à des réponses Oui/Non et donc un véritable signaling, ce qui facilitera encore la transition au prix d'une petite partie de magie…

C'est peut-être là que le bât blesse : le Swan est si souvent facilement obtenu, que multiplier les préliminaires pourrait lui faire perdre son côté impromptu et déstabilisant. La confusion qu'on lui adjoint en quelques mots et sans effort, son élégance désarmante qui, une fois la rencontre lancée, sont les clefs de l'émotion et la porte ouverte à tout ce qu'elle peut amener, apportent au bout du compte un certain plus qu'une approche plus lente, plus mécaniste, tout à fait correcte et sécurisante laisse parfois un peu sur le palier. Au moins maintenant, vous aurez le choix. Et rien n'empêche de commencer par l'une pour au fil des mois et avec la pratique, l'habitude, l'assurance de passer à l'autre.

Nos patients ne le sauront pas…

# 17

# LIES, DAMNED LIES

*and statistics…*

Les échecs.

On n'en parle jamais assez, et jamais assez bien, car s'il était vrai qu'on apprend plus dans l'échec que dans la réussite, je serais un des êtres les plus malin de la terre. Il est donc plus que prudent de s'y intéresser et d'avoir quelques Plan B ou quelques idées sur ce que l'on peut faire quand ça ne marche pas.

Vu que tôt ou tard, ça ne marchera pas (ce qui est assez simple à obtenir finalement : il suffit de pratiquer assez longtemps). Ce n'est pas la peine de le craindre ou de s'en inquiéter, car tranquillisez-vous, ça va arriver.

"Sometimes, the shit hits the fan…"[88]

D'un autre côté, si vous êtes bien préparés, ça n'arrive pas souvent. Encore moins souvent si vous ajoutez des ceintures à vos bretelles comme la bascule-arrière ou le 360°. Il y a toujours un moyen plus ou moins élégant de s'en sortir car nos patients n'ont pas la moindre idée de ce que l'on fait… Parfois et heureusement, la voie de sortie s'avère enrichissante. En décrivant certaines d'entre elles, c'est tout le mal que je vous souhaite, et ce que j'espère qu'il va vous arriver.

Le titre de ce paragraphe parle de mensonges et de statistiques : j'en ai une si biaisée et sur un groupe de taille si faible, qu'elle bascule tout juste dans les statistiques…

Sur cet échantillon de dix-sept hypnothérapeutes formés et le pratiquant depuis un an ou plus, assez régulièrement, ils sont une quinzaine qui parlent d'un pourcentage de réussite aux alentours de 95%. L'échec, c'est une immobilité complète, des doigts ou de la main. Et on est dans les zones qu'avance David Cheek. **OK. 95%.** Que dire ou penser de ce chiffre :

---

[88] Jamais la traduction ne restituera correctement le rendu de cette phrase (mais Google est votre ami).

Qu'il est très, très au-dessus des chiffes que des échelles comme celle de Stanford pourraient nous faire attendre. Mais pourquoi proposer un ensemble technique s'il n'apporte rien de mieux que ce qu'on a déjà ?

Nous sommes dans la zone que Leslie LeCron considère comme attendue. Pour lui, le signaling avec les doigts est facile à obtenir, "sans hypnose", dans 90% des cas. Reste à savoir ce qu'on entend par sans hypnose : il est vraisemblable que pour lui cela signifie, yeux ouverts et sans induction préalable. On sait maintenant que ni l'un ni l'autre ne sont des caractéristiques absolues de l'hypnose.

Revenons à mon échantillon. Je soupçonne que personne, parmi eux, n'a tenu de véritable comptabilité. C'est donc par nature imprécis.

Ceux qui ont répondu l'ont bien voulu. On peut donc supposer que ceux qui avaient de mauvais chiffres ne l'ont pas fait.

Dix-sept personnes. C'est un échantillon qui n'est pas énorme, mais qui permet aussi de considérer qu'on a là un nombre suffisant pour que les capacités nécessaires afin d'atteindre un résultat comparable, ne soient pas inaccessibles avec une formation minimum, un peu d'expérience et assez de travail.

La question portait en écho sur un échec complet : une absence totale de réponse. Rien, pas de mouvement de la main du tout, aucun doigt ne bouge. Il est possible que ne soient pas inclus là-dedans (cela serait pourtant plus honnête), des réponses très faibles ou incohérentes qui peuvent rendre le travail en Swan plus compliqué qu'autre chose, conduire à une impasse ou faire se développer chez le sujet un sentiment d'incompétence. Et donc à éviter.

Peut-être que certains de mes camarades ayant répondu au sondage ne le voyaient pas comme ça. J'ai eu personnellement un cas sur le thème de la procrastination dans ce genre. Des micromouvements ininterprétables, dont le patient lui-même (un patient intéressant ceci dit) se posait la question de savoir s'il les faisait volontairement ou non. Je trouve qu'il y a toujours quelque chose d'assez paradoxal (ou ironique) à ce qu'un procrastinateur vienne voir un/une hypnothérapeute et propose de confier le travail de son propre changement à quelqu'un autre... dans ce genre d'occurrence, il vaut mieux être clair sur le cadre...

Dernier point : les opérateurs ne sont pas pris au hasard. Et je serais bien content d'être aussi inventif que certains, ou assuré que d'autres. Cela fausse sûrement également le résultat.

On a donc un chiffre probablement flatteur à prendre avec, à tout le moins, un minimum de recul. En ce qui me concerne, mes chiffres, évalués aux N.N.S.[89] , sont

---

[89]    N.N.S. : Nose Navigation System.

*Lies, damned lies and statistics*

assez alignés sur ceux de mes camarades. Mais il est vraisemblable que si on passait à un panel de 17 à 3000, le chiffre serait moins plaisant au regard.

Cela rend la réflexion sur le "coup d'après", un passage obligé. Cela fait aussi partie de l'apprentissage, et au fil des discussions assez ouvertes avec quelques collègues, j'ai trouvé cela enrichissant.

Rien ne bouge donc : ce type d'échec est le plus immédiat, le plus visible.

On pourrait donc commencer par-là, par ce fameux : "Et maintenant ?"

À ce stade, demander, au sein de mon groupe de travail spécifique sur le Swan, ce que font les autres, n'est guère plus qu'exercer son bon sens. Il en ressort surtout qu'il peut donc y avoir différentes façons d'aborder cela. Certaines vous paraitront trop éloignées de vous et d'autres vous paraîtront toutes simples. D'autres encore auront besoin d'être triturées par vos soins afin de pouvoir vous aller comme un gant. Peut-être même que certaines vous sembleront très bien mais à utiliser dans un autre cas, ou toutes nulles et décevantes ;) J'y ai trouvé parfois une façon de faire différente, et souvent de "penser hors de la boite", ce qui est encore plus intéressant.

Au pire, vous aurez la certitude qu'il n'existe aucune méthode miracle, que tout le monde parfois dérape et que l'erreur, comme l'absence de résultat ou l'inefficacité et l'échec, sont une partie de notre vie professionnelle. Mais peut-il y avoir véritablement échec quand on n'a pas d'obligation de résultats ?

## 1 • MA FAÇON DE PROCEDER : ( jusqu'ici )

En tous cas ce que je faisais il y a peu, avant que les discussions avec mes collègues ne conduisent à me dire que je vais sûrement, au cas par cas, élargir ma façon de procéder. Les tous premiers temps, j'accentuais la fixation du regard (déjà présente) sur un point de la main et les sensations dans celle-ci, et je jouais sur la durée en empêchant les yeux de se fermer, pour aller vers une hypnose très classique de type Braid, puis un approfondissement avec descente de la main et fractionnement multiple avant de revenir à un signal idéomoteur puis, ou suivant les réponses offertes par le patient, du verbal le plus habituel qui soit.

Je suis assez rapidement passé vers les mains de Rossi, pour pouvoir conserver la ligne définie par l'annonce de départ : « Vous verrez tout, entendrez tout, vous rappellerez de tout. » Il y a toujours au moins une légère sensation ; à partir de là il n'est pas très difficile de dire que c'est un peu trop faible comme réponse vu ce que l'on voit : passons donc à la même chose en plus grand.

Des doigts aux mains. Ernest Rossi nous tend les bras.

Au sujet de Rossi, ce peut être de fait dans sa version classique, ou dans la version revisitée ces dernières années[90]. Le mix, temps et détournement d'attention sur la seconde main, me parait une façon assez fluide de travailler et de dépasser un blocage en début de séance. La transition est assez simple et s'effectue en disant simplement qu'on va faire la même chose en plus grand pour pouvoir le rendre plus visible. Si même cela ne fonctionne pas naturellement, on est toujours à temps d'avoir recours à l'imagination pour déclencher un phénomène idéomoteur.

Le système du **"poing-contrôle",** en fonction de ce que l'on perçoit du patient ou de ses inquiétudes, est tout aussi intéressant. Je vais laisser celle qui me l'a réellement fait découvrir vous en parler plus loin. Comme d'habitude, cette perception que l'on a du patient va, consciemment ou non, guider nos choix. Mais tout cela sera détaillé dans les minutes qui suivent…

Avec des frémissements qui ne s'amplifient pas ou des réponses impossibles à installer, quand la nécessité se présentait, je faisais descendre la main et demandait un rapide **débriefing** au sujet.

Ceci dit, il me semble avoir presque toujours eu des sensations, à tout le moins que le patient/sujet percevait comme particulières ou inhabituelles. Ou l'impression que la main voulait à la fois bouger et était paralysée. Et je suis reparti de ce qu'on me donnait pour l'amplifier, le modifier par des systèmes de questionnement ouvert. Avec une façon assez variable de fonctionner suivant les réponses et l'inspiration, un peu comme ce qui suit et qui est le système de questionnement que j'utilise pour créer directement un phénomène (de la lévitation au gant anesthésique) et de là une entrée en transe.

« *D'après vous, qu'est-ce qui pourrait amplifier cette sensation jusqu'à ce qu'elle devienne un mouvement ?* » (La première chose qui vous passe par la tête)

Ou mettre les deux mains face à moi, puis :
« *Quelle serait la première qui bougerait ?* » *(Répondez sans réfléchir)*
« *La droite ? OK. Ce serait toute la main ou un doigt (Toujours sans réfléchir).*
*Et ce serait plutôt quel doigt ? OK. Qu'est-ce que vous ressentez dans ce doigt ?*
*Et il faudrait amplifier ça pour qu'il bouge ? Qu'est-ce qui l'amplifierait ?* »
(Il n'y a que des bonnes réponses)
Et ainsi de suite…

---

[90]   Richard Hill & Ernest Rossi : Mirroring hands.

*Lies, damned lies and statistics*

Il y a bien sûr la demande très A.I.M[91] :

*« Pouvez-vous imaginer qu'un de ces doigts bouge ? Et le voir bouger sans que vous le vouliez, comme s'il bougeait tout seul, automatiquement... »*

Je n'ai pas vraiment une méthode de choix... D'abord parce que cela m'arrive rarement et parce que je sais que la décision sera très intuitive, ce qui fait que j'agirais différemment d'une fois sur l'autre, sans que je puisse vraiment savoir pourquoi.

Actuellement c'est plutôt Rossi... Le temps que vous me lisiez, cela sera probablement autre chose.

Si je n'avais pas perdu mon pendule je ne sais où, je m'en serais sûrement servi...

Ce qui me préoccupe dans ces cas-là, c'est surtout d'éviter au patient une "incompétence acquise" qu'il porterait bien au-delà de la séance...

Il y a certaines façons de faire que je vais lister un peu plus loin, en fonction de leurs caractéristiques. D'évidence, il y en aura d'autres encore, auxquelles je n'ai pas pensé, ou dont personne ne m'a parlées. La bonne, comme toujours, sera variable en fonction de l'opérateur et du sujet, tout comme il est important de se rappeler qu'il y a toujours un truc à essayer, une autre ficelle à tirer.

Mais au moins une chose est sûre : la conviction tranquille, assurément exprimée, de l'opérateur, est un des éléments essentiels et peut être le plus important en matière de suggestion. Pour que les choses qu'on propose se produisent, elles doivent pouvoir être déjà réelles, au moins dans le regard de l'hypnothérapeute.

Cette conviction s'acquiert par l'expérience : pour ce qui est de vos débuts avec le Swan, commencez à jouer sans enjeux. Commencez avec des amis ; en auto hypnose ; sur des patients que vous avez déjà eus et dont vous savez qu'ils répondent bien ; en fin de séance, quand vous avez un peu de temps et que le patient est, soit encore en transe, soit encore très suggestible ; après une jolie séance quand vous auriez envie de faire un cadeau.

Et dans tous les cas, tant que vous ne vous sentez pas maitriser le flow qui va avec, tant que vous avez des doutes sur la technique ou vous-même, quand vous utilisez cet ensemble qu'est le Swan, n'allez pas au-delà de la rencontre... Faites vos gammes tranquillement. Quand tout sera maitrisé, il sera bien temps de faire des prophéties.

De glisser vers les transes profondes. Ou les Ego states. Et les cas complexes.

---

[91] Automatic Imagination Model : Developpé par les headhackers Anthony Jacquin et Kev Sheldrake.

C'est la fluidité de l'opérateur, sa maitrise des différents éléments qui assurent son apparente conviction et la supposée simplicité avec laquelle ces pièces de puzzle viennent à éclore avant de s'assembler. Suivant le cas, le moment, la tournure des choses, ce sera accompagné de confusion, d'émotion, parfois d'émerveillement et toujours d'une qualité particulière du rapport.

Cette fluidité et cette facilité sont malgré tout des parts d'apparences. Pas des voiles qui nous feront voguer et nos patients avec, de miracle en miracle. Ou à ce qui y ressemble si on n'y regarde pas de trop près.

**L'être humain hallucine un réel à court terme.**

Nous allons lui en proposer un. Tout proche d'une hallucination. Elle va sacrément avoir besoin de sembler réelle.

Pour en revenir aux échecs lors de l'induction : je ne vais pas parler de "solutions". Plan B serait plus judicieux, plus que "voies de sortie" qui correspondraient à une échappatoire (exemple : le Rossi ou le pendule que j'ai préféré m'accréditer) pour faire autre chose qu'un Swan, d'autant que parfois cela se situe entre les deux.

Les éléments sur lesquels on va jouer sont de dissocier un peu plus, de détourner un peu plus l'attention, d'augmenter la saturation et de faire un peu de tout cela en même temps, ou si l'inspiration vous vient, de créer un peu de confusion.

Il y a la patience aussi. Et les débriefings…

En fait il y a plein de choses.


## 2 • DONNER DU TEMPS :

Il me semble avoir déjà cité Antoine Garnier. Au pire cela sera l'occasion de reparler de lui ;) Antoine dit parfois que « la suggestion a besoin de temps ». Du temps pour s'installer ou se construire. Et qu'une des façons de le réduire est de détourner l'attention consciente sur quoi que ce soit d'autre.

Pour être plus précis, en occupant cette attention un peu comme le ferait une saturation à bas bruit, on laisserait justement l'espace nécessaire aux mécanismes automatiques du patient de s'installer et de se mettre en marche, en l'absence de l'inhibition du conscient, occupé par ailleurs.

Cela peut également permettre de justement les accélérer quand ils sont lancés. Reste que l'opérateur doit être prêt à traverser de façon minérale cet intervalle temps, ce qui n'est pas très facile, si cela n'est pas quelque chose qu'on admet, au moins ponctuellement, dans sa pratique habituelle.

En terme personnel, cela peut-être un très intéressant exercice. Êtes-vous capable

*Lies, damned lies and statistics*

de rester coît dix minutes ? Vingt ? Où de parler presque sans discontinuer dix minutes ? Plus de vingt ? Guillaume, un avis ?

> Pour la notion d'insister plus longuement, je me permets d'amener mon expérience la plus longue : Dix minutes. Dix minutes de silence. À attendre, en fixant la main, que quelque chose se passe. Alors, il y avait bien eu un mouvement, une fois, tout petit avant. La cliente était déjà partie loin. Le regard était bien fixe, on sentait qu'elle était déjà en hypnose car toute son attention était fixée à l'intérieur d'elle.
> Mais bon sang, dix minutes c'est long ! ;) Cependant, ça a payé car je pense que c'était une de mes séances les plus intéressantes.
> Elle est partie en régression spontanée quasiment aussitôt après.

Voilà pour la version silencieuse. Au vu de la description, il semblerait qu'une catalepsie se soit spontanément initiée. Peut-être en réponse à ce long épisode de silence, à l'absence de suggestion et ou même de mouvement de l'opérateur. Ou Dieu sait quoi d'autre... Comme ce que nous livre de nouveau Guillaume Têtu :

> Autre truc qui parfois débloque bien. Il arrive que la personne soit ultra concentrée. À la recherche du moindre mouvement. Et rien. En mode presque frustrée de ne rien réussir. Alors en général, je la laisse dans la même position. Mais le plus naturellement du monde je lui parle de tout autre chose. En faisant en sorte qu'elle me regarde. Pour qu'elle se défocalise.
> Et souvent, bingo ! Un truc se met en marche.

On passe donc à une version où, à l'immobilité, la fixité dans le temps et l'espace, seul subsiste le temps mais le détournement d'attention et la défocalisation viennent prendre place.

À noter qu'au vu du comportement du patient qui semble en vouloir consciemment trop, c'est une stratégie bien plus adaptée : le cadre a été installé. La suggestion énoncée bien en amont. Il faut juste redistribuer l'espace et laisser la voie libre pour que la réponse automatique à la suggestion se produise, hors de la tension consciente qui en obstruait l'accès. Il n'y avait pas de résistances, l'envie du patient était patente. Juste un champ libre à mettre en place pour un premier apprentissage.

## DIRECTIVITÉ :

On va passer d'un mode qui est excessivement permissif à quelque chose qui l'est moins. Un gros leading sur le même thème, dans un autre cadre.

Par exemple la façon de procéder de Éric Ventroux :

> Quand cela m'arrive, je demande au client de mettre ses deux mains en Swan ; je m'adresse aux deux mains et je demande si une des deux souhaite m'aider à accompagner, trouver et apporter des solutions avec une nouvelle façon d'aborder ou d'approcher les choses, mais avec un beau et clair signaling. Ou bien je crée un dialogue entre les deux mains afin qu'elles trouvent ensemble la solution, règlent ce conflit et choisissent laquelle veux travailler.
>
> Celle qui ne veut pas descend à plat sur le plateau de la table, et si les deux veulent travailler qu'elles restent. Je suis très directif dans ces cas : ce n'est pas gris ou gris clair ou gris foncé, c'est blanc ou noir, voilà.

Certaines personnes ont besoin d'être **fermement conduites.** Peut-être par peur de mal faire ou parce que malgré le pretalk, elles sont totalement spectatrices de tout cela. Pas actives. Et donc sans réaction. Sans aller jusqu'à de la provocation, marquer du lead et redynamiser la séance peut être important. Évidemment à évaluer sur le moment en fonction du sujet…

## POING CONTRÔLE :

C'est un élément technique que m'a fait découvrir (redécouvrir ?) Karine Berti. Je n'en suis pas très sûr, mais il me semble que c'était inclus dans une formation d'Evelyne Josse[92]. Il s'agit, comme son nom l'indique, de restituer une forme de contrôle ou de sensation de contrôle au patient. Cela se traduit par différents éléments qu'on va faire intervenir par le biais d'un seul comportement.

Je détaillerai un peu plus cela après que vous ayez lu l'intervention de Karine. Notez simplement que cette notion de contrôle et les bénéfices qu'on peut en tirer ont largement été étudiés dans le cadre de la douleur et des niveaux douloureux qui pouvaient être acceptés par un patient. Quand on sait pouvoir arrêter un acte quand on le désire,

---

[92] Evelyne Josse : Psychologue, enseignante à l'ULB (Faculté de Bruxelles) et à la Faculté de Metz. Nombreuses publications. Enseigne aussi dans le cadre du D.I.U D'Hypnose et à l'AFNH.

*Lies, damned lies and statistics*

on peut alors, en moyenne, supporter une intensité douloureuse deux fois plus importante. À cette capacité de contrôle est associée une diminution de l'anxiété, ou du désir de fuite, et par là même, des bascules vers des comportements difficilement compatibles avec l'hypnose : Flight/Fight/Freeze.

Je laisse donc la parole à Karine :

C'est un petit truc que je me suis mise à faire, quand les sujets sont dits "difficiles", "résistants", dans le "contrôle" ou "ne lâchent pas prise". Quand on ne sait pas, on demande... Si par exemple j'ai un doute et que je pense être en présence d'un tel client, quelques questions simples viennent éclairer cela.

En général c'est "oui". J'ai même remarqué que les questionnés sont contents qu'on verbalise cela à leur place, s'ils ne l'ont pas fait d'eux même en début de séance. Comme tout questionnement où la personne se sent écoutée, cela participe à l'élaboration du rapport.

1 • Créer un faux choix en lui demandant en premier lieu de choisir la main (gauche ou droite) qui lui assurerait le contrôle.
2 • Puis de fermer le poing en imaginant maintenant qu'il tient le contrôle. Et au moment de le faire, toucher légèrement le haut de sa main. (Ancrage)
3 • Verrouiller avec des phrases inspirées des paupières d'Elman inversées, du style

*« Tant que vous conservez le poing bien serré, vous conservez le contrôle. Aussi longtemps et simplement que le poing reste fermé ainsi sur le contrôle. Vous pouvez l'ouvrir ou le refermer quand et autant que vous le voudrez, comme on déplace un curseur ou on monte et descend un bouton de volume. Entrouvrez... Refermez... »*

Et je répète cela en boucle, deux ou trois fois, en touchant à chaque fois le poing. *« Intéressez-vous aux sensations dans votre main et à l'intérieur de votre poitrine. »*

Si vous sentez que c'est nécessaire pour l'engagement du client ou pour le rassurer d'avantage, vous pouvez lui faire tester le contrôle par une ouverture/fermeture du poing. Le plus souvent à ce stade, il est déjà embarqué.

Je commence véritablement le travail d'induction, classique ou rapide, avec des phrases du style :

*« Et pendant que vous gardez toujours le contrôle, bien maintenu dans le poing gauche (toucher le dessus du poing) vous pouvez… »* (suggestion).

En ce qui me concerne, ça marche à tous les coups. Si je tente une suggestion que je sens ne pas passer, je crée une coupure en revenant au poing contrôle et en en touchant le dessus de la main, pour porter l'attention du client ailleurs. Puis je repars aussitôt après sur la même suggestion.

Par exemple : *« Et tant que le poing gauche tient bien le contrôle en sécurité, vous pouvez laisser la main droite se rapprocher à son rythme…etc. »*

J'ai remarqué que les clients se sentent subtilement rassurés à chaque fois qu'on touche leur poing en cours de séance, en mentionnant qu'ils ont le contrôle. Je le fais donc régulièrement et je peux immédiatement passer crème des suggestions juste ensuite. Très souvent, à la fin de la séance d'hypnose, la personne revient avec le poing contrôle qui s'est ouvert, à divers degrés.

En dehors de l'idée de contrôle, il y a un détournement d'attention/ bribe de saturation, un certain **empowerment** mêlé à une notion de sécurité et d'autonomie. On peut aussi en faire un symbole de ce qui nous rattache au passé. Beaucoup de choses intéressantes à développer.

## 5 • MÊME DIRECTION, AUTRE SENS :

C'est Jimmy Grenay qui a posté ces deux variations sur notre groupe de travail, et je ne saurai trop l'en remercier :

Je commence par "vérifier le positionnement de la main" : *« Voilà, la main exactement comme ça, parfait. »* (En fait je décale légèrement pour avoir un centre de gravité différent afin que la main pèse un peu plus et que les muscles de l'avant bras se contractent légèrement).

Quelques secondes après, j'installe un choix illusoire avec une suggestion liée sur la timidité :

*« OK, parfois cette partie à l'intérieur est un peu timide au début. Dans ce cas, ce que je vais te demander, si ce n'est pas OK de communiquer de cette manière maintenant ; si tu préfères qu'on le fasse plus tard, tu vas sentir que la main est de*

*plus en plus lourde, et que l'avant-bras peine de plus en plus. Alors la main va se baisser toute seule, pour nous dire qu'on fera ça, mais plus tard. »*

Là, je récupère un idéomoteur. Côté conscient, le patient voit une réponse, donc la technique "marche" quand même, et j'enveloppe tout cela avec un léger blabla comme quoi il est important de respecter le rythme du sujet (et je grappille encore un peu de rapport et d'engagement avec un "Yes Set").

Sinon, avant je fais focaliser sur l'autre main :

*« Portez toute votre attention aux ressentis dans l'AUTRE main, car parfois cette partie inconsciente n'en fait qu'à sa tête et répond avec la main qu'on ne regarde pas. »* Du coup, j'ai souvent un *« oh oui je sens bla bla bla… »*

Soit l'attention est assez détournée pour que ça commence dans la main du départ. Au pire, je lie l'immobilité à l'expression du problème, je renforce, et je migre en "Hand to Face" en mode :

*« Plus cette partie responsable du blocage sera OK pour vous faire sentir ce qui bloque, plus la main avance toute seule vers le visage… Et quand la main touche le visage, vous laisserez les yeux se fermer pour sentir ce qui arrive… »*

Là encore, on retrouve les différentes possibilités d'utiliser le détournement d'attention, l'utilisationnel ou le détournement de fonction… Beaucoup de choses parfaitement ericksoniennes.

Si bien que parfois on peut se demander s'il ne suffirait pas que l'opérateur soit ericksonien pour lui donner tant de latitudes et de libertés, en allant piocher l'inspiration dans ce qui émerge sous son nez, ou dans sa qualité à s'approprier des points de vue pour détourner tant et tellement ce qui se produit que c'est encore ce qu'il raconte qui pourrait bien sembler le plus réel des possibles.

En parlant d'Erickson, puisque c'est de son esprit que découle une bonne partie des interventions qui viennent d'être décrites, on pourrait se reporter à ce que serait une véritable intervention de Milton Erickson, sur un patient "résistant" ou qui s'annonce comme tel à un Swan ou quelque chose qui y ressemble.

## 6 • MILTON PLUS VRAI QUE VRAI :

Il y a toujours une part de hasard. Souvent il rend bien service et c'en est amusant. J'étais en train de travailler sur ces **"voies de sorties"** quand j'ai attaqué la lecture d'un livre du Dr. Quin, généraliste strasbourgeois et ancien élève de Dominique

Megglé. Excellent livre d'ailleurs[93]. Évidemment il parle d'Erickson. Et Erickson parle de résistances et de réponses idéomotrices.

Si à notre tour nous installions un Oui-Ja, et invoquions le Dr. Milton Erickson, il nous lirait probablement un extrait des « Collected Papers[94] ». Si vous désirez lire un article à votre patient, le voilà. (De facto, c'est un extrait de chapitre).

Si vous désirez parler dix minutes, ou un quart d'heure, pour détourner son attention tout en l'abreuvant de suggestions sur la dissociation, l'entrée en transe, l'apparition d'une réponse idéomotrice inconsciente qui caractérisera l'entrée en transe, il vous faudra une sacrée mémoire mais le voilà : et le lire très attentivement, pour intégrer la façon dont il procède est sûrement une très bonne idée ; un peu surprenante dans un monde pressé, mais une très bonne idée.

> Aujourd'hui, quand vous êtes entré dans cette pièce, vous y avez amené vos deux esprits, c'est-à-dire l'avant de votre esprit et l'arrière de votre esprit.
> Mais ça m'est complètement égal que vous m'écoutiez avec votre esprit conscient, parce que de toute façon, il ne comprend pas du tout votre problème, sinon vous ne seriez pas ici...
> Alors je veux juste parler à votre esprit inconscient parce qu'il est ici et suffisamment attentif pour m'entendre, donc vous pouvez laisser votre esprit conscient écouter les bruits de la rue, ou les voitures qui passent, ou les voix dans la pièce voisine, ou la musique en sourdine. Ou vous pouvez réfléchir à tout ce qui surgit dans votre esprit conscient, des pensées organisées, des pensées qui surgissent par hasard, parce que, tout ce que je veux, c'est parler à votre esprit

---

[93]  « Rencontres hypnotiques ». Chez Satas.
[94]  « Collected Papers » Erickson. Tome 1. Un extrait au hasard entre les pages 378 et 388.

*Lies, damned lies and statistics*

inconscient, et il m'écoutera parce qu'il est à portée de voix même si votre esprit conscient s'ennuie.

Si vos yeux se fatiguent, ce sera bien de les fermer, mais gardez toute votre vigilance, et gardez dans votre esprit une vraiment bonne image mentale ou visuelle, avec vigilance.

Contentez-vous de vous sentir à l'aise pendant que je parle à votre esprit inconscient, puisque je me fiche de ce que fait votre esprit conscient.

Maintenant, on peut faire de la thérapie, mais avant, je veux être sûr que vous réalisez que vous ne comprenez pas vraiment vos problèmes mais que vous pouvez apprendre à les comprendre avec votre esprit inconscient.

Tout le monde sait que les gens peuvent "parler avec des mots" ou par le langage des signes. Et le plus commun de ces signes, bien sûr, c'est quand vous faites un signe de la tête pour dire oui ou non. N'importe qui peut le faire. On peut faire signe de "venir" avec l'index, ou faire un geste "Au revoir" avec la main.

En bougeant le doigt d'une certaine manière, on peut signifier "Oui, viens ici" et par un geste des mains on peut vraiment dire "Non, ne reste pas ici".

Autrement dit, on peut utiliser la tête, le doigt ou la main pour signifier soit oui soit non. Nous le faisons tous. Vous pouvez le faire aussi.

Quelque fois, en écoutant une personne, il peut nous arriver de hocher ou de secouer la tête sans le savoir pour exprimer notre accord ou notre désaccord. Il serait tout aussi facile de le faire avec le doigt ou la main.

Maintenant, j'aimerais poser une question à votre esprit inconscient, une question à laquelle il peut répondre tout simplement par oui ou par non. C'est une question à laquelle seul votre esprit inconscient peut répondre. Ni votre esprit conscient, ni mon esprit conscient, ni même d'ailleurs mon esprit inconscient, ne connaissent la réponse. Seul votre esprit inconscient sait quelle est la réponse à donner, et il lui faudra répondre par oui ou par non.

Il le fera peut-être en hochant ou en secouant la tête, en soulevant l'index – disons l'index droit pour dire oui, l'index gauche pour dire non, comme c'est habituellement le cas pour les droitiers et inversement pour les gauchers. Ou c'est la main droite qui pourrait se soulever ou la main gauche qui pourrait se soulever. Mais seul votre esprit inconscient sait ce que sera la réponse quand je demanderai de répondre par oui ou par non. Et même votre esprit inconscient ne saura pas, quand la question sera posée, s'il répondait par un mouvement de tête, ou un mouvement du doigt, et votre esprit inconscient devrait réfléchir à cette question et décider, après qu'il ait élaboré sa réponse, exactement comment il va répondre.

Donc, dans cette situation difficile dans laquelle nous nous trouvons, nous allons tous les deux nous installer confortablement et attendre, et attendre que votre esprit inconscient réfléchisse, à la question, formule sa réponse, puis décide, que ce soit avec la tête, le doigt ou la main, de laisser venir la réponse.

En d'autres termes, je vais poser une question à laquelle seul votre esprit inconscient peut répondre, et à propos de laquelle votre esprit conscient ne peut qu'émettre des suppositions, peut-être correctes, peut-être incorrectes, ou peut n'avoir seulement qu'une sorte d'opinion, mais, si c'est le cas, seulement une opinion, pas une réponse.

Avant que je pose cette question, j'aimerais proposer deux possibilités :
Votre esprit conscient pourrait souhaiter connaître la réponse.
Votre esprit inconscient pourrait ne pas souhaiter que vous connaissiez la réponse.
Mon sentiment, je pense que vous serez d'accord, est que vous êtes venu chercher ici une thérapie pour des raisons hors de portée de votre esprit conscient.
Par conséquent, je pense que nous pourrions aborder cette affaire de la question, pour laquelle je vais demander à votre esprit inconscient de donner sa propre réponse, de telle façon que vos profonds désirs inconscients de cacher la réponse ou de la partager avec votre esprit conscient soient suffisamment protégés et respectés. C'est pour moi, une manière honnête et juste de s'occuper de soi et de ses problèmes.

Maintenant, pour répondre à vos besoins, je vais poser cette question dont la réponse sera oui ou non, et tenez-vous prêt à avoir le plaisir de laisser votre esprit inconscient répondre, et en faisant cela, soit partager la réponse avec votre esprit conscient soit la lui cacher, selon ce que votre esprit inconscient jugera préférable.

L'essentiel, bien-sûr, c'est la réponse, ce n'est ni le partage, ni la dissimulation. Car toute dissimulation ne concernera en fait que le moment présent, puisque les bénéfices thérapeutiques que vous tirerez vous révéleront tôt ou tard la réponse au moment que votre esprit inconscient considérera le plus approprié et le plus utile pour vous. Donc, vous pouvez attendre avec impatience de connaître la réponse, tôt ou tard, et vos désirs conscients, aussi bien que vos désirs inconscients, sont de rechercher une thérapie et de répondre à vos besoins comme il faut et quand il faut.

*Lies, damned lies and statistics*

Alors, comment sera-t-il répondu à cette question ? En parlant ? Sûrement pas ! Vous seriez obligé de parler, mais aussi d'écouter. Ce ne serait pas une façon de faire honnête avec votre esprit inconscient s'il voulait, pour votre bien-être, cacher la réponse à votre esprit conscient. Comment alors ? Tout simplement par un mouvement musculaire que vous pouvez remarquer ou ne pas remarquer, un mouvement qui peut être soit volontaire et visible soit se faire d'une manière involontaire et passer inaperçu, tout comme vous pouvez hocher ou secouer la tête sans vous en apercevoir quand vous êtes d'accord ou quand vous n'êtes pas d'accord avec quelqu'un qui parle, ou que vous froncez les sourcils quand vous essayez de vous rappeler quelque chose.

Quel va être ce mouvement musculaire ? Je pense que ce serait mieux d'envisager différentes possibilités, mais avant de le faire, permettez-moi de décrire la différence entre une réponse musculaire de l'esprit conscient et celle de l'esprit inconscient. La réponse de l'esprit conscient ne peut vous être cachée. Vous la connaissez tout de suite. Vous l'acceptez et vous la croyez, peut-être à contrecœur. Elle vient sans retard. Elle jaillit immédiatement à votre esprit, et vous répondez aussitôt.

La réponse de l'esprit inconscient est différente, parce que vous ne savez pas ce qu'elle va être. Vous devez attendre qu'elle arrive, et consciemment vous ne pouvez pas savoir si ça va être oui ou non.

Elle n'a pas besoin d'être en accord avec la réponse consciente, qui peut arriver en même temps, en accord avec les pensées de votre esprit conscient. Vous devez attendre, et peut-être attendre encore et encore, pour la laisser venir. Et elle arrivera en son temps et à sa vitesse. Alors, quel va être ce mouvement ?

La plupart des gens hochent ou secouent la tête pour dire "oui" ou "non", et la question que je vais poser est le genre de question qui nécessite de répondre seulement par "oui" ou par "non."

D'autres personnes préfèrent le signifier en levant les index, l'un "oui", l'autre "non". D'habitude, en ce qui me concerne, comme pour la plupart des gens je préfère utiliser l'index droit pour dire « oui » et le gauche pour dire « non », mais souvent c'est le contraire pour les gauchers. Et puis d'autres personnes ont des mains expressives et peuvent facilement, volontairement ou involontairement, lever leur main droite pour dire "oui" ou la gauche pour dire "non".

Je ne sais pas si votre inconscient désire que votre esprit conscient regarde un objet ou prête attention à votre tête ou à vos doigts ou à vos mains. Peut-être aimeriez-vous observer vos mains, et si votre vue se trouble alors que vous les regardez fixement en attendant de voir laquelle bougera quand je poserai ma question facile, un tel trouble est compréhensible. Il signifie seulement que vos mains sont près de vous et que vous les regardez attentivement.

Maintenant nous arrivons à la question ! Je n'ai pas besoin de savoir quels mouvements vous avez choisi de faire. Vous avez la tête sur les épaules et des doigts aux mains et vous pouvez laisser vos mains reposer confortablement sur vos cuisses ou sur les accoudoirs du fauteuil. L'essentiel est de vous sentir à l'aise en attendant la réponse de votre inconscient. Maintenant vous êtes prêt pour l'un de ces mouvements ou pour tous les mouvements possibles. Quant à la question que je vais poser, elle aussi n'est pas vraiment importante. Ce qui est important, c'est ce que pense votre esprit inconscient et, bien sûr, ni vous ni moi, ne savons consciemment ce qu'il pense. Mais votre inconscient le sait bien puisqu'il produit ses propres pensées, mais pas toujours en accord avec vos pensées conscientes.

Puisque vous m'avez demandé d'induire une transe, je pourrais vous poser une question en rapport avec votre requête, mais je préférerais vous en poser une plus simple. Donc posons une question suffisamment générale pour pouvoir y répondre par l'une des diverses réactions musculaires dont nous avons parlé.

Maintenant, voici la question que je veux que vous écoutiez attentivement, et ensuite, je veux que vous attendiez patiemment de voir, ou peut-être de ne pas voir, quelle est la réponse de votre inconscient. Voici la question : est-ce que votre esprit inconscient pense qu'il fera lever votre main ou votre doigt ou qu'il fera bouger votre tête ? Attendez patiemment, avec curiosité, et laissez venir la réponse.

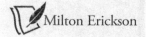

*Lies, damned lies and statistics*

À différentes occasions, Erickson parlait d'un exercice auquel il se livrait : **la réduction.**

Partir d'un ensemble de suggestions, d'une induction donc et de l'écrire de la façon la plus complète possible. Puis, de ces quelques pages, en faire une version plus concentrée, débarrassée de tout ce qui peut être finalement inutile, sachant que la répétition d'une suggestion ne l'est pas forcement. Et donc de démarrer de peut-être cinq à six pages pour n'en avoir plus que trois. Puis de recommencer pour que de trois il n'en reste qu'une, puis de cette unique page voir si on ne pouvait pas la réduire à un simple paragraphe.

Ce serait un exercice très enrichissant à faire avec l'extrait que vous venez de lire. Cela permettrait sûrement d'en percevoir plus clairement la richesse comme les subtilités. Ce qui est encastré, ce sur quoi on revient, comment on insiste sur la dissociation ou comment il y a recadrage par répétition. Quels sont les présupposés ou tout simplement à quoi peuvent bien servir certaines phrases. Je vous encourage tout autant à lire l'intégrale de l'article dans le Tome 1. Et d'ailleurs je vous encourage à lire le Tome 1. ;)

L'article commence bien avant l'extrait que je vous en donne, et finit bien après. Il contient des explications directes sur des pourquoi et quelques comment qui sont très intéressants. Vous y trouverez aussi le "pourquoi" des signes idéomoteurs dans la pratique d'Erickson.

Pourquoi après avoir simplifié l'écriture automatique jusqu'à des traits ou des barres, jusqu'à en arriver là.

Pourquoi il a abandonné le Oui-Ja.

Ben oui, Erickson s'est servi du Oui-Ja…

D'ailleurs, il ne l'a pas abandonné parce que ça ne marchait pas, mais par crainte de l'image trop "surnaturelle" qui l'accompagnait. Pourtant, je doute qu'Erickson s'en soit servi en invoquant les esprits…

Pour autant, ces quelques lignes d'Erickson et quelques discussions avec des confrères, m'ont conduit à de légères modifications dans ma pratique du Swan, pour me tenir un peu plus loin de cet écueil. Non pas que la mise en scène qui accompagne le Swan me pose un problème, c'est même un de ses points d'intérêts, un des points d'appui qui peuvent être mis au service de la suggestion et donc du changement donc du patient.

**D'abord parce que je ne confonds pas mise en scène et spectacle.**

Le spectacle a accompagné l'hypnose pendant plus d'un siècle, de Mesmer à Charcot. Et là je parle de grand spectacle et d'hypnose thérapeutique, je n'y inclus même pas les danseurs balinais ou les derviches. La mise en scène est toujours présente. Cela peut être involontaire, ou pas, ou plus, ou moins… Allez donc voir le "Sorcier de l'Arizona" à son domicile, sur sa chaise roulante ; un vieillard en chemise mauve avec son collier indien à turquoise, et écoutez sa voie étrange… Allez donc voir François Roustang, ancien jésuite chauve, en attente de perceptude…

Mon analyste qui pourtant ne jouait pas dans la même ligue, se tenait coît, un petit buste de Freud sur son bureau, avant de m'indiquer son divan Corbu d'un geste de la main.

Pourquoi vouloir échapper à la mise en scène quand l'hypnose et la suggestion tiennent tant aux attentes et croyances du sujet et aux convictions des deux **"Partners in crime"** que forment le couple Opérateur/Sujet. Ce serait juste le choix de se priver d'une part d'efficacité. De toute façon nous le ferons. Notre voix changera. L'énoncé de nos phrases changera. Notre façon de bouger aussi. Nous interprèterons un rôle. Il y aura un scénario, il y aura une quête. Si nécessaire il y aura des fantômes du passé, peut-être des dragons, des crocodiles sous des lits, allez savoir…

Devons-nous pour autant nous habiller de mauve ? Évidemment non. Pour filer la métaphore avec le Oui-Ja à qui on reprochait de n'être qu'un attrape-nigaud dirigé par des réponses idéomotrices ; le Swan, a contrario, est en bonne partie une bande annonce qui informe le patient qu'on va utiliser **ses propres réponses** idéomotrices. Si on a quelques doigts de jugeote, on va même se servir de cela pour lui fournir, et des ressources et de l'autonomie. Tout le contraire d'une dépendance tournée vers des "entités", des âmes, ou des Dieu-sait-quoi omniscients.

D'ailleurs jusqu'à quel point, peut-on se fier à nos propres réponses ? Pour être sincères, elles n'en sont pas des oracles pour autant.

D'autre part, ne serait-il pas mieux de remplacer le terme "inconscient", si marqué par Freud, par "subconscient" qui laisse percevoir une proximité et présager une perméabilité, de la même façon qu'on évoquera plus tard les États du Moi. À mon sens, oui, bien sûr…

Et je me mords régulièrement les doigts de mes propres tics de langage dont j'ai un mal fou à me débarrasser. C'est tout juste si je commence à moins utiliser (évoquer ?) "Inconscient de Martine" ou "Inconscient de Pierre-Marie" et que je me pousse à reprendre les formulations d'Erickson – pas de prénom - ou de parler de "Part émergeante". Si vous débutez en Hypnose ou avec le Swan ne faites pas comme moi…

Méfiez-vous de ces formules et craignez-les comme des Grecs et leurs cadeaux[95] ;) Mais revenons à un des aspects de cette mise en scène.

---

[95]  Virgile dans l'Énéide (II, 49)

*Lies, damned lies and statistics*

## 1.   AUJOURD'HUI, DEUX MAINS ?

Il est bien possible que j'y vienne. Pour cela aussi, les habitudes ne sont que des poisons dont on ne perçoit l'amertume que trop tard. (Au cours de la rédaction de ce livre, cela a déjà commencé à se produire entre la version 1 et la version 3.)

Bien sûr, il m'est arrivé ponctuellement de me servir des deux mains en même temps, mais de mémoire, il me semble que ce n'était que parce que, spontanément, des mouvements discrets se dessinaient sur la seconde main.

Parfois également quand trop de "parts" se manifestaient, mais ça a toujours été assez rare, ce qui, je pense, tient plus à la nature de l'entretien ou à la façon de le conduire, qu'au patient.

Parfois aussi, il y a eu quelques cas où le travail, au-delà des "parts" se faisait vraiment en Ego States, c'est-à-dire (de façon très simplificatrice) que pour moi ce n'était pas une partie de la machinerie qui devait être reconditionnée, mais deux facettes assez identitaires à qui il fallait apprendre à collaborer. J'avais quasiment l'impression d'entamer une thérapie de couple. C'était donc pour moi une bascule utilisationelle et opportuniste. Rien de plus, même si j'ai beaucoup aimé certaines de ces séances.

Par contre (on the other hand, diraient les Britanniques) en essayant d'étendre mes connaissances et en me servant de l'intelligence collective de mon groupe de travail, je me suis rendu compte que c'était finalement une pratique assez rependue. Ce qui n'aurait jamais dû me suspendre, vu que Bruno, mon tout premier sujet se servait en auto hypnose (ou en conversation avec lui-même, de non seulement ses deux mains, mais de ses dix doigts).

Les avantages sont au nombre de trois : **Clarté / Saturation / Dissociation**
… Et donc profondeur de transe et stabilisation.

Comme nous l'avons vu dans la partie "échecs", cette façon de faire va pouvoir intervenir en seconde intention pour décaler légèrement le cadre et continuer sur une même procédure. (J'ai écrit ceci un vendredi ; le dimanche je donnais une formation et un binôme m'interpelle : la main droite du sujet ne tourne pas, bien qu'elle soit hyper suggestible et connaisse très bien son opérateur, qui d'ailleurs travaille plutôt bien. Les deux stagiaires se sentent sans solutions et me parlent un peu en même temps alors que j'ai quatorze autres binômes en plein exercice. Je leur demande si le sujet est droitier ou gaucher, elle me répond qu'elle est ambidextre et je m'entends leur dire : *« changez de main ! »* sans espérer grand-chose et uniquement parce que c'est la seule idée qui puisse laisser croire à ce qu'il y ait une raison à cette immobilité sur un super sujet…Cinq minutes plus tard je regarde à travers la pièce : l'autre main répond tranquillement…

Je savais les gens peu raisonnables. Il semble que leurs mains ne le soient pas non plus.

Certaines choses tiennent à des détails : j'ai tendance à ne me servir que d'une seule main, entre autres parce que je travaille souvent avec des chaises et pas de fauteuils. Donc l'absence d'accoudoir fait que mes patients se positionnent parallèlement à la table et qu'un seul bras s'y repose. Comme je n'apprécie pas tant que ça l'aspect trop formel de les recevoir de l'autre côté de mon bureau et à une certaine distance par rapport à eux, le fait de n'utiliser qu'une main est venu naturellement, pour pouvoir reproduire à la distance près, la disposition adoptée initialement par Bob Burns.

Une disposition de départ différente, légèrement moins décalée, ne serait pas très difficile à mettre en place pour que les deux coudes soient sur la table avec une légère rotation du buste et moi placé, à peine plus loin à l'angle de la table. Il serait assez facile de démarrer ainsi, en proposant un choix illusoire (main droite ou main gauche ?) et passé un point, utiliser la seconde main comme ressource, un élément de dissociation, un levier d'approfondissement ou simplement la mettre de côté et la laisser se poser, quitte à lui donner un rôle après… À tout le moins il faudrait que je le teste : il y a suffisamment de choses intéressantes sur la façon de gérer les échecs ou dans l'utilisation qu'en fait Isabelle Andrivet par exemple, pour je mette plus que le nez là-dedans…

Et si je l'ai fait suffisamment, si j'ai des conclusions à en tirer après quelques mois, et qu'elles dépassent le niveau de l'anecdote, elles viendront compléter ce chapitre…

Work in progress.

Cela dit, at last but not least :

Nous venons de beaucoup regarder du côté du patient, mais la moindre personne qui aura feuilleté un manuel de systémique, ou celle qui aura lu le plus minuscule opuscule de Palo Alto sur la communication, se demandera toujours :

*« Que se passe-t-il à l'autre bout de la suggestion ? Du côté de l'émetteur…*

*Qu'est-ce qui influence l'échec ou la réussite, une fois la technique, la posture, la bienveillance, le sourire ou le regard de l'opérateur écartés ? »*

L'assertivité ou la confiance en lui élèvent le taux de réussite : des signaux minimalistes en font des opérateurs plus convaincants et donc qui influencent la plausibilité du scénario qu'ils proposent parmi les quelques milliers qui se développent en parallèle dans l'esprit du sujet. Nous avons abordé cela beaucoup plus tôt, et ce sont des facteurs de réussite. Mais nous parlons d'échecs ici…

Y aurait-il quelque chose que l'opérateur donne ou ne donne pas à son sujet, qui introduirait une variable supplémentaire ? Et là, comment ne pas penser immédiatement à l'effet Pygmalion dont nous avons déjà parlé.

*Lies, damned lies and statistics*

Reprenons les expériences de Rosenthal pour mieux y réfléchir : la première se passe avec des rats qui doivent parcourir un labyrinthe : certains sont supposés être meilleurs et d'autres plus lents, bien qu'ils se ressemblent tous et qu'ils aient fournis quand on les a sélectionnés, les mêmes performances. Pourtant ceux à qui on a faussement indiqué aux étudiants qu'ils étaient les plus intelligents apprennent plus vite. Et ceux supposés moins bons finissent derniers.

Cela ne renvoie donc plus aux qualités propres de l'opérateur ou du sujet, mais à **l'information** reçue en amont. C'est bien une **prophétie autoréalisatrice**[96] qui provoque une amélioration des performances d'un sujet, en fonction du degré de croyance en sa réussite venant d'une **autorité** ou de son environnement.

Le simple fait de croire en la réussite de quelqu'un améliore ainsi ses probabilités de succès, et est un effet d'**étiquetage**[97]. On voit dès lors l'importance qu'il y aurait sur la réalisation des phénomènes hypnotiques comme sur la possibilité d'un changement.

La question « *Changerez-vous ?* » se transformerait alors en présupposé :
« *Quand, où, comment changerez-vous ?* »

Et les deux protagonistes y seraient impliqués.

Rajoutez la touche de régression qui habite toute thérapie pour en faire un rapport adulte-parent/enfant, et l'on en perçoit bien vite tout l'intérêt possible, voir l'obligation éthique d'être "animé" par ce point de vue. Mais pour le moment il ne s'agit que de rats dont on a fait se modifier le comportement en sollicitant (ou en inhibant) les circuits de la récompense et on est tout près des travaux de Skinner[98] sur le conditionnement.

Quand quelques années plus tard, Rosenthal décide de renouveler l'expérience, mais avec des élèves, il n'est pas possible éthiquement d'en défavoriser certains, on ne travaillera que dans le sens de l'amélioration des performances. Les mêmes stratégies vont conduire aux mêmes résultats : les enseignants à qui l'on indique qu'un certain groupe d'élèves est plus particulièrement doué (alors qu'ils répondent tous aux même standards) modifient leurs comportements inconsciemment et conduisent ces élèves à de meilleurs résultats. Cela semble d'ailleurs avoir des répercutions identitaires sur

---

[96]  https://fr.wikipedia.org/wiki/Prophétie_autoréalisatrice
[97]  https://fr.wikipedia.org/wiki/Théorie_de_l'étiquetage
[98]  Skinner : Psychologue.

*L'Hypnose au bout des doigts*

les élèves – sauf les plus jeunes, puisque la plupart de ces élèves continueront au fil des années à bénéficier de cette progression par rapport à des camarades de même niveau au départ, mais sur qui l'effet Pygmalion n'a pas été appliqué.

Ramené à notre domaine, il est facile de voir comment le comportement et les ratifications positives ou l'expression non verbale de l'opérateur va, en hypnose, conduire à de meilleurs sujets. Pour être un peu provocateur, "à de bons rats." Malheureusement l'éthique nous a privé de la moitié de l'expérimentation.

Mais savez-vous ce qu'est l'effet Golem ?

Erickson devait le savoir : les études effectuées par Rosenthal et son équipe datent des années soixante. C'est à cette même période qu'il va mettre en place un protocole complexe pour être bien certain qu'il n'y a qu'une seule variable, et qu'opérateur comme sujet n'en savent rien. Mais surtout que cette variable soit une aiguille perdue dans une meule de foin, au point d'être insoupçonnable mais facilement identifiable tout en conduisant à la manifestation dans un cadre hypnotique de l'effet Golem :

- Les croyances négatives de l'opérateur sur son sujet sont inconsciemment transmises de façon excessivement discrète et précise, au travers de son comportement.
- Elles sont alors perçues, comprises et intégrées tout aussi inconsciemment aux réponses que son sujet va lui fournir, et dans le cas qui nous intéresse, négativement.

Pour nous résumer, quelque chose dont aucun des deux protagonistes n'a conscience est transmis tout aussi inconsciemment et se trouve pourtant suivi d'effet.

Ce "quelque chose" pouvant n'être qu'une croyance positive ou négative (dans le cas de cette étude, négative) de l'opérateur sur le sujet.

Je vous laisse donc lire l'article d'Erickson, qui m'a imparablement fait penser à une partie de l'explication sur la difficulté des traitements ressentie par les praticiens en dentisterie et qui reste aveuglante de clarté : "Les enfants font peur aux dentistes"[99].

Voilà ce qu'il nous dit dans les « Collected Papers »[100] qui maintenant existent en français. Et une fois lu, prenez quelques secondes pour simplement réfléchir à tout ce qu'implique la complexité de sa mise en place et de sa réalisation sur les croyances d'Erickson en l'hypnose et jusqu'où on pouvait la pousser.

---

[99]  Dr. Audrey Rosier : Pédodontiste exclusive.
[100]  « Collected Papers » dans le Tome 2. Pages 442 à 444. Éditions SATAS.

*Lies, damned lies and statistics*

« La signification et l'efficacité des signaux sensoriels minimes dans le déclenchement ou la modification des réponses comportementales sont souvent négligées voire même oubliées dans le travail hypnotique, pour ne rien dire des autres méthodes faisant appel à la communication interpersonnelle. Pour graver cela dans la tête des étudiants en médecine et des candidats au doctorat en psychologie clinique, la procédure didactique suivante fut conçue par l'auteur et mise en pratique au fil des ans avec plusieurs générations d'étudiants, étudiants divisés en petits groupes dont chacun avait une tâche différente.

On faisait appel à des sujets somnambuliques bien entraînés, capables de manifester facilement tous les phénomènes habituels de l'hypnose profonde.

Chaque fois que c'était possible, on utilisait de nouveaux sujets ; on les laissait, si possible, dans l'ignorance du travail projeté ; et chaque fois qu'ils étaient utilisés avec des groupes différents, on modifiait si possible la tâche que chaque groupe avait à mener à bien. On s'aperçut que certains sujets découvraient souvent quelle était la nature du travail qu'on attendait d'eux, mais on réalisa très vite qu'il s'agissait là d'une constatation expérimentale surajoutée et de valeur, et que cela constituait aussi un moyen de contrôler l'expérience. Cependant, on ne chercha pas délibérément à les informer.

On formait deux groupes d'étude composés d'un à six étudiants chacun. Au départ, on s'était efforcé de constituer des groupes homogènes, mais cela s'avéra des plus aléatoires, un fait qui se révéla avantageux d'un point de vue expérimental.

La procédure expérimentale était relativement simple. On disait au sujet, dans une transe hypnotique profonde, qu'il allait devoir être un sujet d'enseignement pour les étudiants. En réponse à une technique d'induction quelle qu'elle soit, il devrait développer lentement un état de transe et, en cinq à dix minutes, entrer dans un état somnambulique. Il signifierait cet état aux étudiants par un signal précisé, tel un profond soupir, qui était mentionné aux étudiants dans leurs instructions préliminaires. À ce moment-là, et pas avant, les étudiants feraient des suggestions pour des phénomènes particuliers.

Ces suggestions devraient être exécutées dans les termes exacts et précis et uniquement dans les termes de la signification réelle, véritable, qui leur était donnée. Les sujets devraient y répondre aveuglément, leurs réponses aux suggestions qui leur seraient données ne devraient indiquer rien de plus, rien de moins que celles qui étaient vraiment attendues en fait . Ils devraient répondre de manière rigoureusement précise à la signification réelle et exacte des suggestions telles que vous les entendrez ».

*L'Hypnose au bout des doigts*

Pour résumer – et il est nécessaire de résumer ici afin de bien garder à l'esprit la nature et les objectifs de l'étude expérimentale :

On disait aux sujets somnambuliques d'accepter « dans leur signification réelle et exacte » les suggestions de phénomènes hypnotiques particuliers que leur feraient les étudiants. Ils recevaient avec insistance l'instruction de répondre par un comportement qui n'était ni plus ni moins que les réponses vraiment attendues, et ils devaient bien écouter, avec attention et bienveillance, les suggestions données.

Les instructions aux étudiants étaient données séparément à chacun des divers groupes. Ces instructions suivaient le même schéma général, mais leur contenu variait d'un groupe à l'autre. Par exemple, on disait avec insistance au groupe A que le sujet X était un excellent sujet somnambulique et qu'il pouvait développer tous les phénomènes de la transe profonde à l'exception de l'anesthésie. On leur expliquait en passant qu'il existait des variantes en fonction des sujets, et on leur signalait que certains sujets qui semblaient ne pas pouvoir développer certains phénomènes le feraient avec l'opérateur convenable.

Le groupe B recevait la même instruction à propos du sujet X mais on lui disait que, malgré une aptitude satisfaisante à tous autres égards, X ne pouvait pas développer d'hallucinations auditives. On disait au groupe C que le sujet X pouvait tout faire, excepté développer des hallucinations visuelles, et le groupe D était informé que le sujet X pouvait tout manifester sauf une amnésie post-hypnotique.

Chaque groupe recevait la même liste générale des phénomènes à obtenir et la même série de schémas de suggestions par lesquelles des phénomènes spécifiques pouvaient être obtenus. Par exemple, pour obtenir une anesthésie des mains, le schéma des suggestions consistait à faire constater des sensations dans la main, sa chaleur, son poids, un début de tiédeur, de fraîcheur, la lente apparition d'un engourdissement, l'absence finale de sensation.

Pour les hallucinations visuelles, le schéma de suggestions consistait à avoir l'impression de regarder au loin, d'avoir une vision floue et indistincte de brouillard et de brume, pour finir par ne voir qu'une brume vide dans laquelle se développerait des lignes et des ombres et des courbes et des trames et des formes floues qui deviendraient de plus en plus claires et visibles jusqu'à ce qu'apparaisse aux sujets une hallucination visuelle donnée, extérieure à la situation expérimentale, telle qu'un film, la célébration d'un mariage, etc.

238

Pour chacun des phénomènes hypnotiques de transe profonde, on préparait des séries comparables d'instructions détaillées mais plutôt ludiques qui étaient présentées à chaque groupe d'étudiants pour qu'ils les étudient soigneusement et qu'ils les utilisent pendant leur travail avec le sujet. »

Milton Erickson

### NOTES DE ERNEST ROSSI :

« Bien que ce rapport incomplet se termine ici, Erickson m'a fait remarquer ainsi qu'à d'autres personnes dans des discussions entre professionnels que les résultats de ce paradigme expérimental avaient été pratiquement les mêmes avec de bien nombreux groupes d'étudiants, tout au long des années de sa carrière d'enseignant. Dans le groupe A, les étudiants qui ne s'attendaient pas vraiment à ce que leur sujet hypnotique fît l'expérience d'une anesthésie trouvaient constamment qu'il en était en effet incapable, alors qu'il était compétent pour d'autres phénomènes hypnotiques. De même les groupes B, C, et D, qui ne s'attendaient pas à ce que leurs sujets puissent manifester respectivement, des hallucinations auditives, des hallucinations visuelles ou une amnésie post-hypnotique, trouvèrent chacun qu'il en était bien ainsi.

Erickson explique que ces résultats illustrent l'importance profonde des attentes de l'opérateur, qui se trahissaient par des signaux sensoriels minimes dans la situation hypnotique. Chaque groupe d'étudiants laissait deviner involontairement et inconsciemment ses attentes par des signaux sensoriels minimes (dynamique de la voix, comportement non verbal, etc.) à ses sujets hypnotiques, qui avaient été auparavant chargés par Erickson de répondre par un comportement qui n'était ni plus ni moins que ce qui était vraiment attendu par les étudiants opérateurs. »

Ernest Rossi

**CQFD :**

- Nos croyances créent des attentes.
- Nos attentes modifient nos comportements.
- Nos comportements modifient les performances de nos sujets.

L'effet Golem est donc lui aussi une prophétie autoréalisatrice, mais dont le sens est inversé : c'est ce qui s'applique au travers du groupe d'étudiants qui pensaient « ne pas avoir le bon rat ». Pour rester sur l'hypnose, les conclusions sont assez claires :

**Les sujets font ce que nous croyons qu'ils sont capables de faire.**

Cela laisse place à beaucoup d'interrogations sur nous-mêmes.

De plus, au travers de cette expérimentation, apparaît que le fait qu'ils soient hyper suggestibles ne permet pas de transgresser cette condition, et peut-être même si on considère que c'est une suggestion parmi d'autres, de la renforcer.

Sous un autre angle, cela peut expliquer pourquoi les sujets de Mesmer avaient des crises épileptiques, ceux de Braid des comas hypnotiques, ceux de Charcot des crises hystériques. La forme "externe" semble donc bien liée à des croyances au-delà des suggestions, mais bien plus à celles de l'opérateur qu'on pouvait s'y attendre. Et pas seulement sur ce qu'il croit qu'il peut, lui, réaliser indépendamment du sujet, mais aussi sur ce qu'il croit qu'un sujet peut faire. D'une façon ou d'une autre, cela se traduit par des micromouvements, une intonation de voix, l'intensité d'un regard. Et tout cela est bijectif. Un bon hypno fera de bons sujets, et suffisamment de bons sujets feront de bons hypnos car leurs croyances sur leurs capacités comme sur celles des gens qu'ils hypnotiseront vont changer.

Sans l'exclure totalement (Le Rasoir d'Ockham[101] a ses limites), la question se pose de savoir si le magnétisme, l'énergétique et d'autres pratiques qui cherchent la vérité ailleurs, ne sont pas aussi liées à l'hypnose que le pendule aux signaux idéomoteurs…

Ceci dit, replongeons-nous dans une autre séquence de prophétie auto-réalisatrice.

Prenons deux cas à deux bouts de la chaine :

**A •** Un jeune homme pratique une l'hypnose ludique, impromptue etc.etc (choisissez le terme qui vous convient). À terme, il fera sans doute de l'hypnose de façon effectivement légère et souvent assez collaborative. Et il sera habitué à faire émerger tout un tas de phénomènes avec tout un tas de gens dans un temps très court. Que pensez-vous que puisse être ses croyances après toutes ses expériences ?

---

[101] https://fr.wikipedia.org/wiki/Rasoir_d'Ockham

*Lies, damned lies and statistics*

1 • Avec un peu de pratique, la quasi-totalité des gens sont hypnotisables.

2 • L'immense majorité peut vivre de gros phénomènes hypnotiques.

3 • Ces phénomènes peuvent être obtenus rapidement, sans brutalité et avec l'accord du sujet.

4 • Ces attentes et ses croyances sur les sujets qu'il accompagne, seront sûrement assez proches de celles de l'opérateur B.

**B** • Prenons un autre jeune homme affligé par la maladie, il pense mourir au cours d'une nuit, avant même ses vingt ans. Appelons-le Milton. Il survit, mais reste longtemps paralysé et va mettre des mois à simplement retrouver l'usage d'un seul de ses doigts (décidément on ne s'en sort pas.) A force de centaines d'heures d'hypnose, peu à peu, il recouvre l'usage de tout son corps, au point ensuite de pouvoir parcourir un millier de kilomètres en pleine nature, parfois à pied et le plus souvent en canoë.

Que croyez-vous que puisse être la croyance de ce garçon sur l'hypnotisabilité, si lui en a fait de quoi produire un miracle[102] ?

Erickson peut-il penser autrement que "tout le monde est hypnotisable, ce n'est qu'une question de temps" quand l'autohypnose lui a permis une telle forme de renaissance ? Imaginez-vous l'absence de limite dont il pouvait disposer quant à ce qu'il attendait de ses patients ? Et avec quelle assurance il pouvait ainsi développer ses instructions ?

D'ailleurs, quand sa fille lui demandait comment il se faisait que les gens fassent toutes ses choses incroyables qu'il leur demandait, il ne répondait rien d'autre que :

*« Parce qu'ils savent que c'est ce que j'attends. »*

Cette réponse masque qu'il était également sûr qu'ils en étaient capables au vu de son expérience personnelle, et que sa demande le démontre bien : la preuve du Carrot Cake, c'est le Carrot cake lui-même.

Voilà. Tout une partie de cet ouvrage se termine avant qu'une autre s'ouvre ; mais il est heureux qu'elle se ferme sur une phrase écrite bien en amont et ne pouvait en aucune façon retrouver place mieux qu'ici :

*« On dit que la Foi déplace les montagnes, mais il serait bien plus juste de dire que pour le vrai croyant, la montagne n'existe pas. »*

*Henri Bergson.*

---

[102] Erickson à 17 ans est frappé par la Poliomyélite. Après 3 jours de coma, il se réveille paralysé, pouvant à peine parler et ouvrir les yeux. Il mettra un an à remarcher et en souffrira toute sa vie, avant qu'elle ne s'aggrave dans ses dernières années.

# 18

## ONE STEP BEYOND

*"We need a Bigger Boat !"*

J'aurais pu arrêter, plus ou moins là où on en est . Et faire au plus simple. Juste mettre dans ce livre ce que je donnais en formation quand j'ai commencé à l'écrire, pour que le bouquin ait un côté… rond. Une marque dans le temps. Une boucle fermée.

En revanche, j'aurais été assez insatisfait, parce que je savais bien ce qu'il aurait fallu mettre dans la suite… Pour moi ça n'aurait été qu'un prolongement naturel, logique. Mais en contrepoint, il y avait – il y a – cette crainte de déséquilibrer l'ensemble. Les premiers retours sur à peu près les deux-tiers du livre venaient d'arriver. Ils étaient bons. Pas parfait, mais bon…

D'un autre côté, du coin de l'œil ce sont quelques kilos de docs qui me fixent, avec dans une autre pile, des bouquins à lire ou relire et qui ne fait que croître : je n'imagine même pas ce que j'aurai dans trois mois… Mais la question était là, flottante… J'ai donc fait ce qu'on fait quand on a une décision à prendre, ou qu'on doit travailler mais qu'on voudrait bien y échapper… J'ai farfouillé dans mes docs. ;)

Farfouiller, c'est parfait : ça ressemble assez à du travail pour y croire soi-même et on n'est même pas à l'abri d'y trouver quelque chose d'intéressant…

Comme John G. Watkins.

J'aime beaucoup son article : déjà ce doit être un sacré truc, vers la fin des années cinquante de développer quelque chose et de se dire, en parlant de psychanalyse et de thérapies aux durées sans fin « J'ai changé la donne ! ».

De facto, le modèle psychanalytique ne s'est pas effondré pour autant… D'ailleurs, Watkins avait déjà publié une première version du papier sur l'Affect bridge dans une revue espagnole en 1961. Il a fallu dix ans à Watkins pour être publié en anglais, probablement dix ans de plus pour que cela commence à être largement adopté, et comme souvent pas tout à fait de la même façon…

Où est-ce que je serai dans dix ans ? Pas la moindre fichue idée… et peut-être mort, allez savoir ;)

À partir de là, autant faire le livre que j'ai envie de faire ou que j'aurais envie de lire. D'ailleurs, où est-ce que j'en étais il y a dix ans ? Qu'est-ce que je faisais exactement ? Je ne sais pas vraiment pourquoi ça m'a renvoyé à un Tech 2 à Nice, quand après avoir fait le conversationnel, je m'étais dit qu'il faudrait peut-être que je fasse une formation complète, dans l'ordre, comme tout le monde…

Ce que je me rappelle le mieux, c'est de ne jamais être arrivé à boucler un exercice comme on me demandait de le faire… Il y avait toujours un moment où quelque chose émergeait, une autre piste à suivre et c'en était fini des consignes.

Puis ça m'est revenu : j'avais fait un "Affect Bridge" ce fameux truc de Watkins, dont parlait son article.

Alors non, je ne crois pas aux signes, même si dans mon cas ça peut paraitre paradoxal, mais je crois aux biais, aux associations d'idées et à la curiosité. Et certaines des choses qu'a sorties Watkins sont juste dingues… Parmi celles-ci, ce qui m'a le plus laissé par terre ce n'est pas les Bridges, ce n'est pas les Egos states en soi, c'est une expérience sur la douleur. ;) Il y avait déjà les anecdotes avec Cheek ou Barnett qui m'avaient bien amusé, mais là ça montait vraiment d'un cran… Je vous en parlerais bien maintenant, mais ce n'est pas le bon moment…

Donc autant vous raconter ce qu'il y aura, et même aurait dû y avoir depuis un bon moment dans une troisième journée de formation. Cela fait cinq ans que j'enlève des choses pour pouvoir en mettre d'autres : plus de doigts magnétiques, il ne reste qu'une esquisse de l'Elman, plus d'inductions instantanées, des morceaux de théorie qui s'envolent, malgré souvent plus de quinze heures de formation effective en deux jours… Chaque année, une chose que j'enlève est remplacée par une autre, alors que j'envoie de plus en plus de documents, de vidéos, de PDF aux stagiaires, avant la formation pour que les ayant vus, on gagne un peu de temps… On n'est plus si loin d'un mix entre présentiel et distanciel, comme je serais bien incapable de trouver un néologisme pour ce que vous tenez entre les mains, mais qui vous renvoie à des vidéos décryptées.

De plus, je ne sais pas qui vous êtes. Je ne sais pas ce que vous appelez hypnose, ni comment vous vous en servez. J'ai peur de vous décevoir. Je ne sais pas si je vous ennuie, si je vous surprends, si par chance je vous apprends quelque chose… Je ne peux faire que de mon mieux.

Je vous ai livré le survol des Parts Thérapies époque Bob, le recadrage en 6 points ; décortiqué la structure de tout ce qui intervient dans le Swan comme on démonte et

*One step beyond*

expose chaque pièce d'une voiture… Et j'en arrive au constat d'un modèle trop étriqué, explosé par la réalité de la séance.

On en revient à mon Tech 2. Ou à ce qu'il se passe en formation quand les stagiaires se retrouvent à faire ou vivre trois, quatre séances de Swan à peine entrecoupées de cinq à dix minutes de théorie, parce que j'ai pris soin de m'en débarrasser au maximum lors de la première journée. C'est le moment où on voit tout ce qui peut émerger dans l'espace libre, et que finalement, pour la plupart, ils ne gèrent pas si mal…

Malgré cela, il est grand temps de penser "un pont plus loin", même s'il n'y a pas trop lieu de s'inquiéter puisque malgré tout ça, ça ne suffira jamais. ;)

Tant pis si c'est moins rond, tant pis si c'est moins équilibré.

Allons ensemble visiter ce troisième jour de formation qui va s'épanouir peu à peu et nous verrons bien si le bouquin est – ou non – équilibré. Après tout, il y a toujours les œufs de Pâques… Où est-ce que j'en étais…

Ah oui ;) John G. et Helen Watkins. Mari et femme.

John G. était psychologue. Il s'est longtemps lui-même défini comme un "Hypnoanalyst". La seconde guerre mondiale est terminée depuis quelques années.

À cette période-là, Mère Psychanalyse règne sur la psychologie. On ne discute pas encore son efficacité. Pour ce qui est des théories qui la soutiennent, il y a quelques querelles d'école, mais rien de majeur, même avec Carl Jung, la "cure" est loin d'être enterrée… Mais c'est si intellectuel, et tout y est si long…

# 19

## THIS TOWN AIN'T BIG ENOUGH…

*for the Both of us !*

Où peut donc bien se placer le début d'un cercle ?

Et quelle surprise !! La réponse est : ça dépend !

Si ce cercle se matérialise et devient un anneau, il commencera et finira au niveau de ses parois, de la même façon qu'on pourra décrire tout ce qui est à l'intérieur du cercle comme lui appartenant (nous parlons d'hypnose et non de géométrie, où pourtant il est admissible que des parallèles se croisent) et que ce qui lui est extérieur. lui est étranger.

Si on le dessine, pour autant qu'on ne referme pas totalement cette boucle, qu'on la conserve imparfaite, humaine donc ; nous saurons précisément où elle s'interrompt, comme si elle retenait sa respiration. Mais dès que ces deux points se touchent, il n'y a plus ni début ni fin.

Amusant non ? Et ce n'est même pas quantique…

Si l'on essaye de maintenir cette analogie avec le Swan, on pourra s'en sortir sans le définir de trop, en disant qu'il commence avec le bras qui se lève et finit quand il descend. Et que tout ce que l'opérateur arrive à mettre entre ces deux points, comme à l'intérieur d'un cercle et que le sujet accepte, par définition en fait partie. D'autant qu'on peut si nécessaire, installer ce cercle à l'intérieur d'un carré aussi longtemps que le bras n'a pas rejoint la table.

Si l'on caractérise le Swan sous sa forme la plus classique, quasi emblématique, qu'avons-nous :

- La position du bras et de la main.
- Un signaling dont la mise en place crée l'induction.
- Une transe partielle.
- Des Parts Therapy.

Nous avons déjà vu qu'on pouvait passer aisément d'une transe partielle à une transe complète et de là, à une transe profonde. Ou qu'on pouvait passer d'un signaling au Direct voice.

On peut de la même façon glisser des **Parts Therapy aux Egos States** et des questions Oui/Non, à des questions classiques et parfois mieux encore, en Clean Language.

Nous allons donc continuer à explorer ce qu'on peut mettre à l'intérieur d'un cercle et éventuellement comment le mettre dans un carré, et pour avoir déjà beaucoup explorer le reste, allons revisiter les **Parts Therapy…**

## SAME BUT DIFFERENT :

C'est un outil simple, facile à apprendre, facile à comprendre, facile à utiliser surtout quand il est la toile de fond du Recadrage en six points.

Par contre le patient, dans mon expérience, se trouve être un peu trop objectivé et la démarche est très protocolaire. De plus, les "Parts Therapy", du fait du modèle même, nous conduisent plutôt à conceptualiser des morceaux d'une même personne (la partie créative, celle qui veut manger, celle qui a peur des garçons) telles les pièces d'un véhicule dont on attend qu'elles soient remplaçables et interchangeables ou pimpées.

Au bout du compte, elles me sont parfois apparues plus comme une version restreinte, sûrement plus accessible, souvent efficace mais plus limitée d'un ensemble ou d'une famille thérapeutique plus large : **les États du Moi,** famille elle-même composée de sous-ensembles et variantes, qu'il me parait de plus en plus important de connaitre mais de moins en moins à sanctuariser. Ou dit plus clairement, d'en adopter les principes, sans se soucier du dogme.

Ce modèle élargi nous amène à poser le regard sur ces différentes personnalités, tout à fait capables de se succéder ou de s'influencer les unes les autres, sans être toujours manifestes, et au choix de se mettre en évidence ou de rester cachées. Elles sont aussi susceptibles de changer, d'être porteuses d'émotions, de désir, et donc ne pas se limiter à être de simples automatismes ou des blocs primitifs, comme manger, boire, fuir, se reproduire ou grincer des dents…

Si l'on admet que l'exercice de la thérapie est avant tout un exercice stratégique, nous allons avoir tôt ou tard besoin d'un cadre étendu, plus souple, plus adaptable, sensible au contexte et qui puisse voyager dans le temps. Plus dynamique donc, car il devra aussi se déplacer dans la complexité du système et mieux refléter celle, pourtant imprévisible, des êtres humains, avec leurs envies contradictoires et la peur de leurs propres désirs.

Aux abords de tout cela, n'oublions pas que l'hypnose n'est qu'une entrée en matière, un moyen, une clef, un trousseau parfois, un accélérateur sûrement… Ce n'est pas, sauf cas particulier, une thérapie en soi. C'est ce qui nous conduit à ses limites, à celles du Swan d'origine, à ce chapitre, et donc, aux États du Moi, qu'il est largement temps de définir.

> « Un État du Moi est un système organisé de comportements et/ou d'expériences dont les éléments sont liés par un principe commun et séparés des autres entités de ce type par une frontière qui est plus ou moins perméable. Les États du Moi peuvent être grands, englobants alors de vastes domaines de comportement et d'expérience, ou petits lorsqu'ils n'incluent que des domaines très spécifiques et réactions limitées. »

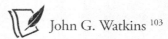 John G. Watkins [103]

Ce sont les "petits" que j'ai tendance à qualifier de "parts" ou "parties" comme les disques de freins sont une "partie" de la voiture, mais que changer les disques ne change fondamentalement rien au véhicule, tout en améliorant son fonctionnement.
Ce que dans un cadre systémique, on définit comme un changement de niveau 1.
Dès lors, un travail en Ego states devra être conduit plutôt qu'une simple "Parts Therapy", si on envisage un changement de niveau $2^{104}$. Pour ce qu'en vaut mon expérience individuelle, c'est souvent quand une part de l'identité même, chez certains de mes patients n'a pas évolué, que le changement espéré ne s'est pas imposé ou n'a pas tenu sur la durée. Présenté de façon plus compacte disons qu'un non-fumeur, même en manque, ne fume pas.
D'ailleurs, pour ce qui est de l'intérêt de rapprocher le Swan et les États du Moi, il semble bien que ce ne soit pas une rue à sens unique.
Et toujours d'après John G. Watkins : ce qu'on pourrait compléter par la façon de poser le problème de Gordon Emmerson :

> « Puisque les États du Moi sont une approche impliquant une communication et une diplomatie entre parties, l'hypnose devient une condition quasi sine qua non dès que des États élusifs sont en jeu. »

---

[103] John G. Watkins : Le père des États du Moi modernes, 2008.
[104] Systémie : Les changements de niveau 1 interviennent à l'intérieur d'un système. Les changements de niveau 2 affectent le système lui-même.

> « Il y a deux types d'États du Moi : les États de Surface, auxquels on peut se connecter consciemment, et les États Élusifs (sous-marins), auxquels on n'accède qu'en hypnose. »

Avant d'aller plus loin et de mettre en avant les spécificités du Swan qui le rendent plus particulièrement intéressant à adosser aux Egos States, prenons le temps de reprendre leur histoire.

Historiquement donc, les origines de cette approche thérapeutique sont bien antérieures aux années soixante-dix, puisqu'on peut retrouver des éléments correspondant à ses prémices dès le XVIII$^{\text{ème}}$ siècle. Puis un prêtre, Josef Gassner, contemporain d'Anton Mesmer, qui tirait sa pratique d'une forme personnelle d'exorcisme et dont l'objectif était de déterminer si la maladie d'un patient avait pour origine une possession – auquel cas des invocations répétées de Jésus assuraient la guérison en rejetant les démons – et dans le cas contraire, l'adressait à un médecin puisque c'était organique. Le plus étonnant c'est qu'on pourrait très bien, et cela a d'ailleurs été fait, décrire la procédure assez unique employée par le Père Gasner, comme une séance d'hypnose moderne avec son anamnèse, la création de rapport, provoquer (invoquer ?) l'apparition des symptômes et les faire disparaitre, transférer cette compétence au patient/sujet dans et hors de la séance…

Il est vrai que, jusqu'en 1885 et la fin du XIX$^{\text{ème}}$, il n'existe aux yeux de la médecine que trois états : l'éveil et le sommeil, auxquels on peut greffer de façon annexe, la vie et la mort, ou culturellement, la folie ou la possession. Seuls les deux derniers peuvent être considérés comme une figuration des États du Moi.

Mais avant même le tournant du siècle, Freud aidant, on se met à considérer le psychisme comme un ensemble de parcelles plus ou moins communicantes ou plus ou moins perméables - bien que de son point de vue, plutôt moins que plus - avec deux découpages suivant l'abord qu'on préfère en avoir, pour en obtenir trois :

- **Conscient / Subconscient / Inconscient**
- **Moi / Ça / Surmoi**

Il est assez facile de voir que leurs oppositions comme leurs fonctions ou leurs raisons d'être, leurs rôles, leurs objectifs, conduiront à des conflits d'une ampleur variable en fonction de bien des choses.

Pour ce qui est du XIX$^{\text{ème}}$ siècle, on ne saurait d'ailleurs parler de cette démarche sans se référer à Pierre Janet, avec comme point d'origine son célèbre cas de Lucie, une jeune femme décrite comme ayant des symptômes de double personnalité et de somnambulisme (Janet, 1886), et qu'il va traiter sous hypnose et sous une forme qui paraît, malgré le passage du temps, tout à fait moderne elle aussi.

Un rapport clinique décrit le protocole de traitement de Lucie, qui souffrait d'une "hystérie chronique". Après une induction formelle de l'hypnose et un approfondissement par d'autres suggestions, Janet suggéra à Lucie de répondre à ses questions à l'aide de l'écriture automatique comme suit :

**Janet :** *Tu m'entends ?*

**Lucie** : *Non.* (Par écrit)

**Janet :** *Tu es censée m'entendre pour me donner la réponse écrite.*

**Lucie :** *Oui, bien sûr.* (Par écrit)

**Janet :** *Comment faites-vous cela ?*

**Lucie :** *Je ne sais pas.* (Par écrit).

**Janet :** *Il doit y avoir quelque chose en toi qui m'entend.*

**Lucie :** *Oui.* (Par écrit)

**Janet :** *Alors, qui est-ce ?*

**Lucie :** *Une autre. Pas Lucie.* (Par écrit)

**Janet :** *Une autre ? Veux-tu que nous choisissions un nom pour toi, l'autre ?*

**Lucie :** *Non* (Par écrit).

**Janet :** *Mais ce sera plus simple pour notre communication.*

**Lucie :** *OK… Adrienne.* (Par écrit)

**Janet :** *Adrienne, tu m'entends ?*

**Lucie :** *Oui.* (Par écrit)

*L'Hypnose au bout des doigts*

Quelle incroyable chance pour la psychologie, qu'adolescent, le jeune Pierre ait perdu ses convictions religieuses… Sans cela nous n'aurions peut-être sur ce rapport qu'un cas de possession de plus. Au lieu de cela, Pierre Janet a décrit un modèle de l'inconscient que l'on pourrait qualifier de "dissocié", comprenant des États du Moi qui peuvent ne pas être conscients les uns des autres, tout comme l'esprit conscient peut ne pas en être conscient.

Au-delà de Janet, on retrouve d'autres grands noms de la psychologie, qui lors du XXème siècle ont considéré ce type de dissociation majeure comme étant un outil possible, parfois leviers, parfois point d'appui. Après lui, ce sera Carl Jung qui portera le flambeau à l'avant de tout cela, avec un regard bien éloigné de celui de Freud. Il a d'ailleurs consacré une grande partie de son travail clinique à l'étude des éléments de sous-personnalité chez les patients qu'il traitait.

Carl Jung a également théorisé la fonction et les buts de ces sous-personnalités, et plus tard a même décrit deux sous-personnalités en lui-même. Mais nous devrons plutôt considérer les psychanalystes Paul Federn et Heinz Hartmann, comme les précurseurs des Ego States dès l'Entre-deux- Guerres, en commençant à décrire une forme de pluralité du Moi, encore que les qualificatifs spécifiques qui les accompagnent ("Topologie"; "Réprimés") signent une évidente succession ou un héritage freudien.

En revanche, c'est aux travaux de John G. et Helen Watkins, sa femme, que l'on doit l'établissement et la formulation du concept, tout comme son utilisation opératoire.

Mais avant cela, ne nous privons pas d'une forme d'exploration familiale étendue qui nous fera découvrir plus d'expressions des Ego states, sans pour autant vouloir toutes les couvrir, car elles ont littéralement fleuri y compris au cours du XXIème siècle.

Dans cette partie du livre, nous nous intéresserons donc évidemment à un nombre bien plus petit, aux plus répandues, à celles qui ont recours à l'hypnose, ou sur lesquelles l'hypnose va pouvoir venir se greffer le plus naturellement.

Bien sûr ce choix sera orienté : ce livre n'a pas prétention à couvrir tout ce sujet, mais il m'offre suffisamment d'espace pour l'aborder au moins sur sa surface tout en jetant un coup d'œil en dessous. Ce serait un comble de ne pas pouvoir le faire avec un Cygne et partant de là, voir aussi en quoi le Swan serait une des procédures hypnotiques de choix pour certains praticiens, et en fonction de leur démarche, ouvrir la voie et appuyer leur avancée.

Nous allons les découvrir un peu comme un zoom arrière nous le permettrait. Nous sommes partis des Parts Therapy : une seule personne et des morceaux d'elle-même, n'ayant chacun qu'une seule fonction.

Effectuons ce zoom pour passer à trois individus complets, représentant tous (ou chacun) la même personne.

252

*This town ain't big enough...*

## 1 • L' Analyse Transactionnelle :

Elle pointe son nez dans les années cinquante : Éric Berne est bien connu pour ses écrits et ses descriptions des États du Moi, sous la forme d'un Tryptique – **Enfant, Parent, Adulte** – qui se trouve en chacun de nous et représentent des états intériorisés.

La littérature autour de l'Analyse Transactionnelle[105] est basée sur ce concept et fournit un système thérapeutique pour traiter et résoudre les conflits intrapsychiques dont l'expression ou les explications fournies au patient ont quelque chose de très accessible, un aspect familier, presque une évidence…

Berne a lui défini un État du Moi comme :

« Un système cohérent de pensées, d'émotions et de comportements associés. »

Du point de vue de la structure de la personne, il distingue trois types d'Etats du Moi :

1 • **Le Parent** correspond aux pensées, émotions, et comportements d'une personne qu'elle a fait sienne, par imitation de figures parentales ou éducatives marquantes.

2 • **L'Adulte** caractérise les émotions, pensées et comportements qui sont congruents avec la réalité du"ici et maintenant".

3 • **L'Enfant** correspond aux pensées, émotions et comportements qui sont une reviviscence de notre propre enfance.

Ceci dit, pour en rester sur l'Analyse Transactionnelle, si le modèle peut sembler un peu pauvre avec ses trois intervenants et leurs rôles si assignés bien qu'ils puissent en appeler à une dynamique toute systémique, elle est parfois si redoutablement adaptée, que son utilisation se retrouve être d'une simplicité et d'une efficacité déroutante.

---

[105]  Éric Berne : Analyse Transactionnelle et psychothérapie.

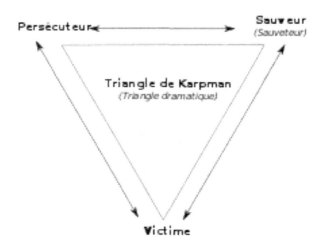

En dehors de cette colonne vertébrale, un grand nombre d'éléments sont venus, peu à peu, étoffer l'Analyse Transactionnelle, dont certains occupent une place de choix dans le développement personnel, et qui ont pu aller jusqu'à donner naissance au triangle de Karpman.

Dans la mesure où elle se pratique normalement sans chercher à mettre en place un état d'hypnose, on voit clairement à quel point il serait simple, avec n'importe quel sujet qui réponde un tant soit peu normalement, **d'inscrire le Swan dans cette procédure.**

D'abord explorer la problématique du patient.

Identifier l'Analyse Transactionnelle comme une voie d'abord intéressante (mais ce serait peu ou prou la même chose avec une des autres X déclinaisons des États du Moi).

**Installer le Swan** soit directement avec l'état "Adulte" dans une main et l'état "Enfant" dans l'autre.

Soit classiquement," l'Inconscient" d'abord, puis la Rencontre faite, **inscrire l'A.T. dans cette procédure** : faire venir "l'Adulte" dans cette main au fur et à mesure qu'elle se tourne, puis "l'Enfant" dans l'autre.

On peut alors dialoguer avec chaque main à tour de rôle, en les personnifiant tranquillement puisqu'il suffira de se tourner vers l'une ou vers l'autre, les faire s'accorder en demandant qu'elles se tournent l'une vers l'autre etc. Mais toutes les variations sont imaginables. Une séance d'Éric Ventroux que nous étudierons tout à l'heure, le montre bien en venant placer le Cercle au centre du Carré.

*This town ain't big enough…*

Les nombreuses déclinaisons autour de ce même thème ne s'arrêtent pas à l'enfant intérieur ou l'A.T., l'Internal Family System, aux Parts Therapy ou aux Resource Therapy d'Emerson, au Voice dialogue et d'autres, comme à la Procédure de Réintégration Rapide (R.R.P) de Edgar Barnett et forcement, j'en oublie…

Mais au préalable, pour pouvoir mieux la décrypter, revenons à Helen et John Watkins, leur définition des États du Moi et plus encore, à la façon dont ils décrivent la procédure pour mieux suivre le fil d'Ariane qui serpente au sein de nos séances.

> « Un État du Moi est un système organisé de comportements et/ou d'expériences dont les éléments sont liés par un principe commun et séparés des autres entités de ce type par une frontière qui est plus ou moins perméable.
> Les États du Moi peuvent être grands, englobants alors de vastes domaines de comportement et d'expérience, ou petits lorsqu'ils n'incluent que des domaines très spécifiques et réactions limitées. »

Plus précisément, selon John et Helen Watkins, le Moi est constitué de nombreuses facettes ou "États", résultats de différents processus réactionnels de **Segmentation**, allant de "l'enfant apeuré" au "Control freak" jusqu'à "La sacrifiée", "l'Homme à femmes", "La Mère Pied Noir" ou le "Sagittaire" et toutes les figures horoscopiques, archétypales ou autres, que vous pourriez même ne jamais imaginer.

En langage commun nous parlerions de "personnages". Très en amont, on les décrira par prudence, plutôt au patient comme des "aspects de nous-même".

Nous partons donc de l'apparition ou l'émergence d'un personnage qui se trouve projeté, ponctuellement, à l'avant-scène et réassemblé en fin de séance, ou à la sortie du Stade pour le "supporter" de l'O.M., hors de sa classe pour le "Professeur" etc., jusqu'à des personnalités multiples et complètes, qui peuvent aller jusqu'à s'ignorer elles-mêmes. C'est d'ailleurs un cas de ce genre qui a attiré la lumière sur Watkins ( The Hillside Strangler )[106].

---

[106] Hillside Strangler : L'étrangleur au pied de la colline.

*L'Hypnose au bout des doigts*

Pour ce qui est de John Watkins justement, il est intéressant de voir jusqu'où il a pu pousser la logique du modèle, en utilisant un travail sur la douleur. L'hypnose est largement utilisée dans ce domaine, et depuis bien longtemps, pour ses caractéristiques dissociatives.

Ainsi, les patients à personnalités multiples peuvent éliminer la douleur dans la personnalité primaire, en la déplaçant dans des "segments" différents... Les expériences de Ernest Hilgard ont démontré que des sujets hypnotisés peuvent, une fois largement dissociés, adresser la douleur à un système structurel cognitif différent et ignoré, qu'il a appelé : "L'Observateur caché."

Les Watkins ont découvert que les « observateurs cachés » de Hilgard, semblaient être le même phénomène que les « États du Moi » ; États du Moi, dont la théorie qu'ils ont établie, suppose que la personnalité se développe par la **Différenciation** et l'**Intégration** (dans cet ordre).

À une extrémité du continuum, la **Différenciation est adaptative**, d'autant que les États du Moi possèdent des limites relativement perméables.

À l'autre extrémité, leurs frontières deviennent moins perméables et la **Segmentation** usuelle peut aller jusqu'à une **Dissociation inadaptée**.

Des Personnalités multiples seraient alors créées, imperméables aux autres et amnésiques de tout le reste.

Le simple fait d'évoquer "l'inconscient", de le personnaliser et de le faire exister manifestement puisqu'il se signale au travers des mouvements de la main ou des doigts avec le Swan, est déjà une **Segmentation** : il y a maintenant un autre Moi, qui est à la fois différent et moi-même : c'est bien une différenciation.

Elle doit être assez présente pour être opératoire mais contenue :
*« Vous êtes les deux faces d'une même pièce, en parler à l'une, c'est parler aux deux... »*

Tout comme on doit procéder à une **Réintégration** en fin de séance.

Continuons donc à étudier comment ce phénomène peut s'amplifier et s'inscrire tout naturellement dans le cadre du Swan. Conservez en mémoire que plus le niveau de dissociation augmente, plus la transe s'approfondit et se stabilise.

Prenons ce bref "Case report" que nous devons à Éric Ventroux et dont je parlais tout à l'heure. Profitons-en aussi pour voir à quel point le Swan peut simplifier les choses et redistribuer les cartes, simplement avec ce qu'on a sous la main.

Ou comment un arrêt du tabac se transforme en un Swan à deux mains.

256

*This town ain't big enough…*

« Samedi après-midi : je me déplace à domicile pour une consultation sur un homme de la quarantaine qui souhaite arrêter de fumer. Il fume du tabac à rouler, des cigarettes, et parfois autre chose pour se détendre. Pour faciliter la lecture, je l'appellerais Manuel.

Passons rapidement sur la méthode utilisée pour cet arrêt du tabac ; sachez simplement que Manuel me précise qu'il a une appréhension avec l'utilisation de l'hypnose, et qu'il est un peu anxieux et stressé.

Les premières questions sont donc simples et visent la coopération comme l'engagement du patient :

**Eric :** *Voulez-vous arrêter de fumer ?*
**Manuel :** *oui, mais, et blablablabla…et blablabla*
**Eric :** *Je repose la question : oui, mais…blablabla*
**Eric :** *Je la repose pour la troisième fois et là : il répond par un OUI fort et clair dans la voix et la position du corps.*
*- Voulez-vous arrêter maintenant ? OUI*
*- Voulez-vous être un non-fumeur pour toujours ? OUI*

Ensuite petit travail, cohérence cardiaque, lieu de bien être, ancrage, port du sac à dos, lourd, léger pour vider et lâcher prise, travail sur l'ouverture des sens et sensation… etc. etc., mais Manuel a du mal à lâcher prise.

Du coup je le ramène et nous partons sur une induction d'Elman classique jusqu'à la descente au palier C (pour les connaisseurs) avec différents contrôles (catalepsie, analgésie, torpeur) avant que ne commence le travail en profondeur des suggestions pour l'arrêt du tabac en s'appuyant sur les éléments de l'anamnèse…

Tout se déroule pour le mieux, la catalepsie et la profondeur de transe tiennent bien.

Une fois tout cela terminé, je ramène ici et maintenant un Manuel surpris et ravi de l'expérience.

Manuel me demande si je travaille toujours de cette façon, ce à quoi je réponds que j'aime bien une autre méthode qui s'appelle le SWAN, tout en lui montrant la position de la main et du bras et en lui donnant quelques explications.

Sans que je le lui demande, Manuel prend la pose du SWAN, se focalise, fixe un point et part.

*L'Hypnose au bout des doigts*

La main s'agite, comme pour me dire, "coucou" je suis là ; "coucou, il y a quelqu'un ?" J'en profite donc pour dire bonjour à l'inconscient, et laisser un petit dialogue s'installer entre nous.(**Segmentation N°1**)

Je demande à Manuel s'il veut faire une petite expérience et faire connaissance avec son inconscient, qui est son chef d'orchestre.

La réponse est un oui, celui d'une personne qui est déjà dans une bonne transe.

Je demande donc à l'inconscient de se tourner vers son visage et d'aller faire cette rencontre jusqu'à lui toucher le visage, et que s'il a un message à lui adresser qu'il le fasse.

Là, Manuel lâche émotionnellement, des larmes sur les joues coulent et il me dit :

*- "Mon grand-père est là, il veut me dire quelque chose, mais je ne sais pas quoi… ?"* (**Segmentation N°2**)

Je prends donc l'autre main que je mets en SWAN et je demande :

*- "Grand-père, c'est vous qui êtes présent ?"*

La main s'agite. (**Personnalisation /dissociation**)

*- "Grand père, si vous avez un message à adresser à Manuel, tournez la main vers lui et allez lui toucher le visage."*

Je demande à l'autre main où se trouve l'inconscient, si besoin de les aider et les accompagner, et je laisse faire …

Beaucoup de larmes de joie, Manuel dialogue avec son grand-père, on ressent une paix qui s'installe.

La main où se trouve le grand-père se tourne vers moi et redescend toute seule. (**Réassociation de l'Ego State N°2**)

La main où se trouve l'inconscient est toujours active, je lui demande si le travail pour aujourd'hui est fini, la réponse est oui.

Je lui demande de reprendre sa place sur la cuisse de l'homme et d'intégrer tranquillement tous les éléments, événements, d'apporter tous les changements, modifications etc… Pendant que le bras redescend. (**Réassociation Ego state N°1**)

**L'Intégration** complète une fois réalisée, Manuel peut revenir et s'exprimer.

Manuel ouvre les yeux, essuie ses larmes, et me dit :

« *Il me manquait juste pour arrêter de fumer les mots que mon grand-père m'a dit et de le sentir fier de moi…* ».

Pour moi ce fut une belle expérience, toute simple en soi, quand le lâcher prise du thérapeute et du patient sont au rendez-vous avec les imprévus d'une séance.

*This town ain't big enough…*

Ce bref descriptif de séance illustre, non seulement le fonctionnement et l'utilisation (très ericksonienne, car c'est une opportunité qui est saisie par l'opérateur) des États du Moi, mais aussi à quel point le Swan peut s'inscrire, jouer et inspirer l'établissement de ce cadre particulier.

À noter qu'on retrouve le rôle du Parent cher à l'Analyse Transactionnelle, tenu par le grand-père, juste en saisissant la plume proposée par l'Enfant.

**Deux mains bis :**

Quand je me suis intéressé aux "Parts" j'ai acheté beaucoup de livres… Pour une bonne partie d'entre eux je les ai survolés et je n'y ai pas appris grand-chose… Principalement par ma faute. Je crois que je ne savais pas quoi chercher en dehors de bien vouloir me confirmer ce que je savais déjà… Heureusement, quelques années plus tard à l'occasion de l'écriture de ce livre je les reprends tous, et je tombe (retombe, honte sur moi) sur un bref paragraphe dans le Robin Shapiro…

"The Two hands Technique" qu'elle a développée en 2005 (sur le fait qu'elle l'ait développée, c'est sûrement vrai ; qu'elle l'ait créée ex nihilo j'ai un doute, tellement tout le monde ou presque s'est efforcé de faire du neuf avec du vieux).

Une fois le principe de dissociation acquis, et que tant de problèmes qu'on nous amène semblent s'exposer comme "une part de Moi veux ceci, un par de Moi veux cela", la tentation est forte de mettre chaque désir dans les plateaux d'une balance dont la tête serait le fléau… Rien de neuf depuis la Nuit du chasseur, même si chez Shapiro c'est plutôt enfant/adulte.

Reste qu'en quelques lignes, sous forme d'un step by step, elle peut aider certains à mieux cadrer la démarche :

- Faire placer au patient un État du Moi différent dans chaque main.
- En spécifier les différences par leur physique, leurs émotions, leur âge, leur rôle, ou toutes caractéristiques qui font les États du Moi. (Nous avons déjà là une différence importante avec les Parts Therapy, ou quasiment seule la fonction importe.)
- Faciliter l'interaction entre les deux. Conserver l'accès du patient à ses propres introspections, en ne cessant de le questionner sur ses émotions, pensées, sensations. (Ce questionnement immersif a naturellement tendance à induire des transes. Peut-être que Robin Shapiro, au contraire des Watkins, parce qu'elle n'utilise pas l'hypnose, se servait de cette procédure pour malgré tout conduire ses sujets vers des états de conscience modifiée.)

*L'Hypnose au bout des doigts*

Avec un certain bagage, vous pourrez vous abstenir de cet aspect protocolaire, d'autant que les façons de procéder sont innombrables... Mais c'est toujours bien d'avoir de l'eau et une boussole lors de nos premiers voyages.

À défaut de pouvoir définir ce que pourrait être leur niveau de réalité, nous commençons à voir comment ou pourquoi utiliser ces "personnages" pour reprendre le mot de Janet, et si faire bouger un doigt, n'est pas déjà les solliciter à défaut de les invoquer...

Avec l'effacement au fil des siècles de la pensée religieuse et l'expansion de la culture scientifique, il est devenu plus aisé de pratiquer ainsi, sans revenir aux sources, quand Johann Gassner, avant Anton Mesmer, puis James Esdaile, se référaient à la pratique d'exorcismes pour les explorer.

Mais peut-être serait-il temps pour le lecteur de ce livre de se faire une idée plus interne, plus expérientielle de ces États du Moi : j'ai trouvé ce petit exercice personnel chez Robin Shapiro[107] qu'elle avait elle-même découvert chez Tom Negri et ensuite légèrement modifié sous l'influence de David "Go inside" Calof [108].

---

« Go inside. (Entrez en vous.)

Notez que de la même façon que vous êtes assis profondément dans cette chaise, vous êtes un adulte. En tant qu'adulte vous vous fixez des limites. En tant qu'adulte, vous avez des compétences, qu'elles soient professionnelles ou dans d'autres domaines, et une perspective élargie sur le monde. Pensez à vous quand vous exprimez cette compétence avec des clients; ou quand vous faites une de ces choses que vous faites bien et que vous savez que vous faites bien, ou bien quand vous faites des chèques ou quand vous amenez vos enfants à l'école, ou n'importe laquelle de ces choses que vous savez que vous faites bien et peut-être mieux que les autres, que vous le disiez ou pas, qu'on vous comprenne ou qu'on vous croit ou pas ; ou bien tout simplement quand vous vous comportez comme un adulte dans vos rapports sociaux... Vivez ces choses en ce moment.

Notez ce que sont vos sentiments, comment éventuellement votre corps modifie votre position, quelle est votre identité...

---

[107] Robin Shapiro : Psychothérapeute à Seattle, spécialisée dans les Egos States et l'EMDR.
[108] David Calof : Psychothérapeute élève d'Erickson, connu pour "la Carte de Calof" et un timbre de voix envoutant qu'on peut entendre sur un enregistrement d'une de ses formations de 2 jours.

*This town ain't big enough…*

Imprégnez-vous de tout cela encore un moment…

Voilà qui vous êtes, dans votre état d'esprit de l'adulte responsable qui est en vous…

De la même façon, laissez-vous glisser plus profondément et allez retrouver le jeune enfant qui nous accompagne tous, qui continue chez chacun de nous à exister… Notez comme c'est ce jeune enfant que vous êtes, qui attise votre curiosité, qui en vous ressent le besoin d'être approuvé, reconnu… Ou aimé… Et pour beaucoup d'entre vous, parce que vous avez choisi cette profession, le besoin de prendre soin de ceux qui vous entourent… Et là encore, vivez ces choses en ce moment. Notez ce que sont vos sentiments, comment éventuellement votre corps modifie votre position, quelle est votre identité… Imprégnez-vous de tout cela encore un moment…

Et maintenant qu'il est présent en vous, laissez le porter son regard sur vous, et percevez à quel point il a besoin que vous lui assuriez de pouvoir être en sécurité, suffisamment nourri, que vous assuriez son repos, qu'il ait assez de sommeil, et surtout qu'il puisse continuer à courir ou jouer et sourire et rire en étant sûr d'être aimé ; et que son seul rôle n'est que d'être cet enfant parce que c'est vous l'adulte qui vous occuperez de ce qui relève de l'adulte pour lui laisser toute la place pour ce qui ne relève que de l'enfance, des jeux, de la curiosité, de la joie… que vous serez le parent aimant et protecteur pour lui… que ce sera votre Moi adulte qui le gardera à l'écart, à l'abri de ce qui demande un comportement d'adulte dans votre vie à tous les deux…

Et quand ça sera OK pour vous deux, prenez-le dans vos bras, sentez sa douceur, sa chaleur sa respiration contre vous et tout le plaisir délicat de ce moment… Et quand ce sera fait, revenez ici et maintenant, complètement, dans cette pièce et à ce livre. »

La traduction n'est pas absolument littérale, quelques phrases ont été plus que modifiées, d'autres tout simplement supprimées ou ajoutées, pour autant l'ensemble est assez proche de l'original.

Qu'avons-nous fait :

- Nous vous avons fait changer d'état en fermant vos yeux et en allant à l'intérieur de vous-même. (Going inside)

- Vous avez accédé à la partie fonctionnelle de l'adulte en vous, et à son rôle. Ce que parfois on appelle l'emplacement ou la position exécutive.

- Vous avez accédé à votre "enfant intérieur" (il y a d'autres dénominations pour cet état, mais celle-ci permet une compréhension qui ne se limitera plus à l'analyse transactionnelle).

- Vous avez relié ces deux états.

- Vous avez redéfini leurs rôles respectifs pour qu'ils correspondent au mieux à leurs fonctions comme à leurs relations, et grâce à cela, à l'équilibre et l'efficacité des comportements qui vous sont nécessaires en fonction des situations rencontrées.

- À la fin, les différentes parties ont été réintégrées plus harmonieusement dans l'ici et maintenant.

Voilà.

En principe, vous venez donc d'expérimenter deux États du Moi, ces deux là – l'Enfant et l'Adulte – étant quasiment par définition existants chez chacun de nous.

Le parent, qui est le troisième pilier selon Berne de l'analyse transactionnelle, pointe lui aussi discrètement son nez, mais le but de cette brève mise en condition est bien plus de vous faire percevoir de l'intérieur la construction la plus simple autour des États du Moi que ces possibilités thérapeutiques qui sont assez larges et sur laquelle j'ai beaucoup travaillé à titre personnel.

Du coup, j'aurais toujours une certaine tendresse pour cet aspect des choses, car cela a longtemps été une problématique récurrente pour moi : comment être véritablement adulte, tout en conservant cet enfant si joueur, si naturellement et si pleinement heureux, curieux, disponible ; comment le conserver présent à chaque instant… ;)

Ou même comment supprimer facilement l'entre-deux, cette zone molle, grise, qui parfois essaye d'aller jusqu'à supprimer le temps… Il n'est d'ailleurs pas dit que cela soit complètement réglé mais peut-être simplement déplacé vers une forme d'expression plus proche de Pagnol ou d'Ulysse que de Berne. ;)

Avant de passer à la suite, revenons un peu sur le "Go Inside" : Robin Shapiro le pratique de façon très conversationnelle :

**Point 1 :** il ne traine nulle part de Meta suggestions comme quoi on fait, ou on va faire de l'hypnose.

*This town ain't big enough…*

**Point 2 :** elle part d'un état neutre, et demande au patient d'aller chercher en lui-même un état stable, personnifié par la position "Adulte", à qui on va confier un rôle de "Ressource" au sens ou Emerson peut l'entendre dans son utilisation (lui non plus ne fait pas d'hypnose) des Ego States.

Dans mon cas, ma rencontre avec le "Go Inside" se passait à la fois dans un cadre proche et différent. Il y a une dizaine d'années, j'étais en formation avec Jean Dupré et Laurent Bertin sur le conversationnel. Quand je dis "conversationnel", il s'agit bien d'**hypnose conversationnelle**, avec la recherche associée d'un état bien spécifique et pour un travail qui très vite se met à se dérouler en transe (mais cela sera éventuellement l'occasion d'écrire un autre bouquin tellement le sujet est vaste. ;)

Donc nous avions déjà une première différence avec ce que fait Shapiro : la Meta suggestion était bien présente.

La seconde différence est que ce jour-là, Laurent Bertin avait fait une démo de son travail sur les émotions (je me demande même si je n'étais pas le sujet… Je n'ai plus en mémoire qu'une histoire de "moulinette" que je faisais avec mes bras et un sentiment de rage qui ne faisait que se développer au sein d'une prison immatérielle).

Il me semble l'avoir déjà dit, mais une discussion avec Laurent impliquera tôt ou tard qu'il annonce ne pas travailler en Hypnose, mais sur les émotions ; notre différence de point de vue étant surtout que pour moi, c'est la même chose;). À partir de là, nous pourrons démarrer une discussion quasi talmudique sur plus ou moins n'importe quel sujet sur lequel nous sommes généralement d'accord hors points de détails. Il nous manque juste d'être quatre avec des cartes au Bar de la Marine. Et nous en arrivons à la différence N°2.

Quand une véritable émotion apparait : **Go Inside.**
L'injonction est donc opportuniste, et non préétablie dans une stratégie.

*« À quel endroit du corps percevez-vous cela ? Rentrez dedans ! »*

Une inspiration plus tard, la patiente était les yeux clos, figée et agitée de tremblements.
En transe profonde. Et s'il y a dix ans j'avais connu l'EMDR, j'aurais sûrement commencé à lui tapoter les genoux, tout en lui demandant de s'intéresser uniquement à ses sensations corporelles, jusqu'à ce que l'émotion se soit d'elle-même épuisée…

*L'Hypnose au bout des doigts*

Ceci pour dire que c'est très intéressant et que comme beaucoup d'autres chosesc'est dépendant du contexte. L'émotion est un des plus jolis raccourcis vers la transe qu'on puisse croiser, et toute mon insistance sur sa suggestion dans le cadre du Swan au moment de la rencontre vient de là. Un de mes amis (Remy) l'utilise régulièrement (l'émotion) pour ses inductions de façon très douce mais en faisant plutôt un « *Put it there* » : une fois l'émotion présente – celle qui caractérise ou accompagne le problème – il la fait se placer entre les mains de son sujet un peu comme le ferait Rossi, et le travail commence là. Mais dans tous les cas, l'influence des Watkins est prégnante.

Dans le cas de ma co-stagiaire, le problème avec une partie de sa hiérarchie renvoyait à une problématique personnelle, et sans qu'on puisse parler de trauma complexe, une formation avec du monde partout et vingt minutes devant soi n'était pas les circonstances idéales pour aller creuser tout ça.

Conservez à l'esprit que c'est un levier ou une entrée en matière très intéressante, un des must have qu'on devrait avoir dans notre sac à malices, mais à manipuler avec prudence : aussi spectaculaire que cela puisse paraitre parfois (je l'utilise principalement quand les circonstances font qu'il devient évident que c'est le bon outil, quoiqu'un peu plus souvent qu'auparavant) cela ne se manipule pas sans avoir établi préalablement une bonne qualité de rapport, quand on est assuré que le Moi usuel est en capacité de l'encaisser, quitte à avoir commencé par faire son renforcement (Estime de soi / cohérence cardiaque pour faire jouer le parasympathique / zone de sécurité avec une safe place) et quand l'opérateur est non seulement raisonnablement expérimenté, mais maitrise a minima l'EMDR ou une des variantes, et qu'il est certain de ne pas avoir affaire à un trauma complexe.

Pour ceux qui ne lise pas en anglais, les livres déjà cités de Piéfort-Marin, Evelyne Josse ou Maggie Phillips[109], vous fournirons non seulement le pourquoi de tout ceci, mais le comment.

C'est d'ailleurs pour ces mêmes raisons que le Swan, avec cet aspect "partiel" et donc une considérable capacité à tirer le frein à main de l'opérateur comme du sujet, est un très bon choix car si dissociation il y a, le "Hidden observer", cet Ego State particulier, n'est pas caché du tout et peut se manifester hic et nunc, au moindre inconfort, au moindre glissement comme le recommande en début de thérapie Olivier Piedfort-Marin.

---

[109] Maggie Phillips : Psychothérapie des États Dissociatifs.

*This town ain't big enough…*

Nous commençons donc à percevoir que sous le terme Ego States, un même principe préside à différentes procédures et permet de travailler sur un nombre de choses considérables et variées, allant du simple changement de comportement – *Je veux arrêter de fumer* – au traitement des traumas complexes…

- Plus on s'éloignera d'une procédure behaviouriste, plus on glissera des "Parts Therapy" aux États du Moi.

- Plus cela pourrait prendre de temps aussi.

- Plus la simple volonté ou désir de changer du patient ne sera qu'une pièce de puzzle dans l'image.

- Plus les ambitions de l'opérateur de se fixer en sauveur "One shot" (Une séance) seront à réviser.

- Plus l'ancienneté de la problématique pourra la faire assimiler à une identité, plus on se rapprochera des États du Moi.

- Plus le changement visé aura de conséquences systémiques, plus la notion d'engagement que les Ego states fournissent, devra aller au-delà de ce que les Parts Therapy permettent.

Comme le disait naguère mon analyste en fin de séance : "Je laisse cela à votre réflexion."

# 20

# DEVIL MAY CARE

*Should I stay or should I go…*

Après ces zooms arrière des Parts à l'analyse transactionnelle et de là, aux États du Moi, nous allons nous risquer à un certain travelling avant pour nous concentrer sur ceux-ci ; à ce que le Swan peut leur apporter et ce qu'ils peuvent apporter au Swan pour étirer les limites de cette approche particulière.

Il reste que le fonctionnement de la psyché chez l'être humain conduit à des structures thérapeutiques et que ces structures, quand elles sont assez souples, maîtrisées et pratiquées avec la prudence que certaines pathologies ou suspicion de pathologies impliquent, peuvent apporter beaucoup dans une époque que, très a minima, on pourrait qualifier d'instable et pour laquelle, moins que jamais, la connaissance ne pourra être un fardeau.

Nous pouvons donc voir quels sont les apports comme les points communs de ces deux procédures – si je peux me permettre d'utiliser ce terme – et à quel point Swan et Ego states peuvent se compléter :

- Facilité et douceur de l'induction.
- Création d'un rapport fort.
- Possibilité d'une simple découverte de l'hypnose en conscience malgré la présence de phénomènes hypnotiques.
- Recours à l'émotion.
- Autonomie considérable du patient au sein des processus et son appropriation des résultats.
- Possibilité d'une découverte progressive et maitrisée de ces sous personnalités.
- Possibilité aisée d'une bascule vers l'hypnose profonde.

Une fois le principe de dissociation acquis et une fois admis qu'une bonne partie des problèmes qu'on nous amène semble pouvoir s'exposer comme "Une part de Moi veut, ceci, une part de Moi veut, cela", la tentation est forte de mettre chaque désir dans les plateaux d'une balance dont la tête serait le fléau…

Rien de neuf depuis La Nuit du chasseur ! ;)


### HYPNOSE, SWAN ET EGO STATES :

Maintenant que vous avez une certaine idée de ce que sont les Ego States, nous allons pouvoir discuter un peu plus avant de leur rapport à l'hypnose. Et là, les avis sont partagés.

Il y a ceux qui recommandent absolument : les Watkins, Maggie Phillips, Gordon Emmerson, Evelyne Josse. Mais ils se sont considérablement influencés les uns les autres, on peut même dire pour la plupart, qu'ils ont fait partie du même groupe de travail.

John G. Watkins comme Maggie Phillips l'utilise systématiquement, mais pas forcément en première intention, tandis qu'Olivier Piedfort-Marin est d'une prudence de chat avec l'hypnose, notamment sur **des traumas anciens, ancrés** dans la personnalité du patient, et évidemment dans les cas de **traumas complexes.**

Les deux premiers objectifs, comme pour Maggie Phillips, sont :

1 • Renforcer la structure du patient pour lui permettre de mieux encaisser la suite. (Ego Strengthening [110])

2 • Créer une relation en béton avec le sujet, pour pouvoir jouer pleinement un rôle de "garde-fou" : chez certains opérateurs comme Evelyne Josse par exemple, la qualité d'alliance qu'elle est capable de proposer, sa foi dans les ressources du patient et la qualité de son rapport à l'autre sont presque une thérapie en soi.

Pour cette partie-là, clairement, le Swan s'y prête : c'est d'ailleurs pour ces mêmes raisons que le Swan, avec cet aspect "partiel" et donc une considérable capacité à tirer le frein à main de la part de l'opérateur comme du sujet, me parait intéressant.

Olivier Piedfort-Marin, quand il parle d'hypnose, préconise le plus souvent une approche conversationnelle et exclut l'hypnose profonde.

---

[110]  Ego Strengthening : Renforcement du Moi.

*Devil may care*

Ceci dit, comme il le fait justement remarquer, dans les traumas complexes le sujet est déjà bien assez dissocié pour qu'on s'y prenne avec prudence.

• **La stabilisation** passe en premier, quel que soit le temps que cela prend.

• Pas de transe profonde.

• Régression jamais en premier temps et même **les safe place** doivent être **rattachées au concret.**

Dans son article sur l'Affect Bridge, nous pouvons voir que John Watkins n'utilise cette technique, assez impactante, qu'au huitième rendez-vous. Pourtant, quand l'origine de la pathologie de sa patiente nous est révélée, il semble bien difficile d'y associer le mot "trauma"…

Mais à la différence de sa femme, Watkins travaille principalement en milieu hospitalier, ce qui vraisemblablement, avec l'expérience, légitime la chronologie dans ses traitements et sa prudence.

À l'autre bout de l'histoire, se trouvent Robin Shapiro, Bernard Frit qui lui, travaille essentiellement sur les addictions, ainsi que Richard Schwartz, et l'Internal Family System, l'analyse transactionnelle ou le Voice Dialogue de Hal et Sidra Stone.

Si l'on scrute plus précisément, voyons ce que cela donne, mais dans tous les cas, on joue sur la dissociation.

Le "Voice dialogue" des Stone semble se promener un peu entre thérapie, spiritualité et développement personnel.

À partir du moment où on va croiser des phrases comme *« se séparer de ce schéma d'énergie que nous appelons le Critique Intérieur, c'est changer de niveau vibratoire, retrouver sa lumière »*, on m'aura perdu. **Plus de rapport, plus de lumière**. J'ai pourtant essayé jusqu'à ce que l'ennui succède à la curiosité. Même chose avec le magnétisme. La seule chose qui m'ait empêché de quitter la pièce est un reste de politesse et un opérateur que je trouvais gentil… Ceci dit, cela conviendra à d'autres, mais intégrer la spiritualité, (donc un faisceau de croyances personnelles) à une thérapie quand ce n'est pas le patient qui l'amène (auquel cas, on se contente de voguer sur sa carte du monde), me laissera toujours dubitatif.

Les chiffres que donnait déjà ma thèse sur le placebo et les nécessités qui accompagnaient l'écriture de ce livre, m'ont conduit à sélectionner une pluie d'articles sur les études critiques dans le domaine de l'idéomoteur, du Oui-Ja, aux tables tournantes, au Qi Gong, à la kinésiologie etc. qui ne m'ont pas poussé vraiment à une remise en question. S'il est vrai qu'on ne peut pas ne pas interférer avec les croyances du patient dès lors que l'on pratique une forme quelconque de thérapie, on peut toujours réduire notre influence le plus possible…

*L'Hypnose au bout des doigts*

Pour continuer en pleine subjectivité, ce n'est pas l'absence d'hypnose qui me pose problème avec Schwartz[111] : l'approche même des États du Moi est dissociante.

Au fil des passages d'un de ces États à un autre, la transe (peut-être que le mot hypnose dans ce cas spécifique serait moins adapté) comme le fait très justement remarquer Bernard Frit[112], va de toute façon éclore. C'est la complexité et d'une certaine façon, la rigidité du cadre et de ses rôles trop assignés qui me posent problème.

Autant il m'est facile de passer d'une position "Parent" à une posture "d'Enfant" et d'espérer que "l'Adulte" en moi choisisse de penser plutôt de réagir, ou de m'abandonner à une éducation ; autant devoir choisir entre deux protecteurs dont l'un est pompier et qui vont faire appel à un manager… Je crains que l'on s'écarte par trop de l'imaginaire dans lequel vit le patient. Sûrement un peu trop de la façon dont fonctionne le mien… Et sûrement aussi du rapport entre le réel et la complexité.

Subjectivité (je parle de la mienne), quand tu nous tiens…

Alors pourquoi autant s'attacher aux États du Moi ?

Parce que ces "caveat[113]" tiennent essentiellement au fait que cette structure thérapeutique a en bonne partie émergé pour traiter des traumas, des traumas complexes, ou aborder ce qu'on a longtemps appelé des "Personnalités multiples" et des PTSD (Syndrome de Stress Post-Traumatique).

Qu'elle a été conçue par nature pour guider une dissociation afin de mettre en évidence (en position exécutive si l'on veut être technique) une sous personnalité ou en tout cas la représentation active et personnifiée d'un aspect de la psyché du patient qui, soumis à un événement particulier, est restée figée (comme un lapin dans des phares) et se réactive face à des événements similaires ou pour empêcher qu'une situation similaire ne se reproduise.

Parce que la puissance même qui peut y être liée, par sa structure ou par ses apports connexes, ne peut qu'enrichir nos pratiques quand on traite des sujets plus stables au cours de thérapie moins complexes.

Qui peut le plus peut le moins, surtout quand la procédure d'induction pour l'hypnose semble déjà conçue pour cela. Sans même rappeler une fois de plus, qu'il est tout aussi important de savoir quand et comment traiter, que de savoir quand adresser.

---

[111] Richard Schwartz : A l'origine de l'Internal Family System.
[112] Bernard Frit : PNListe, spécialisé dans les Ego states et le travail sur les addictions (La Tempérance).
[113] Caveat : Mise en garde.

*Devil may care*

Je ne suis pas certain que le cas dont je vais parler, malheureusement non traduit en français (mais pour les anglophones curieux, je vais vous en donner la référence), soit cliniquement si utile pour l'immense majorité d'entre nous, le patient étant doté d'une personnalité multiple, mais intellectuellement c'est si enrichissant, au sens littéral, si extraordinaire, que je ne saurais faire autrement que de vous en parler.

J'aurais tué un chaton pour publier un cas pareil ;)

C'est ma Baleine blanche.

Il faut d'abord savoir que dans la gamme intermédiaire du continuum allant de la **Différenciation** à la **Dissociation**, des États du Moi "cachés ou **élusifs /fuyants**", peuvent être trouvés chez **de nombreux sujets "normaux"**.

Comme l'ont spécifié les Watkins et Gordon Emmerson, ils seront d'autant moins élusifs que le sujet sera en transe. Quant à savoir avec les États du Moi jusqu'où la transe peut nous emmener… Je ne le sais pas vraiment et je crois bien que personne ne le sait.

En attendant, laissez-moi vous raconter une histoire :

Le simple titre de l'article est une petite merveille en soi. Lors d'expériences hypnotiques réalisées sur des volontaires souffrant de douleurs, les Watkins[114] ont pu, sous hypnose, leur faire se "déplacer" la douleur vers un de ses États du Moi "cachés".

La douleur n'est pas alors éliminée, mais elle n'est plus perçue. Pas plus qu'un courrier ne peut parvenir à son destinataire, s'il est adressé au mauvais endroit, ou dans l'expérience qui nous intéresse, à la mauvaise personne. Mais quelqu'un reçoit bien le courrier et il peut même au travers des Ego States le transmettre à son voisin de palier…

Et c'est là que l'histoire devient pratiquement incroyable tellement elle dépasse le sens commun, et tellement au final, elle est proche de ces possessions qui ont tant inspiré, les premiers pas de l'hypnose.

Depuis des années, Diana, la personnalité principale, est habituée à transférer ses douleurs, ses colères ou ses peines à une personnalité seconde : Mary. Depuis des années, Mary subit les peines et les douleurs de Diana qui peut, elle, vaquer sourire aux lèvres à ses occupations, quand Mary pleure et enrage depuis l'enfance sous ce fardeau.

---

[114]  Watkins & Watkins. Dissociation and displacement: Where goes the "Ouch."

*L'Hypnose au bout des doigts*

Cette fois, c'est une brûlure à la main dont Diana se débarrasse sans même savoir à quel alter elle la confie. Et Mary refuse de prendre une fois de plus cette nouvelle douleur en charge : ce sera Karl. Mais Karl n'est qu'un enfant de quatre ans qui immédiatement pleure et crie de douleur. Et il crie et pleure si fort que Danny, un autre alter, un adolescent de douze ans, caractérisé par son courage se met en scène à son tour : *« Tais-toi !! Je m'en occupe ! »*

Danny restera en charge de la douleur le reste de la journée tandis que Diana, malgré l'état de sa main, ira jouer le soir au bowling ; soirée où Danny ne sera pas présent.

Cela laisse en suspens l'idée que, lorsque nous supprimons la douleur par l'hypnose, le patient ne s'en sort peut-être pas aussi impunément. Peut-être pas "intact". Et que penser s'il ne s'agit pas que de douleur, mais de l'incroyable variété de souffrances que l'être humain est capable d'endurer ou, sous cet angle, de s'infliger… ?

Est-ce que cette, ou ces parties de nous-même qui souffrent et en silence continuent à souffrir, en seront traumatisées ? Dès lors quand, comment, ou par quoi est-ce que cela se traduira ?

À moins que les états créés ne soient que des représentations en cascade, comme les observateurs cachés multiples que les socio-cognitivistes, qui eux ne croyaient pas à l'état d'hypnose, créaient par paquets… ?

Une simple représentation, qui pour "irréelle" qu'elle soit, deviendrait parfois plus complète, voire même plus complexe, multiple, envahissante, dominante, ou… schizophrénique ?

Une hallucination si parfaite que cela en fait un changement identitaire ? Ou bien est-ce que tout cela n'existe que parce qu'on le regarde… ?

Est-ce que nous ne sommes qu'aveuglément plongés dans un système toujours plus complexe de représentations multiples, soumises à d'incessantes surfaces projectives ?

Est-ce à cela que jouent nos cent soixante trillions de synapses, quand elles naviguent sur leurs milliers de scenarii parallèles ?

Nous serions alors bien loin des constructions de Schwartz dans l'IFS, où tout me semble si rigide, avec des postures assignées des "Managers" aux "Pompiers", comme pour résoudre les caprices d'un scénariste face à une intrigue trop complexe, à l'aide d'un anthropomorphisme dont je ne doute pourtant pas forcement de l'efficacité.

Après tout, c'est peut-être le patient, par ses croyances, ou par son rapport à l'opérateur et sa suggestibilité, qui pourrait bien faire qu'un modèle lui soit plus ou moins adapté…

*Devil may care*

Il y a une extraordinaire vidéo sur une dissociation partielle, où l'adressage du signal douloureux se fait sur un bras en plastique… comme un point vide que personne n'est venu identifier.

Exactement comme selon Watkins, l'adressage se fait sur un Ego State caché.

De plus, si cette espèce de mise en abîme semble réservée aux cas hospitaliers que gérait John Watkins, il énonce clairement que le processus se vérifie aussi, certes sans alter en cascade, en exercice privé au cabinet de sa femme. Ernest Hilgard également a des cas similaires, qu'il étiquette "Observateur caché".

Gordon Emmerson ne travaille que sur cela en collectant des ressources.

Alors, est-ce qu'une partie de nous, illusoire, peut continuer à fumer à notre place, ou au moins vivre à notre place les instants de manque, jusqu'à ce qu'ils s'éteignent et qu'elle disparaisse avec eux ?

Est-ce qu'une partie de nous, tout aussi illusoire, peut avoir faim et s'apaiser d'un verre d'eau ? Ou avoir peur des araignées, mais s'endormir chaque fois qu'elle en voit, pendant que nous la faisons sortir en l'embarquant sur un journal ?

Est-ce que comme le pense Watkins, tout cela est "Vrai", ou en tout cas non-imaginaire ?

Est-ce que c'est cela qui existe quand nous passons, même furtivement, de l'autre côté de notre miroir ?

**Est-ce que le chat est mort, ou est-ce la montre qui est arrêtée ?**

Voilà, j'en ai fini avec ma Baleine blanche ;)

Au-delà du plaisir qu'il y a à se confronter à ces réflexions sans fin, on peut considérer la plus grande partie d'entre nous comme des cliniciens, n'est-ce pas ? Et il n'est pour nous pas temps de s'embarrasser de questions sans réponses quand le patient est assis de l'autre côté du bureau.

Pour l'immense majorité, voire la quasi-totalité d'entre nous, nous n'aurons pas (et tant mieux) à faire face à des pathologies aussi complexes, des cas dont l'accompagnement devrait se limiter à adresser le patient quand ils révèlent des personnalités multiples, en respectant le mantra d'Olivier Piedfort-Marin :

*"Ne commencez pas ce que vous n'êtes pas sûrs de finir."*

Ce n'est pas vrai que pour les traumas complexes. Restent tous les cas où on peut s'inspirer de procédures qui en sont issues, et tous ceux où on peut réinjecter des éléments de celles-ci.

**Il y en a notamment quatre :**

## 1 • L'AFFECT BRIDGE OU PONT D'AFFECT :

John Watkins va le développer discrètement, dès le début des années soixante.

C'est une technique remarquable, qui permet une régression jusqu'à l'élément déclencheur ou en tous cas marquant. Vers 1980, Edgar Barnett[115] l'utilise même en lieu et place de l'induction : le retour dans le temps et la charge émotionnelle qui l'accompagne, la forme de confusion qui va avec la quasi instantanéité de la procédure, suffisent très largement dans un cadre adapté à une entrée en transe.

L'objectif peut se résumer en la recherche d'une "expérience émotionnelle corrective" (Alexander & French), par opposition à tout exercice intellectuel sur une problématique que pourrait effectuer le patient. Rappelons-nous que nous sommes dans les années soixante et dans un milieu bien plus près de la psychanalyse que de tout autre méthodologie.

> « Le "Pont d'affect" n'est pas un système complet de thérapie. Il s'agit simplement d'une méthode hypno-analytique qui peut souvent faciliter le processus d'association, aidant le patient à passer des expériences transférées actuelles à leurs origines antérieures. »

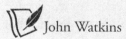
John Watkins

En ce début des années soixante, on est en pleine recherche d'un raccourci qui éviterait des heures et des heures de rendez-vous, des années et des années de consultation. Le patient est donc encouragé à suivre et laisser émerger, non pas des associations d'idées, mais des émotions, et à partir de là, à les relier entre elles ou à des situations. Arreed Barabasz adoptera d'ailleurs l'affect bridge lors de ses études sur les régressions (2008), reprenant celles de Michael Nash (1987) exactement pour cette raison-là.

Le principe en est simple et son utilisation peut se faire de deux façons.

Dans le premier cas, face à un événement ou un comportement qui revient régulièrement, mais dont la cause échappe au patient et où il perd toute maîtrise, on va identifier l'émotion qui l'accompagne. Cette émotion identifiée, on va la pousser

---

[115] Edgar Barnett : Médecin. (Procédure rapide de réintégration).

*Devil may care*

à son maximum en aiguisant son intensité par un simple questionnement pour en avoir le plus de détails possible (visuel, auditif, kinesthésique) ; quand l'émotion et les sensations qui l'accompagnent sont à leur sommet, on demande au patient de retrouver quand il avait ressenti cela pour la première fois.

Pas de se le rappeler ; **d'y retourner**[116].

D'autant qu'il peut arriver que l'on découvre deux ponts l'un derrière l'autre, comme dans l'article de Watkins qui décrit sa huitième séance avec une patiente frappée d'obésité post-partum et comment cette technique a débloqué la situation.

Le patient pourra le revivre **de façon dissociée**, avec l'accompagnement idoine. Il est simplement un observateur qui voit et comprend ce qui se passe, ainsi émotions comme sensations sont amorties.

Le patient pourra le revivre de **façon associée** : il est véritablement présent dans son passé, il est redevenu qui il était, avec le même âge et la même maturité. Il revit complètement le choc de ce qu'il s'est passé et cela peut tout à fait se traduire par une abréaction.

Il est donc intéressant que l'opérateur ait une certaine expérience et/ou maîtrise de l'EMDR ou d'une de ses variations, pour intervenir par une quelconque stimulation bilatérale, en fonction notamment de l'intensité de ce qui est revécu.

Si l'on soupçonne que cela peut se produire, il est bon de prévoir un ancrage de type safe place, une préparation en amont (puis en prescription de tâche), avec de la cohérence cardiaque pour privilégier un positionnement du patient en fonctionnement sur le système parasympathique ; savoir quel pourrait être l'allié qui interviendrait dans le **scenario réparateur** (le plus souvent c'est l'adulte pour l'enfant, mais ce peut tout aussi bien être un autre État du moi, un animal, un parent, une personne ou par défaut le thérapeute). On retrouve cette prudence dans les travaux de Maggie Phillips notamment.

Hors abréaction, j'ai eu recours à titre personnel (en tant que sujet et dans le cadre d'une séance bien plus standard que celles que nous venons d'évoquer) à Clint Eastwood : la panoplie de rôles qu'il a tenu ces dix dernières années s'est révélée assez riche dans une réflexion sur l'âge… Il ne me reste plus qu'à le rencontrer, pour qu'il me confirme qu'il n'y a qu'un seul niveau de lecture à faire pousser des fleurs en prison…

Il arrive également que l'émotion soit déjà là, qu'il n'y ait qu'à tendre la main.

Du coup, il est un peu étonnant que des gens comme Edgar Barnett, il y a quarante

---

[116]  John G Watkins. The affect bridge : A hypnoanalytic technique.

ans déjà, aient pratiqué les États du Moi en disant se passer d'hypnose, alors même qu'ils avaient recours, d'une part au signaling et d'autre part au pont d'affect : deux techniques permettant de se passer d'induction certes, puisqu'au bout du compte se sont aussi des inductions. Parfois, dans le cas de l'affect bridge, on peut même vraiment parler d'hypnose rapide. Si le patient a fait tout le travail d'intensification, si l'on perçoit que cette émotion va bientôt le déborder, il ne reste plus grand-chose à faire : « *À quel endroit ressens-tu cela ?* »

Dès lors, nous allons attendre que le patient nous l'indique : en général, c'est aux alentours du plexus ou de la gorge, parfois vers l'estomac...

Comme vous le voyez, on retrouve le "Go Inside"[117] de David Calof dont parlait Robin Shapiro et que Laurent Bertin m'avait fait découvrir il y a une dizaine d'années.

De la même façon qu'énoncé au-dessus, un minimum d'expérience, adjointe à la maîtrise d'interventions annexes à l'hypnose comme TIPI, l'EMDR ou une de ses déclinaisons, tout comme choisir avec précaution les patients qui semblent aptes à expérimenter ce genre d'entrée en matière est sûrement une bonne idée. Je vous renvoie encore une fois aux ouvrages d'Olivier Piedfort-Marin ou Maggie Phillips, comme aux recommandations d'Evelyne Josse.

Bien sûr, tout le monde ne souffre pas de traumas ancrés depuis longtemps, ou de traumas complexes, mais parfois l'éthique ne se limite pas à l'utilisation de méthodes certes simples, certes efficaces, si elles se trouvent être hors de toute précaution...

**Primum non nocere**[118].

Mais où se trouve cette limite ? Avec comme variante de cette question, quand et comment (et à qui) adresser ? Un indice : je n'ai pas de bonne réponse absolue.

Alors j'ai téléphoné à un ami :

> « Le pont d'affect est un grand classique pour induire en conversationnel. Je pense même qu'il n'y a pas plus puissant, mais ça demande beaucoup d'expérience à gérer, si on déterre un gros trauma, en effet.
>
> Il faut que le praticien sache accueillir une abréaction, soit à l'aise, c'est-à-dire capable de ne pas être lui-même trop affecté par la réaction du sujet, avoir

---

[117] « Entrez à l'interieur ! ».
[118] "En premier ne pas nuire." Le premier principe enseigné aux étudiants de toutes les professions de santé.

préalablement ancré un lieu sécure puissant idéalement. Être bien formé aux Stimulations Bilatérales Alternées est très utile pour tout ça. Et qu'il connaisse son patient.

Il ne s'agit plus de montgolfières, de sac à dos, de bisounoursisme ou de bienveillance. Il s'agit potentiellement de pathologies lourdes qu'il faut être préparé à traiter. La limite que je vois concerne essentiellement les traumas complexes qui ne peuvent être pris en charge que sur un accompagnement long et en sachant bien ce que l'on fait. Sans parler des problèmes de légalité. »

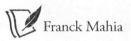 Franck Mahia

## 2 • THE SOMATIC BRIDGE OU PONT SOMATIQUE :

C'est Helen Watkins qui l'a développé. On pourrait le considérer comme une version plus orientée vers les sensations, voire même la douleur, et utilisable ou utilisée pour obtenir une même immersion ou régression, non pas forcément complète (associée), mais au moins dissociée, assistant à la scène, ou retrouvant le moment en tant que simple spectateur. Souvent, seule l'apparence du point de départ change, car il ne peut y avoir d'émotions sans sensations. L'inverse peut lui, être vrai, et c'est l'inscription mémorielle de ces marqueurs qui permet la régression jusqu'au point le plus éloigné que confère sa mémoire au sujet.

L'arrivée peut être moins brutale qu'avec l'affect bridge et peut se travailler soit avec des États du Moi dont on peut rapidement demander l'âge, le nom, la fonction, ou par, justement, un mélange de TIPI[119] et de stimulations bilatérales jusqu'à épuisement des sensations, ce qui effacerait l'empreinte laissée par l'événement, ou plus exactement en changerait l'accroche et le sens, qui a un moment lui a été donné.

Il existe différentes méthodes, avec différents acronymes pour cela.

Troisième personnage et troisième élément pour Gordon Emmerson.

---

[119] TIPI : Une des nombreuses méthodes de régulation émotionnelle.

Selon lui, l'hypnothérapeute a trois tâches majeures à remplir :

- Induire l'état d'hypnose
- Approfondir l'état d'hypnose
- Utiliser cet état pour **définir** ou **localiser** le problème qui amène le patient.

Là encore, le Swan s'inscrit très facilement dans cette démarche ; voire de façon transparente pour le sujet.


## 3 • THE RESISTANCE DEEPENING TECHNIQUE :

Cette technique d'induction basée sur les Ego States a été mise au point par Gordon Emmerson en 2000. Elle vise à localiser l'origine du problème en se guidant sur le ressenti kinesthésique du patient. On perçoit également la filiation avec le Somatic bridge de Helen Watkins.

L'idée tourne sur une forme de saturation kinesthésique au travers d'un questionnement immersif, mais cela fonctionne avec n'importe quelle induction.
En voilà un exemple :

*- "Pourriez-vous me détailler précisément ce que vous ressentez maintenant ?"*

L'objet de cette question est de **localiser/identifier une résistance.** On peut généralement s'attendre à trois types de réponses :

1 • "Tout va bien."
C'est la fin de l'entretien.

2 • "Mon épaule tiraille / Ma gorge est serrée."
On démarrera là.

3 • "Ça va, mais j'ai l'impression d'avoir du mal à vraiment me laisser aller."
On va devoir pousser le bouchon un peu plus loin :

*- "Parfait… je me demande si vous percevez malgré tout une certaine réticence, sous une forme quelconque à véritablement vous laisser aller ? Par exemple, quelle serait la partie de votre corps que vous sentiriez la moins relâchée ?"*

*Devil may care*

L'idée reste de trouver une forme de barrière qui l'empêcherait d'entrer dans une hypnose encore plus profonde.

*"Et maintenant que vous focalisez sur la problématique qui vous amène, y a-t-il une partie de votre corps qui soit plus tendue que le reste ?"*

Soit tout va bien, soit nous sommes renvoyés à la situation n°2.

"Ma gorge est serrée / j'ai comme une tension dans l'estomac" : avec ce genre de réponse, nous sommes guidés vers un pont somatique ; nous demandons au client de se focaliser sur cette sensation physique.

*- "Allez réellement explorer cette sensation : rentrez dedans et dites-moi exactement ce que vous percevez. Sur une échelle de 1 à 10, à combien est-ce que vous l'évaluez ?"*

(Notez que les questions sont de type immersif)

Quelle que soit la réponse :

*- "Décrivez-les-moi avec encore plus de détails, puis sur une échelle de 1 à 100, à combien évaluez-vous cette réponse ?"*

*- "60".*
*- "OK, 60. Voyez si vous y entrer encore plus et la pousser à 80…"*

*…*

*- "Qu'est-ce que vous ressentez maintenant ?"*
*- "Je suis à 80 et ça va pas du tout…"*
*- "Imprégniez-vous de cette sensation dans la gorge et l'estomac ; **et maintenant quel âge avez-vous l'impression d'avoir ?"***
*- "6 ou 7 ans…"*
*- "Je voudrais que vous alliez là où vous étiez quand vous avez eu ces sensations dans la gorge et l'estomac pour la première fois, quand vous aviez 6 ou 7 ans. Vous êtes à l'extérieur ? Dans une maison ?"*
*- "À l'extérieur…"*
*- "Vous êtes seul ? Avec quelqu'un ?"*
*- "Avec quelqu'un".*
*- "Décrivez-moi exactement ce qui vous arrive…"*

**La réponse psychologique :**

- *"J'ai une certaine difficulté à abandonner tout contrôle..."*

- *"Et pourtant vous êtes venu voir un hypno ;) Peut-être pour qu'il fasse à votre place quelque chose que vous n'arrivez pas à faire ;)"*

- *"Quelque chose comme ça..."*

- *"Mais vous êtes pourtant venu... (Ratification). Est-ce qu'on pourrait dire que vous êtes partagé sur ce qui vous amène, ou est-ce que c'est plutôt une chose que vous savez devoir faire, mais une partie de vous vous retient ? (Dissociation)*

- *"Plutôt ça".*

- *"Souvent cette partie de Soi qui fait ça, le fait pour nous protéger... Peut-être depuis longtemps et elle a sûrement de bonnes raisons... Ou elle a eu de bonnes raisons... Pouvez-vous vous pencher vers cet aspect de vous-même ? Un peu comme si vous alliez le visiter ? Ou l'accueillir, ou le remercier, ou le saluer..."* (propositions multiples).

*"Faites juste ce qui vous parait la chose à faire... C'est une part de vous après tout... Et quand ce sera fait, vous pourrez me le dire ? Mais elle est forcément là puisqu'elle vous retient, juste un peu masquée... Quand elle sera prête à s'exprimer, laissez-la juste me le dire".*

(Nous voyons très clairement à quel point un Swan faciliterait cette phase).

- *"Je suis prête..."*

- *"Merci d'accepter de me parler... Comment dois-je vous appeler ?"*

- *"C'est-à-dire ?"*

- *"Si je dois revenir vers vous, il faudra que je puisse vous appeler..."*

- *" Appelez-moi Attention."*

- *"Quel est votre rôle, Attention ?"*

- *"Garder le contrôle."*

- *"C'est un rôle important, et X doit vous en remercier... ce doit être fatigant aussi de tout le temps tout contrôler. Est-ce que vous pensez pouvoir continuer à garder un œil sur ce qui se passe, tout en vous reposant un peu, pendant que je ferai attention à votre place ?"*

Pourquoi ai-je plutôt porté mon attention sur le travail d'Emmerson ? Tout simplement sur les conseils de John G. Watkins :

> « Sa grande expérience est extraite de son travail sur des patients non hospitalisés et une clientèle privée. En cela, son exercice se rapproche de celui de mon épouse Helen, bien plus que des névroses sévères et des dissociations étendues que j'ai été amené à traiter au sein de l'administration pour des vétérans de l'armée. Pour autant, la structure des traitements, l'approche du malade, les objectifs de réorganisation et d'intégration sont les mêmes et conduits de façon similaires. »
>
> John Watkins

Reste un fond de résistance de ma part sur les "nominalisations" de certains États... tout en sachant que "Créer du Réel" est le travail des hypnos et qu'avec tout le recul dont on dispose, il s'agit plus d'une résistance de principe que d'un faisceau de preuves... J'essaye donc de peu de m'en écarter, pour autant que cliniquement je ne perde pas en fluidité ou en qualité de relation.

## 4 • ABREACTION SILENCIEUSE ET ROCHER DE LA COLERE

Ce quatrième point est plus anecdotique, c'est une création d'Helen Watkins dont je m'inspire parfois (et qui a quelques variations[120]).

Notez au passage son utilisation du finger signaling. Il y a trois phases dans cette procédure. Après l'induction initiale et l'approfondissement, Helen Watkins poursuit par une description détaillée d'une scène où elle accompagne le patient le long d'un chemin dans les bois.

*"Nous arrivons à un rocher, à peu près à sa taille, couvert de mousse et de saleté".*

**Première phase :** Elle suggère au patient de ramasser un gros bâton qu'il remarquera à proximité, d'essayer de frapper le rocher avec et de le considérer comme une représentation d'une personne spécifique ou d'une expérience traumatisante, ou le symbole de toutes les frustrations vécues par le patient. Le patient peut d'ailleurs sélectionner une expérience ou une personne spécifique s'il le souhaite.

Watkins demande ensuite au patient de battre le rocher :

*"En le frappant de plus en plus fort jusqu'à ce qu'il soit complètement épuisé, et que quand il sera trop fatigué pour continuer, qu'il le signale en soulevant l'un de ses doigts."*

Elle a assuré au patient que, même s'il ne serait pas entendu dans le bureau, il **pouvait "crier et crier et faire ou dire ce qu'il voulait"** dans leur espace privé à côté du rocher.

Après le signal du doigt, Helen Watkins lance **la deuxième phase**, décrivant une scène où elle et le patient prennent *"une petite montée vers une prairie avec des fleurs sauvages, le soleil brillant et une légère brise".*

Watkins suggère alors que le patient s'allonge dans l'herbe douce pendant qu'elle est assise sur une souche d'arbre à proximité. Elle dit ensuite qu'avant de passer à la troisième phase, elle a besoin d'entendre **"quelque chose de positif que vous êtes prêt à me dire sur vous-même".**

---

[120] Sarah Krakauer : The Silent Abreaction and the Rock of Anger by Helen Watkins.

Après une auto déclaration même légèrement positive, Helen Watkins lance la troisième phase, invitant le patient à s'occuper de ses orteils, prédisant qu'il ressentira bientôt *"une sensation de chaleur, de picotement et de lueur"* qui va s'étendre progressivement et demande au patient de lui signaler lorsqu'il remarque que la sensation atteint diverses parties du corps.

Lorsque la sensation agréable s'est propagée dans tout le corps, Watkins suggère qu'elle provient de ses *"propres sentiments positifs sur lui-même… ses ressources intérieures, ou… ses sentiments de foi qu'il peut résoudre ses problèmes"*. Elle propose alors que cette sensation de chaleur, de lueur et de picotement devienne plus forte pour lui signaler quand il peut la sentir.

Watkins déclare alors que la sensation supplémentaire vient de… *"ma foi que vous serez sera capable de résoudre ce dilemme."*

Après l'avoir sorti de l'hypnose, elle suggère que, bien que la sensation de picotement disparaisse, la lueur agréable persistera et que l'abréaction silencieuse sera répétée par le patient à la maison de manière auto-hypnotique.

Helen Watkins a souligné que la technique était conçue principalement pour décharger la colère qui était enfouie, sapant l'énergie émotionnelle depuis l'enfance lorsque le patient traumatisé était incapable de l'exprimer.

Son objectif était *"d'éteindre complètement le comportement névrotique par la libération la plus complète possible des sentiments."*

Elle a également souligné l'opportunité unique de réconfort, d'interprétation et de réintégration créés par l'épuisement complet.

**Sur ces quatre éléments,** je n'utilise pas tout, pas tout le temps, pas en entier et sûrement pas à la lettre : tout n'est question que d'opportunité et de convenance au cadre, au sujet ou au moment. Comme tout ce que je fais en hypnose, ce sont des outils dans ma boite. Et comme on me les a prêtés, je les partage. Prenez ce qui vous intéresse et faites de même.

Encore un chapitre qui se ferme… Presque le dernier. Nous verrons dans les mois qui viennent s'il y a lieu d'en ouvrir d'autres ou d'enrichir ceux-là. On n'est jamais sûr d'être à l'abri d'une bonne surprise…

# 21

# THE LAST RIDE

*Our little Game is over...*

Voilà la dernière vidéo décryptée. La patiente est une stagiaire, Jenna. La séance a été filmée en fin de formation et Jenna s'est gentiment prêtée au jeu, sachant que la vidéo serait publique et décryptée. Cela posait évidemment certaines limites sur la séance en one shot, sa durée ou ce qui pourrait être publié et il est bien possible qu'elles aient joué.

L'objet de ces images se trouve principalement dans une description un peu plus à jour d'une séance toute simple, mais qui inclut une bonne partie des évolutions au cours du temps de ma façon de pratiquer (quatre doigts/deux mains et plus si affinités).

Jenna et moi savions que, vivant à l'étranger, il ne lui serait pas possible d'effectuer un suivi. Avec le recul et malgré deux premières semaines où tout s'est très bien passé, cela se serait avéré nécessaire. Comme dans X-Files, le déclencheur devait être ailleurs… ;)

Il doit être à peu près 18h un dimanche, après deux jours de formation assez intenses. Une heure plus tôt, c'était elle qui était opératrice pour la troisième fois de la journée, Jenna est donc sujet pour un quatrième passage. Je ne ressens donc évidemment pas le besoin de tout reprendre à zéro, avec la bande annonce et l'ensemble des suggestions insérées dans le pretalk.

La caméra a été installée, on présuppose un possible problème avec le son qui effectivement va se produire, mais que nous pourrons régler en seconde intention.

https://hypnose.pm/auboutdesdoigts/

Ou ce QRcode
mot de passe : Ilsuffiraduncygne

Ce qui amène Jenna est un sentiment de malaise très marqué quand elle se sent seule ou isolée physiquement, comme on peut l'être lors d'une simple balade en forêt.

En dehors de cela, elle est en couple, jeune maman et sur ces deux points tout va bien. S'absenter et venir à Marseille pour suivre une formation n'a pas posé de problème pour autant : il y a donc clairement une large capacité d'autonomie. Dans un autre cadre et avec plus de temps, j'aurais poussé plus l'anamnèse, mais…

La mise en place des réponses idéomotrices s'est faite plus que simplement, ce qui n'est guère étonnant vu la proximité des exercices qui ont eu lieu auparavant.

**0"12 :**

À l'inverse de l'habitude, - mais là encore je m'y autorise du fait des séances vécues en formation le jour même – nous n'allons pas jusqu'à la rencontre, pour invoquer directement une autre partie, un autre État, dont j'accompagne la description à la fois de raisons et de sensations et à qui je demande donc de se manifester au travers de classiques mouvements des doigts.

**0"50 :**

Toujours comme à l'habitude, j'adjoins la demande de réponse de suggestions non-verbales en me plaçant en miroir. Je sais que cela n'implique pas d'automatisme, mais que cela s'accompagne d'une forme de facilitation.

**01"20 :**

C'est le même doigt qui répond "Oui" pour cette partie. Je vais donc suggérer implicitement que ce soit le même doigt qui réponde "Non". Et ça passe. Je vais décliner cela sur les deux autres réponses (je ne sais pas/je ne veux pas répondre) en sachant déjà que vraisemblablement, d'autres parties ou États vont suivre.

*The last ride*

Dans ces circonstances, il est important que je puisse maintenir les mêmes réponses données de la même façon, pour rendre cela plus lisible pour moi, mais également pour Jenna, tout en semblant le moins directif possible.

### 01"58 :

Mais j'ai toujours besoin de cette "rencontre" entre le conscient et l'inconscient ou en tout cas une de ses facettes, une de ses représentations. Cette fois, je vais me servir de la partie invoquée pour la faire vivre à Jenna, en récolter une certaine émotion, une certaine déstabilisation, éventuellement une certaine confusion, mais aussi un rapprochement pour préparer leur collaboration.

Avant de déclencher cette rencontre, il y a un long ensemble bande-annonce/suggestion (qui se trouve à intervalles réguliers), accompagné d'acquiescements de la partie invoquée au travers des doigts. Je fais attention à ne pas pousser la segmentation trop loin – ce que j'aurais peut-être dû laisser faire, en rappelant que c'est à une seule personne que je m'adresse, même si ma posture, mon discours, leur désignation les différencient.

### 03"35 :

En bon lecteur de Maggie Phillips, je profite de cette tirade destinée à l'une pour m'adresser à l'autre et entamer une première partie de travail sur son "Empowering" (le renforcement de son Moi) en la valorisant, en rappelant ce qu'elle a déjà vécu mais surtout ce qu'elle a déjà traversé, dans le but de fournir ou de faire émerger des ressources destinées à traverser ces difficultés et franchir ce nouveau pas.

### 04"30 :

Je déclenche la "Rencontre". Le mouvement est hésitant, lent au départ, je vais donc parler plutôt que laisser faire ; pas vraiment parler pour que cela aille plus vite, mais d'une part pour suggérer la conclusion à tirer de cette rencontre et en parallèle, saturer un peu Jenna, ce qui facilite toujours les réponses idéomotrices.

Aussi longtemps que je parle et que la main bouge, c'est que les suggestions passent.

Ce sont des suggestions "cadre" sur ce qui est possible qu'il se produise dans cet environnement particulier, nouveau et différent.

### 5"40 :

Jenna réagit physiquement face à cette main, qui par à-coups suit obstinément son chemin pour la rejoindre. Et elle, comme n'importe qui, ne peut pas avoir ce sursaut sans que quelque chose ne se passe… Probablement l'acceptation face à la vérification de la prophétie que j'énonce que des choses deviennent possibles.

N'oublions pas que c'est une partie d'elle qui fait ce chemin pour la rejoindre.

C'est dans ces moments-là que j'en arrive à me demander si tout ce théâtre d'ombres n'est pas que représentations mentales et surfaces projectives, sur lesquelles elles viennent s'incarner… Peut-être que, si comme John Watkins, j'étais bien plus régulièrement confronté à des niveaux de dissociations très supérieurs (et donc à des "persona" bien plus incarnées justement), j'y donnerais plus de réalité…

### 6"00 :

Je continue à m'adresser à "la main" pour maintenir sa réalité et je continue à lui assigner des tâches pour suivre les réactions de Jenna. Je suis toujours en recherche d'émotions et d'une certaine façon, en prescription de tâches au sein même de la séance.

### 7"00 :

Je note une grande respiration chez Jenna que j'essaye de ne pas interpréter, un mouvement très clair de l'index avant que la main ne se retourne vers moi.  Et alors qu'elle le fait, elle se tourne presque d'un coup, comme si une relation, d'un coup, reprenait ses distances pour passer à la suite.

A priori, à deux, on va vite se retrouver à faire autre chose…

### 7"40 :

Pour éviter justement les projections et la télépathie, prise de feedback avec Jenna : on a bien une communication, pour de bonnes raisons, mais pas de la bonne façon… Merde… On ressort les rames.

### 8"20 :

On change de voie d'abord, ou de support, choisissez votre étiquette : invocation d'une "Part créatrice". Les suggestions continuent d'être délivrées avec des choix multiples : un peu plus, un peu moins, en entier ou pas maintenant ou plus tard ; l'important est de rompre cet immobilisme, de remettre en mouvement une cinétique figée.

En voyant la vidéo, je perçois beaucoup plus clairement à quel point de fait tout est adressé à Jenna ;) Bien que tout dans ma posture, dans mon regard, dans ma voix soit pointé sur sa main. On est en plein dans l'"homme de paille ericksonien". Peut-être est-ce tant qu'on peut faire cela qu'on est dans les "Parts Therapy".

Tant que la segmentation n'est pas suffisamment marquée pour qu'il y ait une différenciation.

*The last ride*

Avec l'analyse transactionnelle, le nombre est limité aux rôles qu'elle lui accorde : enfant, parent, adulte (ou figure représentative et on en revient à mon Clint Eastwood, mais dans mon cas il n'y avait plus de transit par l'opérateur, c'était moi qui lui parlais directement).

Avec les États du Moi effectifs, il y a une plus grande différenciation ou dissociation. On s'y succède comme les crans d'un barillet, avec un bien plus grand niveau d'incarnation.

### 8"30 :

On part en recherche d'engagement (en demandant toujours le minimum) et on obtient un "Oui" en signaling. Mais un "Non" sur comment s'y prendre.

### 9"30 :

Donc, le plus simple c'est d'aller chercher une autre "partie" et pour rendre cela plus fluide tout en augmentant la dissociation, on se sert du second bras qui est là, disponible, à portée de main.

De plus, c'est à mon avis une bonne façon d'approfondir la transe tout simplement, mais on se retrouverait embarqué, juste sur ce point, vers des discussions sans fin :

*« Le niveau de dissociation est un bon indicateur de la profondeur de transe ? À mon sens oui, mais en partie seulement. D'ailleurs là, j'en espérais un peu plus, mais c'est d'une telle simplicité…»*

### 10"25 :

On passe à deux mains et donc une seconde partie est invoquée, tout en maintenant la présence de l'autre. On n'a donc pas des parties qui se succèdent, mais des parties qui vont pouvoir communiquer directement en présence de la conscience qui n'est plus qu'une simple spectatrice.

### 11"30 :

On "anime" la seconde main en installant le signaling (en félicitant pour les réponses très marquées) et donc dans cette phase, de nouveau, l'opérateur est mis en avant, de nouveau, il met le cadre en place.

### 12"15 :

Passé ce point, on redonne la responsabilité du travail, de sa cible à sa réalisation, en direction du sujet et précisément à la nouvelle partie qui a été invoquée. On lui confie même le choix de ce qui doit être transmis.

**13"05 :**

Je vais jusqu'à laisser le choix de ce qui peut se passer en proposant deux choses qui peuvent même être quasi antagonistes, et, comme Jenna, je vais attendre de savoir ce qui a été choisi.

La suite se voit à l'image : la main s'envole, s'affirme, j'espère que c'est le cas d'une partie de Jenna (c'est le sentiment que j'aurai quand je la croiserai deux semaines plus tard et que je retrouverai aussi un an après).

**14"45 :**

*« Maintenant, je sais ce qui me reste à faire ! »*

Comme toujours, cela fait partie des instants où, bien que m'étant tenu coi depuis un moment, je me demande ce qui dans ces réponses tient à moi, à ce que j'ai demandé ; ce qui tient aux désirs du sujet, si c'est cela qui s'exprime, comme on fait une boule avec le supposé dernier paquet de cigarettes qu'on va supposément fumer et ce qui est une décision interne qui sera suivie d'effets à court, moyen et parfois long terme…

Est-ce qu'il est possible de le prévoir ou mieux, de l'ancrer et comment ? Ou n'est-ce en grande partie qu'un vœu pieux qui au hasard des séances, parce que cette fois c'est le moment, en vient à se réaliser…

En tout cas, il y a l'émergence d'un savoir personnel, intime, un "Insight" en quinze minutes, quand il faut parfois des mois pour l'obtenir avec une psychanalyse – don't ask me how I know… ;)

En bonus, se trouve la stupidité de "l'opérateur satisfait".

Plutôt que de me fouetter a posteriori le dos avec des orties fraîches – mettons cela sur le compte de la fatigue - une question aurait suffi.

Une simple question Clean que je n'ai pas posée :

*« Et qu'est-ce qui se passe pour vous ? Qu'est-ce qui se passe, quand "Faire ce qui vous reste à faire"… »*

Et j'aurais dû étirer le fil, jusqu'à la seconde, quand plus rien ne semble émerger, avec la question qu'on ne devrait jamais oublier :

*« Y a-t-il autre chose à propos de ce qu'il vous reste à faire ? »*

*The last ride*

**16"10 :**

Une fois ce qui pouvait être fait réalisé, la main gauche se réinstalle en position neutre. En toute logique, après que cette main ait communiqué avec Jenna, il ne reste plus qu'à proposer aux deux mains de communiquer entre elles... Cela engagera plus complètement Jenna.

**17"30 :**

Les mains se sont rejointes symboliquement pour que les différentes "parts" de Jenna retravaillent ensemble dans un projet commun.

**18"30 :**

Je pousse la symbolique jusqu'à ce que les deux mains se tournent vers le visage, que les trois "parties" s'accordent et fonctionnent ensemble, se réassocient, pour marcher d'un même pas vers cet objectif commun.

**20"00 :**

Ça devient vraiment joli à regarder... et émouvant pour l'opérateur comme le sujet.

Vers 20"40, on peut dire que tout est entre ses mains. En silence, j'attends et je laisse faire.

**22"00 :**

D'elle-même, la séance prend fin. Ce n'est pas l'opérateur qui en a décidé. La séance à l'intérieur de cette procédure a suivi sa propre logique.

Dans un cadre plus habituel, j'aurais sûrement attaqué un gros débriefing et profité des quarante minutes de séance restantes pour... Pour je ne sais quoi ;)

Le débriefing l'aurait sûrement révélé. Peut-être réinitier des Swan en fractionnement, pour voir en hypnose profonde sur quoi, en conservant présentes les parties, on pouvait revenir, mais cette fois en verbalisant. Ou ancrer la procédure pour qu'elle puisse être utilisée en autohypnose. No sé... On aurait vu en le faisant...

Et cette fois, voilà, l'essentiel est dit.

La suite n'est qu'une façon d'élargir ce cercle qui une fois fermé n'a ni début ni fin... C'est ce qu'on appelle parfois des "Goodies", ou des "Easter eggs" : des œufs de Pâques, des surprises, des brèves de séances, qui comme beaucoup de choses que vous venez de lire, ne me sont pas dues. Des points de vue venus de l'autre côté de la barrière.

*L'Hypnose au bout des doigts*

Il est rare que ce soit le sujet qui décrypte la séance, ou nous livre dans le détail ses réactions, son ressenti comme son expérience. Tout cela n'est pas très loin, juste au coin de la page… De l'autre côté du miroir, là où les lapins ne font que courir jusqu'à ce que même le sourire du chat s'efface…

Merci pour votre patience, merci pour votre courage.

Merci à tous ceux qui m'ont aidé de près ou de loin dans ce voyage : Stéphane, Cédric, Christophe, Nicolas, Franck, Thierry, Anna, Delphine, Remy ; tous ceux qui ont accepté de paraître sur les vidéos ; à ceux qui ont accepté de fournir les Goodies et ceux que j'oublie. Encore merci à Romain Pellegrinelli, et surtout, surtout, à Isabelle Andrivet pour son soutien constant et un travail de l'ombre que je ne méritais pas.

# 22

# EASTER EGGS[121]

*Are for Boomers…*

Voilà ;) c'est fini…

J'avais dans l'idée de vous en offrir encore plus : je pensais mettre quelque chose sur l'autohypnose ; j'ai même bien tarabusté un copain sur ça, mais je ne me reconnaissais pas dans ce qu'il y avait d'écrit. Dans mon cas, je crois que la réponse idéomotrice qui caractérise le Swan accompagne plus mon entrée en transe qu'elle ne l'induit. J'avais d'autres idées aussi, qui plus l'écriture avançait, plus elles gagnaient en étrangeté.

« Blanches comme un mort, on aurait dit des mouches dans une flaque de Gin. »

Mais deux "collaient" quand même, donc elles seront là. Plus une qui a émergé au fil du temps et dont je n'ai toujours pas vraiment trouvé la place. D'ici la fin des nombreuses micro-versions qui se sont succédées, peut-être aurait-elle disparue. Autant qu'on commence par ça.

Erickson proposait d'écrire et de réécrire nos inductions, même et surtout en partant d'une induction longue pour en arriver à une brève d'où rien ne serait perdu. Comme une façon de faire des gammes. C'est d'autant plus intéressant que cela peut se faire avec des choses que vous avez tellement pratiquées qu'elles sont devenues d'assommantes routines. Et c'est encore plus simple quand vous le faites en live, après vous en être donné la consigne.

Une variante de cela, c'est de prendre et plus encore, de garder en tête votre objectif, et c'est d'autant plus facile que c'est pratiquement par cœur que vous connaissez votre induction. Et comme je jouais avec cette idée hier, je l'ai fait ce matin.

---

[121] Easter eggs : Littéralement, œufs de Pâques. De facto, petits bonus ou cadeaux cachés.

Résultat des courses, une induction plus longue ;) À peine. Mais plus efficace. Et pourtant en partant de l'induction d'Elman, qui est un monolithe dont a priori on se demande bien ce qu'on pourrait faire de plus avec, alors que généralement on essaye d'en faire moins pour l'accélérer encore plus.

Demandez-vous simplement comment elle pourrait être légèrement décalée pour aller au plus tôt vers une hypnose profonde ;) Un indice : cela se met en place en partie dans le pretalk qu'on va utiliser comme une bande annonce et au fil de la première moitié comme un saupoudrage. Mais que ce soit pour modifier la cible ou augmenter la pertinence du résultat, le plus important est de savoir ce qu'on vise, avant de décocher nos suggestions.

Voilà donc un pretalk différent, avec son lot de suggestions dont je vais vous laisser découvrir l'usage.

L'idée que j'avais en tête était à la fois de rassurer mon patient, et à l'instar de l'Entretien Motivationnel, de faire émerger une situation qui le conduirait à aller dans mon sens. Faire parler quelqu'un avec sa main peut parfois être accueilli avec ce qu'à l'Assemblée nationale, on appelle "des mouvements divers", pour signaler le caractère très partagé qui fait écho à certaines propositions. Proposer le Swan comme une solution à un problème en évoquant celui-ci en premier, peut pousser à la compliance et à l'engagement. Bien que je ne me serve pas systématiquement de cette ouverture, j'ai toujours un sourire intérieur quand je me rappelle qu'il est si facile de l'utiliser.

J'espère que ce pretalk alternatif sera utile à certains, autant qu'il l'est parfois pour moi.

« Ce qu'on va faire aujourd'hui, parce que c'est un premier contact pour vous avec l'hypnose, c'est qu'on va le faire différemment.

En général, en hypnose, on vous demande de fermer les yeux, puis on vous fait PLONGER à l'intérieur, puis on vous dit DORMEZ ! Et une fois-là, des choses à l'intérieur se passent, dont parfois on se souvient et que parfois on oublie.

Chez certains sujets, ça peut même être comme à la TV et ça peut être très utile. Chez d'autres, cela peut s'obtenir avec de la pratique, ou en prenant du temps et cela reste un peu impressionnant mais très agréable : vous accédez ainsi à certaines de vos potentialités, qui sont à la fois disponibles et ignorées.

Mais comme c'est une première rencontre, une découverte, je vous propose de faire le même chemin, **mais à l'inverse, dans l'autre sens**. Pas de sommeil, pas de profondeur comme s'il fallait vous immerger dans quelque chose.

*Easter eggs*

On va proposer à cette partie de vous qui peut accéder à ces potentialités de venir vous visiter. De se manifester par de petites choses, comme un simple doigt qui bouge, ou une main qui a de petits mouvements, pour simplement vous signaler sa présence. **Et vous, vous pourrez juste y assister, vous verrez tout, vous entendrez tout, vous vous rappellerez de tout...**

Ça serait OK pour vous ?

... On va donc demander à votre **"Subconscient"** (tranquillisez-vous, personne ne sait vraiment ce que c'est) de venir à la surface et de se manifester en faisant de petits signes de la main ou avec les doigts... Comme du morse. C'est juste une partie de vous, qui au lieu de s'exprimer sans trop que vous le sachiez, s'affichera un peu plus clairement... Et elle "communiquera" avec vous ou avec moi, par ce qu'on appelle des signaux idéomoteurs, qui sont des choses que vous faites tout le temps... Parce que votre **"Subconscient"** c'est **Vous**. Un certain aspect de vous, mais c'est **Vous** ;)

Tout ce que vous avez à faire, c'est d'être curieux de comment vos doigts, et peut-être votre main, vont s'y prendre pour vous dire quelque chose ;)

Ces fameux signes idéomoteurs, qu'on fait tout le temps c'est quand, sans même vous en rendre compte votre tête fait oui etc. »

Voilà... Vous avez un script : à vous de jouer, ou de travailler avec et de le réécrire. Quant à moi, j'erre à ma grande surprise en plein dépassement de convictions ;)

Avant que même le sourire du chat ne disparaisse totalement, nous allons passer de l'autre côté du miroir et nous y passerons trois fois... N'est-ce pas surprenant, alors que nous faisons tout cela pour eux ; qu'ils sont le centre de toutes nos attentions, l'objet même de notre pratique, le seul élément vraiment indispensable, non seulement à ce livre que vous tenez dans vos mains, mais tout autant aux quatre tomes des Collected Papers d'Erickson ; qu'on ne sache pas ce qu'ils pensent.

Que se passe-t-il exactement en séance pour nos patients ?

Qu'est-ce donc qui leur traverse la tête ?

Quelles sont leurs idées, quelles sont leurs émotions ?

Alors au moins, qu'il leur soit ici rendu hommage en leur donnant la parole pour conclure ce livre ; qu'au moins pour quelques pages, ne leur soit pas fournie comme seule instruction :

"Dormez !"

**Nos patients.**

Ils ne seront que trois à s'exprimer et encore y en a-t-il un que je ne connais que trop et dont je me débarrasserai en premier : les autres sujets filmés ont oublié ("C'était il y a trop longtemps"), n'en ont eu qu'un souvenir plutôt confus ("Franchement la moitié du truc, je ne sais pas…"), n'ont pas eu envie d'écrire ("C'est ton truc d'écrire, fais-le-toi et je le signerai…") ou n'ont pas voulu en parler…

Je vais donc commencer par moi et m'en débarrasser. Et c'est vrai que bien des cygnes sont passés sous les ponts. On ne passe d'ailleurs jamais vraiment deux fois au même endroit, alors s'en souvenir puis le décrire, sans le réécrire ou pire le réinventer…

Soyez indulgents.

### 1 • BOB, ME, MYSELF AND I :

Vous connaissez déjà la vidéo, vous connaissez déjà la situation. J'ai assisté à une démo ; sans partenaire ne serait-ce qu'un cil expérimenté, la situation m'a un peu irrité. La solution que j'ai proposée et que Bob accepte me convient très bien : on filme, j'aurais une séance à décrypter autant de fois que je le veux ; tout le reste du groupe pourra également en bénéficier, je laisse à Bob l'autorisation de la mettre sur le net (c'est exactement ce qui s'est passé, c'est même moi qui l'ai publiée et cela a assuré sa diffusion avec le succès que l'on sait) et en même temps, je vais découvrir tout cela du côté de l'hypnotisé.

À l'époque, je suis bien moins expérimenté en tant qu'opérateur et un sujet encore plus difficile que je peux l'être désormais : je suis donc friand de croiser des hypnothérapeutes comme Bob, avec une grosse réputation et des dizaines d'années de pratique. Ayant vu ce qu'était le Swan, et du fait de mon inclination en hypnose à toujours conserver un œil sur ce qui se passe, c'est finalement la situation et l'approche rêvée.

https://hypnose.pm/auboutdesdoigts/

Ou ce QRcode<br>Mot de passe : Ilsuffiraduncygne

*Easter eggs*

Regardez bien ces vidéos. Regardez-les dans l'ordre. Regardez-les uniquement quand le QR code apparaît.

Pour celle-ci, n'oubliez pas de lancer les sous-titres, on peut même en avoir en français. Ce sera mieux de vous situer au milieu de ce qui se passe, plutôt que de buter sur le transcript, même si, par moments, elle est plus qu'approximative.

Pendant les trente ou quarante premières secondes, sincèrement, je me contrefiche de ce que Bob Burns raconte... je sais que c'est un passage obligé, je retiens que ça peut marcher ou pas, je me contente de me détendre et de me relâcher : sachant qu'il y a une vidéo, je n'ai pas besoin de forcer mon attention pour tout retenir, ni pourquoi, ni quand, ni comment... même lui cherche un peu ses marques, il ne me regarde pas, se demande comment on va s'installer, se décide à le faire sur le bras gauche alors que je suis droitier...

Je réactive un peu plus mon attention quand il commence à dire que ce n'est plus à moi qu'il parle (en soi c'est une conduite un peu paradoxale de ma part ;) et quand il met en place ce système de bascule conscient/inconscient avec ces contacts au niveau du genou.

Et de nouveau je me mets sur "Pause". D'abord parce que je sais que c'est un moment sans grand enjeu, d'autre part à cause de son accent qui m'empêche d'avoir une compréhension mot à mot. Par contre, quand je ne cours pas après une traduction simultanée, le sens général de ce que Bob me raconte s'infiltre toujours. À l'inverse, quand il évoque que bien qu'il n'y ait pas de mouvement, il peut y avoir des sensations et qu'il faudrait que je m'y intéresse, mon attention se réinstalle.

Puis de nouveau, il ne se passe plus rien. Je me rends compte que Bob continue à parler sans que je ne l'écoute vraiment, et j'attends que quelque chose se passe. Mon attention porte effectivement sur ma main, mais à l'intérieur, je suis comme débranché. L'inverse de ces sujets actifs que recommandent les socio-cognitivistes.

D'ailleurs Bob doit s'en rendre compte, car il change de posture, bouscule le cadre et vient se placer bien plus près de moi. Il semble content que quelque chose ait bougé alors que je n'ai rien vu et encore moins ressenti quoi que ce soit. C'est uniquement en regardant à répétition la vidéo que je comprendrais ce qu'il se passe :

RIEN. Et que Bob se lance dans un très joli numéro d'hypno... En partie ericksonien (retournez jeter un œil sur le transcript) et en partie hypno de spectacle : à la fois il couvre toutes les situations (ça marche/ça marche pas/ça voudrait marcher) ; installe un brin de confusion ; accélère son tempo ; claque des doigts ; propose une solution alternative (la rotation de la main plutôt qu'un mouvement des doigts). Pour le reste, il continue de parler, ce qui constitue une forme de saturation, mais qui je suppose vise aussi à me mettre une certaine pression pour accepter ses suggestions.

*L'Hypnose au bout des doigts*

Heureusement pour lui, je sais ce qu'on attend de moi (vive les bandes annonces) et qu'il y a joint le non verbal. Comme il mime la suite du programme : je pense ne pas avoir tout compris, ni même tout écouté de ce qu'il me racontait.

Par contre, quand la main s'est mise à bouger, là, je l'ai ressenti.

Il est probable que c'est suite à cela que ma volonté de faire se réaliser un mouvement qui soit indéniablement NON volontaire s'est installée.

Parce qu'il est indéniable. Et que le lier à un sens, une raison d'être soulignant la volonté et donc l'existence d'une partie autre et agissante, visant ses propres objectifs (la rencontre) puis à une émotion, quitte à la dicter, emporterait les dernières résistances. Ce qui est presque toujours vérifié.

Back to Bob : au premier millimètre de mouvement de la main, je ne sais toujours pas si quoi que ce soit se passe... Mais effectivement, juste après, je perçois un mouvement qu'il ponctue d'un *"That's Fantastic !"*

Ceci dit, je ne suis toujours pas éberlué. Je laisse émerger ce qui veut bien venir tandis que je dois avoir un dialogue intérieur quasiment plat.

Je me rends bien compte que Bob continue à bosser, qu'il est plus rieur, continue à parler, simule encore le mouvement, claque des doigts et qu'enfin le geste saccadé, caractéristique des réponses idéomotrices se fait plus marqué et plus lisible. Du coup, je sors un peu du coton pour m'intéresser à la chose.

En y réfléchissant, c'est étonnant quand même, à quel point je peux me sentir légèrement amorphe ou absent - ce qui sur la vidéo pourrait laisser croire à une forme légère de transe - et comment, de fait, c'est bien quand quelque chose se produit que je suis certes plus alerte, mais aussi plus dissocié et que les réponses automatiques émergent, pour me permettre de les regarder.

Toujours est-il que là, ce qui se produit m'intéresse tellement, qu'une fois encore, mais pour des raisons différentes, je n'écoute rien de ce que raconte Bob ;) C'est comme d'avoir une radio allumée dans une autre pièce. Il y a peut-être des suggestions émises qui passent, mais je suis loin d'en être certain et je n'en ai eu aucun souvenir.

Ce qui devrait nous ramener tous à beaucoup plus d'humilité. D'autant que c'est peut-être en écrivant cette page que je me rends compte à quel point Bob a bossé et bien bossé : la réaction tarde tellement et se révèle si minime, si discrète, que Bob tient absolument à ce que moi-même je la ratifie. Mais j'en suis, en tant que sujet, déjà content.

Ce qui nous amène à considérer différentes choses :

Il est bien difficile de savoir ce qui, pour un patient, peut-être un échec ou une

*Easter eggs*

réussite. Encore moins ce qui évolue en lui, silencieusement au fil de la séance. Si à l'époque j'avais été mon propre opérateur, je ne crois pas que j'aurais réussi à déployer autant de patience, d'assurance, de calme, de persévérance tranquille et à conserver une apparence souvent joyeuse ou débonnaire, face à un résultat qui arrive si lentement et se manifeste à peine. Je ne suis d'ailleurs pas certain que j'y arriverai aussi bien actuellement : le flow de Bob est une petite merveille.

Si mon premier Swan-sujet avait répondu comme cela – Merci Bruno ;) – je ne serais peut-être pas en train d'écrire ce livre.
Le travail paye ; le talent n'est qu'une sale habitude.

Parfois le patient peut s'attribuer la réussite comme l'échec d'une session, sans même qu'on le sache. Une séance est un marathon. Pas un sprint dont le grand avantage est de nous soulager dès les premières minutes. Que cela soit ces sept minutes avec Bob à Londres, ou avec Sharon Waxkirsh quelques années plus tôt et quelques arrêts de métro plus loin, c'est une leçon à répéter pour un de mes coins d'ombre.

Comme la séance est à visée pédagogique, Bob reprend son déroulé avec, je suppose, l'idée d'ancrer ce que j'ai pu réaliser pour faciliter la suite. Dans ma tête un truc fait *"Groumpff…!!"*. J'ai à la fois expérimenté quelque chose que je n'avais pas vécu avant et c'est déjà fini, on rentre. Ce n'est même pas aussi clair que ça… Mais ce matin-là, lors de la seconde démo de Bob, il y avait eu une séance filant directement vers le somnambulisme et l'émergence d'une personnalité seconde… (Hello Dave !)
C'est surtout le sentiment "bizarre" qui avait marqué le moment. Et pour me répéter, pas parce que quelque chose bougeait : j'étais déjà familier des bascules arrière, des livres et ballons, des mains magnétiques. La fin de séance me ramène à l'instant présent, presque mais plus discrètement, comme on s'ébroue avant de passer à autre chose et peut-être avec autant ou plus de questions que de satisfaction…
Parce qu'il y avait quelqu'un d'autre : aurions-nous tous notre Lucie ? Mais assez parlé de moi ;) passons à la suite.

## 2 • CAROLINE, NO :
*Where did you long hair go*

J'espère qu'au bout de trois cent pages et presque une dizaine de vidéos, vous avez marqué leur position d'un onglet… Mais il arrive que l'on commence un livre par la fin.

https://hypnose.pm/auboutdesdoigts/

Ou ce QRcode
Mot de passe : Ilsuffiraduncygne

C'est le dernier pas avant la dernière vidéo et donc l'avant-dernière que vous verrez. Écoutez là avec attention, puis revenez au livre. Peut-être même est-il préférable de voir d'abord celle d'un chapitre précédent, où elle expérimente la bascule en hypnose profonde, puis le fait de parler dans cet état, ce qui correspond à la fois à un passage de témoin entre le "conscient" jusque-là présent et spectateur, vers "l'inconscient", qu'on installe en position réellement exécutive et proéminente en lui confiant la parole.

Je suis toujours un peu curieux de savoir ce qu'ont vécu (ou comment ils l'ont vécu) les gens avec qui je travaille. D'autant plus que je n'ai que très rarement l'impression qu'ils s'en tiennent à ce que je dis et encore moins à ce que je demande… Et parfois ils oublient. Ou leur gestuelle laisse une place considérable à l'interprétation. Il ne reste guère qu'à leur poser la question et ne pas être trop surpris de la distance entre ce qu'on a cru percevoir et le chemin parcouru en interne.

Et c'est ce qui se passe : très vite Caroline parle d'une décision prise de façon autonome, opportuniste, parce que "cela l'intéresse" et non parce que je le lui ai demandé ; d'où l'importance de laisser de l'espace et de l'autonomie à nos sujets. Elle avait le choix d'une amnésie ou pas. *"Et finalement, je me suis dit que ça serait bien que je m'en souvienne."*

On a aussi confirmation du passage en position exécutive d'une partie d'elle, qui assigne le changement et d'une certaine façon à la propre surprise de Caroline, qui s'identifie elle-même comme une personne ayant du mal à parler devant un public.

Ce qui nous conduit à deux choses :

1 •  Comment évaluer notre travail ou nos choix stratégiques sans le retour du patient ?

2 •  Le changement qui émerge spontanément, sans demandes, instructions ou suggestions de notre part, sera forcément mieux adapté et mieux adopté par celle ou celui qui en décide, se l'approprie complètement, s'y engage de lui-même et aura un rôle dans l'idée qu'il se fera de lui : *"Je suis capable de changer. Je ne suis pas uniquement ce que je crois. Même sur certaines choses que je pense ne pas contrôler. Sur des choses que je considérais – à regret peut-être – faire partie de ma personnalité et de mon identité."*

Quel beau recadrage la personne fait… Sans notre intervention. Sans résistances. Sans négociation.

Doit-on pour autant toujours travailler à l'aveugle ?

Non, bien sûr et même, non, loin de là. Mais ce n'est pas une raison pour s'en priver : ce peut être une stratégie ressource pour l'opérateur, comme un espace de liberté pour le sujet. Ce n'est pas une obligation de ne faire que cela dans une séance.

On peut commencer ainsi et converser avec le patient pour en avoir un feedback, avant de reprendre la main en sachant dans quelle direction aller.

Ou finir la séance sur un travail de ce type, qui est une proposition "Clean" ; à charge pour notre patient d'aller explorer ses coins d'ombre.

Et comme le conclut Caroline, "Si ça ne marche pas tout de suite, ça marchera peut-être plus tard."

Mais surtout, je n'ai pas (trop) la hantise du résultat immédiat. La démarche inclut une fois de plus, succès ou échec, une forme de qualité dans la relation patiente et si nécessaire, l'ouverture d'une prochaine séance dans la continuité de ce qui s'est passé.

Bien sûr  la sensation pour Caroline d'un accès à une transe véritable et particulière, m'offre un certain crédit et donc ouvre cette possibilité, sans questions ou arrière-pensées.

L'hypnose, la vraie, n'a pas forcément besoin d'être décrite en amont. Elle n'a pas besoin d'être spectaculaire ; elle doit être vérifiable par le patient. C'est nécessaire, mais suffisant.  La perte de contrôle qui lui est associée ne sera souvent autorisée qu'en regard de la qualité de la relation. Il ne s'agit pas là de suggestibilité, mais de confiance et de sécurité que l'opérateur doit incarner.

*L'Hypnose au bout des doigts*

L'hypnose est un théâtre, nos séances une scène. Nos rôles sont là, attendant d'être incarnés. Par de parfaits menteurs comme Sir Laurence Olivier, ou dévorés de l'intérieur au point de changer d'identité ?

## 3 • ONE FOR THE ROAD, TWO FOR THE SHOW

Cela aurait pu être une chanson des Doors aussi, ceci dit… Mais cela finira en musique et s'il vous plaît, ne manquez pas le générique ;)

Terminez ce livre, achevez toute votre lecture, puis – et seulement à ce moment-là, allez voir cette dernière vidéo : le dessert et sa surprise se consomment à la fin.

On parle souvent de synchronicité, quand le hasard nous présente élégamment les circonstances comme des événements liés. Il se trouve que je réécris ce passage au lendemain d'une séance (ce n'est pas là que se situe le hasard) et que j'avais reçu le feedback de la patiente sur une précédente heure passée ensemble (appelons la Mademoiselle M.) par mail.

En cabinet, pour la plupart d'entre nous, il est difficile de filmer nos séances. Nous étudier lorsque nous travaillons nous-mêmes nous apprendrait pourtant déjà beaucoup ; mais avoir l'écho intérieur et propre au patient de ce que l'on utilise comme stratégie, comme suggestions, comme séquence, est une incroyable mine de connaissances comme de compréhension. D'ailleurs, les quelques lignes de Mademoiselle M. m'ont fait changer de stratégie pour la séance qui suivit.

De la même façon, j'aurais adoré terminer sur une autre vidéo. Une séance sur la douleur qui tournait délicatement au désastre et où une bascule opportuniste – je n'avais rien prévu, j'ai saisi l'occasion comme une bouée de sauvetage – vers le Swan a donné un très joli résultat : en termes cliniques (baisse de la douleur, diminution de la prise d'antalgiques, modifications du rythme et de l'hygiène de vie) comme en termes de relation et d'autonomie.

Le Swan pour une douleur chronique aiguë … Cet oiseau se pose parfois bien où il veut…

Pas d'autorisation de diffuser la vidéo et trop de choses se perdent dans la transcription.

Quarante minutes de conduite sur glace avec un patient qu'il faut à la fois diriger fermement et à qui il faut laisser un maximum d'autonomie, au risque de perdre ou le lead ou le lien…

Mais finir sur celle que vous allez visionner, ne serait-il pas un mal pour un bien ?

Quelque chose s'est passé. Sans l'avoir demandé, je ne l'aurais pas su.

Tout ce qui ne se voit pas y est dit. C'est le propos de ce dernier chapitre ; laisser

*Easter eggs*

la parole à ceux avec qui nous travaillons, que nous accompagnons avec au moins un bandeau sur l'œil, souvent borgnes, parfois aveugles. Nous, les opérateurs, ne sauront pas très souvent par quels lacets se glisse l'esprit de nos patients. Nous serons parfois en retard, parfois à côté de la plaque, souvent à contre-temps et toujours en représentation.

Ce qui est vraiment étonnant c'est que de si petits théâtres s'ouvrent sur de si grandes pièces. Il est vrai que les acteurs qui arpentent nos scènes sont parfois incroyablement talentueux et nous donnent le mérite d'avoir écrit la pièce dont nous avions du mal à balbutier à peine les premières pages, en leur laissant tout loisir d'improviser ce que nous aurions été incapables de produire.

Aldric par exemple : j'ai tâtonné toute la séance entre pousser et tirer, continuer ou arrêter et quand il décrit ce qui lui arrive, une bonne partie du temps, je ne reconnais pas ce que j'ai fait. J'ai conduit à l'aveugle ; je me suis garé au bruit. Bien content encore de m'être arrêté, cela aurait pu finir en triomphe ou en catastrophe.

Parfois, *"The only winning movement is not to move."* C'était en tout cas le plus sage. Matthew Broderick serait fier de moi. Est-ce un paradoxe ou une bonne idée de finir un livre sur un conseil de prudence ?

Quand l'écriture s'étale sur des mois, même des documents lus en tout début de processus peuvent prendre une lumière différente car l'éclairage change.

Un des articles fondamentaux, un de ceux qu'on aura lu en premier si on s'intéresse à l'idéomoteur, sera obligatoirement celui de George Le Baron sur le signaling[122]. Au-delà de ce qu'il raconte, viennent se mettre en lumière deux éléments qui, parce que ce n'était pas relié à ce sur quoi je travaillais au moment de la lecture sans toutefois m'avoir échappé, n'avaient pas "accroché" ma réflexion. En repensant à la façon dont j'avais travaillé avec Aldric, ils prennent un autre contraste :

D'une part, pour ce qui pourrait interpeller un spectateur sur le recours à une forme de "magie", le retour des consultants est quasi unanime et toujours assez clair : "c'est Moi qui réponds". Le passage obligé par la "Rencontre" n'y est probablement pas pour rien.

D'autre part, la dissociation que permet le signaling autorise des transes peu profondes et conserve le sujet à une certaine distance de la problématique : on retrouve le même mécanisme avec les doubles dissociations dans le traitement des phobies. Ce qui signifie que le Swan est bien plus adapté au travail en hypnose que bien d'autres

---

[122] George I. Le Baron, Jr : « Ideomotor signaling in brief psychotherapy ». 1962

abords avec des patients compliqués ou fragiles, justement parce qu'il utilise la dissociation avec une conservation de l'ego usuel en pleine vigilance, tout en offrant un accès à des couches habituellement atteignables uniquement par un patient bien plus "immergé". Selon Le Baron, un tiers des sujets ne semblent même pas être en hypnose en dehors des réponses fournies par leurs doigts.

Je n'aurais pas dû pousser le bouchon plus loin. J'aurais dû rester sur un Swan on ne peut plus classique. Il se trouve que je ne l'ai pas fait. Il se trouve que la tartine est tombée du bon côté… Une erreur qui ne se fait pas payer, ou même qui vous récompense.

Vous allez avoir l'occasion de profiter des bons côtés.

En tout cas, merci de m'avoir lu et/ou écouté ; merci de votre confiance et de votre patience. Et merci encore à la centaine de personnes dont, dans cette forêt de signes, le nom apparaît… Sans eux, jamais je n'aurais saisi cette plume.

Je vous laisse avec Aldric. Il vous racontera tout l'envers de ce miroir tellement mieux que moi… ;) C'est lui qui directement va fournir son feedback dans cette vidéo.

Tant qu'à faire ou à écrire, autant que nos patients aient le dernier mot, n'est-ce pas ?

*Three to get ready, four to go…*

https://hypnose.pm/auboutdesdoigts/

Ou ce QRcode
Mot de passe : Ilsuffiraduncygne

# PROJETS, CONTACT ET FORMATIONS

Mon principal projet est de continuer à écrire et former ;)

Attendez-vous donc à voir un jour prochain un livre sur l'hypnose et la douleur, ou plutôt les douleurs. Peut-être plus tard, un autre encore sur le questionnement dans le cadre de l'hypnose, de l'induction aux phénomènes et de là, à la thérapie.

Passez donc jeter un œil de temps en temps sur Amazon où ils seront publiés. Ce sera aussi une excellente occasion d'y laisser un avis, ce bouche à oreille moderne dont on ne peut plus vraiment se passer et, à long terme, me permettra peut-être d'orienter une seconde édition.

Pour ce qui est des contacts, il y les deux groupes Facebook que je dirige, et qui sont uniquement ouverts aux hypnothérapeutes.

Le groupe HYPNOSE.

Le groupe "Swan et variations" qui est plus spécifique, et sur lequel je vous conseille de vous inscrire, car vous pourrez y poster des cas ou y poser des questions.

Les annonces de toutes mes formations se trouveront sur mon site, comme sur celui de l'AFNH, et si je deviens un garçon sérieux, vous bénéficierez de la newsletter en vous y abonnant assez simplement. Il y aura sûrement des vidéos en supplément bonus assez régulièrement.

Vous pouvez aussi me contacter directement par mail.

https://hypnose.pm/

Encore merci pour votre lecture, et à bientôt dans la vraie vie, j'espère.

Philippe Miras

# TABLE DES MATIÈRES

Dédicaces ..................................................... 3

Préface ....................................................... 5

Remerciements ................................................ 7

1. Bande-annonce ............................................. 9

2. Il était une fois ........................................ 13

3. Once upon a time ......................................... 19

4. Le swan selon Bob ........................................ 27

5. Echec au roi ............................................. 37

6. And then we were three… .................................. 55

7. Ou cet homme est mort … .................................. 85

8. Have space suit - Will travel ............................ 97

9. Roberto, mio palmo ! .................................... 107

10. E pur si muove… ........................................ 129

11. With a twist ........................................... 151

12. Twist and shout ........................................ 161

13. Swan swings ............................................ 173

14. Knocking on heaven's door .............................. 189

15. Quadrophenia 5.15 ...................................... 199

16. Le bazar et la cathédrale .............................. 207

17. Lies, damned lies ...................................... 215

18. One step beyond ........................................ 243

19. This town ain't big enough… ............................ 247

20. Devil may care ......................................... 267

21. The last ride .......................................... 283

22. Easter eggs ............................................ 291

Projets, contact et formations ............................. 305

1<sup>er</sup> semestre 2023
Amazon KDP Europe


ISBN : 9798392657643
Marque éditoriale : Independently published